视觉文化丛书

生产性观众

媒体接受作为文化与审美过程

［奥］赖纳·温特（Rainer Winter）　著

徐　蕾　译

重庆大学出版社

目 录

总　序

　　毋庸置疑，当今时代是一个图像资源丰裕乃至迅猛膨胀的时代，从随处可见的广告影像到各种创意的形象设计，从商店橱窗、城市景观到时装表演，从体育运动的视觉狂欢到影视、游戏或网络的虚拟影像，一个又一个转瞬即逝的图像不断吸引、刺激乃至惊爆人们的眼球。现代都市的居民完全被幽灵般的图像和信息所簇拥缠绕，用英国社会学家费瑟斯通的话来说，被"源源不断的、渗透当今日常生活结构的符号和图像"所包围。难怪艺术批评家约翰·伯格不禁感慨：历史上没有任何一种形态的社会，曾经出现过这么集中的影像、这么密集的视觉信息。在现今通行全球的将眼目作为最重要的感觉器官的文明中，当各类社会集体尝试用文化感知和回忆进行自我认同的时刻，图像已经掌握了其间的决定性"钥匙"。它不仅深入人们的日常生活，成为人们无法逃避的符号追踪，而且成为亿万人形成道德和伦理观念的主要资源。这种以图像为主因（dominant）的文化通过各种奇观影像和宏大场面，主宰人们的休闲时间，塑造其政治观念和社会行为。这不仅为创造认同性提供了种种材料，促进一种新的日常生活结构的形成，而且也通过提供象征、神话和资源等，参与形成某种今天世界各地的多数人所共享的全球性文化。这就是人们所称的"视觉文化"。

　　如果我们赞成巴拉兹首次对"视觉文化"的界定，即通过可见的形象（image）来表达、理解和解释事物的文化形态。那么，主要以身体姿态语言(非言语符号)进行交往的"原始视觉文化"(身体装饰、舞蹈以及图腾崇拜等),以图像为主要表征方式的视觉艺术(绘画、雕塑等造型艺术),和以影像作为主要传递信息方式的摄影、电影、电视以及网络等无疑是其最重要的文化样态。换言之,广义上的视觉文化就是一种以形象或图像作为主导方式来传递信息的文化,它包括以巫术实用模式为取向的原始视觉文化、以主体审美意识为表征的视觉艺术,以及以身心浸濡为旨归的现代影像文化等三种主要形态;而狭义上的视觉文化,就是指现代社会通过各种视觉技术制作的图像文化。它作为现代都市人的一种主要生存方式(即"视觉化生存"),是以可见图像为基本表意符号,以报纸、杂志、广告、摄影、电影、电视以及网络等大众媒介为主要传播方式,以视觉性(visuality)为精神内核,与通过理性运思的语言文化相对,是一种通过直观感知、旨在生产快感和意义、以消费为导向的视象文化形态。

在视觉文化成为当下千千万万普通男女最主要的生活方式之际,本译丛的出版可谓恰逢其时!我国学界如何直面当前这一重大社会转型期的文化问题,怎样深入推进视觉文化这一跨学科的研究?古人云:他山之石,可以攻玉!大量引介国外相关的优秀成果,重新踏寻这些先行者涉险探幽的果敢足迹,无疑是窥其堂奥的不二法门。

在全球化浪潮甚嚣尘上的现时代,我们到底以何种姿态来积极应对异域文化?长期以来,我们的思维惯习是"求同存异"。事实上,这种素朴的日常思维方式,往往造成了我们的生命经验囿于自我同一性的褊狭视域。在玄想的"求同"的云端,自然谈不上对异域文化切要的理解,而一旦我们无法寻取到迥异于自身文化的异质性质素,哪里还谈得上与之进行富有创见性的对话?!事实上,对话本身就意味着双方有距离和差异,完全同一的双方不可能发生对话，只能是以"对话"为假面的独白。在这个意义上，不是同一性，而恰好是差异性构成了对话与理解的基础。因理解的目标不再是追求同一性，故对话中的任何一方都没有权利要求对方的认同。理解者与理解对象之间的差异越大，就越需要对话，也越能够在对话中产生新的意义，提供更多进一步对话的可能性。在此对谈中，诠释的开放性必先于意义的精确性，精确常是后来人努力的结果，而歧义、混淆反而是常见的。因此，我们不能仅将歧义与混淆视为理解的障碍，反之，正是歧义与混淆使理解对话成为可能。事实上，歧义与混淆驱使着人们去理解、理清，甚至调和、融合。由此可见，我们应该珍视歧义与混淆所开显的多元性与开放性，而多元性与开放性正是对比视域的来源与展开，也是新的文化创造的活水源泉。

正是明了此番道理，早在 20 世纪初期，在瞻望民族文化的未来时，鲁迅就提出：外之既不后于世界之思潮，内之仍弗失固有之血脉，取今复古，别立新宗！我们要想实现鲁迅先生"取今复古，别立新宗"的凤愿，就亟须改变"求同存异"的思维，以"面向实事本身"（胡塞尔语）的现象学精神与工作态度，对所研究的对象进行切要的同情理解。在对外来文化异质性质素的寻求对谈过程中，促使东西方异质价值在交汇、冲突、碰撞中磨砺出思想火花，真正实现我们传统的创造性转换。德国诗哲海德格尔曾指出，唯当亲密的东西，完全分离并且保持分离之际，才有亲密性起作用。也正如法国哲学家朱利安所言，以西方文化作为参照对比实际上是一种距离化，但这种距离化并不代表我们安于道术将为天下裂，反之，距离化可说是曲成万物的迂回。我们进行最远离本土民族文化的航行，直驱差异可能达到的地方深入探险，事实上，我们越是深入，就越会促成回溯到我们自己的思想！

狭义上的视觉文化篇什是本译丛选取的重点，并以此为基点拓展到广义的视觉文化范围。因此，其中不仅包括当前声名显赫的欧美视觉研究领域的"学术大腕"，如 W. J. T. 米切尔（W. J. T. Mitchell）、尼古拉斯·米尔佐夫（Nicholas Mirzoeff）、马丁·杰伊（Martin Jay）等人的代表性论著，也有来自艺术史领域的理论批评家，如诺曼·布列逊（Norman Bryson）、克莱门特·格林伯格（Clement Greenberg）、詹姆斯·埃尔金斯（James Elkins）等人的相关力作，当然还包括那些奠定视觉文化这一跨学科基础的开创之作，此外，那些聚焦于视觉性探究方面的实验精品也被一并纳入。如此一来，本丛书所选四十余种文献就涉及英、法、德等诸语种，在重庆大学出版社的大力支持和协助下，本译丛编委会力邀各语种经验丰富的译者，务求恪从原著，达雅兼备，冀望译文质量上乘！

是为序！

肖伟胜

2016 年 11 月 26 日于重庆

前　言

　　从个人经历而言，这本书标记着我在特里尔大学研究的终结。它密集地包含和继承了我从早期就开始着手的理论分析和方法论视角。在这里，我描述了自己走过的一些道路。

　　《框架分析》(Rahmen-Analyse, 1977) 在我看来是欧文·戈夫曼的主要著作 (Winter 1986)，以此为蓝本，我从社会心理学视角出发，分析了日常传播和治疗式传播的关系，展示了精神分析情境下，日常生活互动规则的改变如何导致新谈话类型的诞生，而这类谈话会逐渐带来真实构建的变迁。对人际关系或者对自身的真实性理解由于新出现的行动力形式可能变得截然不同。这一点离本书的中心主题已然不远：对媒体文本的理解如何与它原本的意义产生偏差？为何可以违背原意理解它？为何可以有各种不同的理解方式？如何在日常背景当中将它们固定在模块框架之中？又如何理解自己的生活？文本的承接传播又会有哪些形式，会带来哪些可能性？戈夫曼对西方文化的民族志研究为我带来了方法上的研究策略。

　　在此之后，我和罗兰德·埃克特 (Roland Eckert) 一起研究了媒体历史和文化差异的关系 (Eckert/Winter 1987)。除了戈夫曼以外，马歇尔·麦克卢汉、罗杰·夏蒂埃、约叔华·梅罗维茨、弗里德里希·基特勒也为我在钻研媒体发展的文化社会含义这一过程中指明了方向。媒体带来的文化差异使本来已经存在的社会圈子和文化更加紧密，同时也诞生了新的圈子 (Winter/Eckert

1990）。这些研究一直围绕着一些核心问题展开：新媒体的出现如何改变人们对现实的构建？对世界的感受、对自身和对人际关系的理解又如何变迁？在使用媒体的过程中诞生了哪些新的经验和实践？接下来自然而然就要用量化民族志的方法来研究这些绕着媒体转的社会圈子。因此我建立了一个小组，专门研究视频和电脑特殊文化、施虐－受虐狂的社会圈子以及互联网社会圈子。

我本人对电影怀有极大的兴趣和热情，由此也带来了第三个方向，开始深入开展电影研究，并且和阿洛伊斯·汉恩（Alois Hahn）一起开设了关于电影分析的研讨课。我在这个领域的第一部作品可以参见《电影社会学》（Winter 1992）。

本书可以说是这些不同兴趣和视角的综合体。尤其在讨论克利福德·格尔茨（Clifford Geertz）、安索·斯特劳斯（Anselm Strauss）和文化研究的过程中，我强调了以文化理论为导向的媒体分析是媒体世界研究的一条新道路。此外，据我所知，这本书是迄今为止唯一的以民族志方式来研究对某个电影类型的媒体接受的作品。对其他媒体接受的研究在1995年出版本书之前也鲜有涉及。沃纳·霍利（Werner Holly）和我想用实用主义对话分析的方法来开展媒体研究（Winter/Holly 1993）。和约克·伯克曼（Joerg Bergman）、乌尔里希·普舍尔（Ulrich Pueschel）一起，我们开始了关于日常生活中电视节目的研究项目（Holly et al. 2001）。项目成员们也提供了大量非常有质量的研究成果。

本书出版以后，它的文化理论观点在媒体社会学界获得了认可和采纳。媒体接受这一主题也变得越来越重要。我们的生活方式日益媒体化，与各种信息和传播技术的深入互动使消费和接受过程也变得越来越多样和复杂，为了更好地理解这一切，开发一个合适的解读框架变得迫在眉睫。而且，粉丝文化在全世界范围内都成了热门议题。

当赫伯特·冯·哈勒姆 (Herbert von Halem) 提出再版提议时，我受宠若惊，我对他将此变为现实表示由衷的感谢。此外，我还要感谢塞巴斯蒂安·内斯特勒 (Sebastian Nestler)、安德里亚斯·胡德里斯特 (Andreas Hudelist)、维拉·坎普舒尔特 (Vera Kampschulte) 和格里特·曼勒 (Gerit Manner) 在成书过程中所做的贡献。感谢伊丽莎白·尼德尔 (Elisabeth Niederer) 的支持和帮助。我以此书纪念克里斯·多尔 (Chris Dohr，1960—2003) ——我既是他的"迷弟"也是好友。

赖纳·温特

于北京日坛公园石船咖啡馆

2010 年 4 月

导　论

　　我们口中的"大众传播"是区分现代社会和以往社会的一个非常重要的特征，自古以来，还从未有任何一个时代充满了如此多的机构，专门从事生产和传播符号形式的活动；也从未有任何一个时代，消费者们可以从如此之多的供给当中选取想要的文化商品。这一文化变迁在社会学，尤其是关于后现代主义的讨论中成为中心话题。它是本书的出发点，以研究当代社会的媒体接受为己任。

　　后现代主义下的文化以图像为核心，与媒体相关的实践，或者说"消费"成为聚焦点。从 20 世纪初大众媒体崭露头角开始，我们就被不断提醒文化媒体化所带来的危险和剧变。直到当下，大众媒体的理论还有着重要意义，它指明了这一过程中存在的社会控制和操纵。媒体效果研究者也特别重视媒体带来的威胁，因此主要专注于媒体效果的负面影响。

　　长期以来，尤其在德语区，很少有人关注媒体"消费"也可能拥有一个具有创造力和生产力的维度，尽管艾柯在 1960 年代就已经以"偏离的解码"和"符号游击战"这样的概念指明了这一点，但他描述的"游击战"发生在先进工业社会中和工业文化产品打交道的过程中（参见 Eco 1972，1985：146ff.）。米歇尔·德·塞托（de Certeau 1980/1990：xl）针对这一经常在隐秘情况下开展的活动出版了专题论文，他指出，消费者在日常生活中的活动和计谋会构建起一个"反规训网络"，因为主导的社会文化产品的形式和内容会被充满技巧地接受——与之结合或将之舍弃。消费者的实践形成了"行为的艺术"，从而产生了当今的民众文化，因此不能将它和文化工业产品一概而论。

由此，我们在本书中提出了对媒体公众的重新定义，并以实证研究的形式加以说明。"生产性观众"的理念有着指导意义，他们将日常生活背景下媒体接受过程中隐藏着的文化和审美潜力很好地展示出来。

首先，我们会列出以媒体效果、文化及经验的媒体化为主题的重要媒体理论和研究方向，对它们进行批判性分析，研究日常媒体实践为何迄今为止几乎不为人知。我们将分析主流的效果研究和观众研究（第 1 章）、阿多诺 / 霍克海默的文化工业理论（第 2 章）、鲍德里亚和詹姆逊的后现代文化理论（第 3 章）是如何塑造观众和媒体受众的。此外，我们还将讨论他们对当今媒体传播的贡献。尤其是鲍德里亚和詹姆逊的理论对文化媒体化过程和当代符号形式的特征有着非常有意思的观点。

接下来我们将进一步深入研究这个课题，将媒体传播的经验和日常生活审美化与艾柯和德·塞托这样的作者联系起来，他们发现了隐藏在符号形式流转和接受过程中的参与可能性和创造可能性（第 4 章）。关键性的问题在于，带有后现代特征的审美感受性以及选择特定媒体文本会不会导致社会圈子的建构。

16 媒体接受具有相当的复杂性，对它展开的研究不能忽略日常生活中媒体的"文化重要性"（韦伯），需将媒体研究犹如文化社会学一样开展。不同的文化定义引出了关于哪一个文化定义对本书最合适的讨论（第 5 章），同时不能忽略文化过程中的想象过程和创造过程。

英国文化研究在盎格鲁－撒克逊地区早就成为主流媒体研究以外的重要力量，而德语地区才刚刚开始关注这一流派，它尤其关注文化、日常生活和媒体三者之间的关系。过去 20 年，这些研究者孜孜不倦，开展了各种民族志研究，分析媒体文本如何被不同地解读、理解以及嵌入日常生活之中。费斯克的著作尤为关键，他将媒体传播的多义性作为民众文化研究的核心。文本只有在社会背景之下才能获得意义，并由此为意义流转做贡献。

　　承接以上讨论，我们将进一步描述日常背景中的媒体接受。从日常生活的多样性出发，我们将着力刻画接受实践中的生产性和创造性。对德·塞托著作的详细讨论将揭示如何将文化物品为己所用，因此消费也是一个积极生产的行为。对媒体接受开展民族志研究，则是了解并密集描述这些日常实践的最好方式。

　　在公众话语中，媒体消费者往往被认为是消极的且没有灵魂，有些甚至被认为会危害社会秩序和公共道德，在接下来的研究中我们会以他们为例：恐怖电影的观众和粉丝（第 6 章）。我们将在特定的社会圈子中进行民族志案例研究，为圈外人描述并分析那些看起来奇特又稀奇的接受实践。同时这也将证明粉丝们是如何积极且充满生产力和创造力地对待恐怖电影的。

　　恐怖电影粉丝只是一个例子，证明媒体接受是一个文化与审美过程，当今社会总是错误地估量它的意义，尤其是把媒体研究局限在"效果研究"或者"大众文化理论"之中。文化社会学认为，对媒体接受的生产性维度进行研究是理解当今民众文化意义和功能的重要步骤。接下来关于全球化的讨论将涉及选择性邻里的构建。对媒体接受的生产性的总结再次强调了各项研究的发展程度和结论（第 7 章）。

　　在新版的总结性章节中，我们对当今的粉丝文化研究进行了批判性分析，其重点主要在研究者的角色上，因为研究者自身往往就是"粉丝"；另一个重点是，互联网所带来的粉丝文化的转

17

变和巩固；还有一个重点则在于，粉丝文化背景下文化赋权的可能性（第8章）。

1

效果研究和观众研究中对

观众的认知

18　　　媒体的历史始终与对它的恐惧和害怕相伴。人们总是倾向于将人的活动和行为方式归咎于媒体，认为如果没有媒体，那么人类将不会如此行事，或者会换一种方式行事。尤其是儿童和青年被置于这一"危险"之下，患上所谓的媒体病，出现各种各样的症状。[1]每隔一段时间总会出现道德谴责的浪潮，很多时候媒体自己甚至还推波助澜。这些谴责的浪潮把公众的注意力吸引到各种可能由媒体带来的危险中：暴力、道德沦丧、犯罪以及其他社会病理。总体来说，人们对媒体持负面看法，觉得媒体带来的活动对人类天性和社会秩序是一种问题和威胁。

　　对媒体影响进行研究的专家，尤其是那些专注于负面影响的专家，被称为媒体效果研究者。他们的研究具有广泛的社会兴趣，也容易被接纳。尽管如此，这些研究却并没有找到一个坚实有力的答案。媒体是如何改变我们的经验以及社会关系的？该如何分析媒体与文化和社会的关系？对于这些问题，
19　效果研究都没有给出答案（参见Eckert/Winter 1987；Kübler 1989；Winter/Eckert 1990）。

　　因此，对这一研究分支的批判性分析在几年之前就开始

1　罗格（Rogge）在他的著作《阅读狂躁、拙劣幻想、电视成瘾和视频成瘾》（1985）中揭示了这种持续的担忧。

了。[1]效果研究起源于行为心理学以及与此相关的社会技术理念。研究的内部也在做着努力，比如设法将量化研究转变为质性研究[2]，尽管如此，他们依然承受着来自社会学的批评（参见Joussen 1990）。除了关注这些批评的原因以外，我们也好奇为何效果研究几乎没有受到这些批评的影响，顽强地在自己的轨迹上运行[3]，紧抱住其基本理念不放。[4]

　　原因在于社会上需要一种知识的存在，这种知识具有"客观性"，可以对政治机构、电视及其他媒体机构做出反应。[5]此外，不仅这一研究方向在为观众寻找一个在媒体面前手无寸铁的受害者的形象，这一形象还符合我们的日常意识。它的根源在于决定我们社会的实践。米歇尔·福柯（1976）认为，物化的社会科学，比如效果研究和观众研究，被卷入了规训权力的矩阵当中，共同塑造了现代社会。在这个系统中，个体成为物体，必须被控制和监视，除非像阿洛

20

1　迈克尔·施内克（Schenk 1987）就国际媒体效果研究的情况，它的理论依据、方法和结论进行了充分的论述。

2　比如一些在德国研究基金会（DFG 1986）工作的媒体效果研究者的自我批评，以及他们因效果研究的缺陷而对媒体研究所作出的质性研究方面的努力（参见Baacke/Kübler 1988; Bachmair/Charlton 1990; Charlton/Neumann 1990; Baacke 1991a; Eckert et al. 1991a, b）。在英语学术界，这样的批评声音在几年前就出现了，尤其是在英国文化研究的圈子中（参见die Sammelbände von Hall et al. 1980; Gurevitch et al. 1982; Meyrowitz 1985）。

3　这也适用于行为主义，尽管人们对其的批评声不断，但它依然是心理学理论和实践的主导部分（参见Bruder 1982）。

4　格勒贝尔和格莱克（Groebel/Gleich 1993）对电视里的暴力展示进行了内容分析，提出了关于这些场景效果的假设，尽管针对效果的内容分析已经多次表明，内容分析过于简化，将场景从情节背景中剥离出来，根本无法给出可能的效果评估（参见Kübler 1993; Mikos 1993a）。

5　格勒贝尔的研究是一个很好的例子。私有频道会比公共频道播放更多的谋杀内容，这导致私有频道在公共讨论中大受批评，这些频道承诺未来会更加严格地对电影进行删减。

伊斯·汉恩所说的，他要具备相当强的自我控制能力（Hahn 1986a）。[1]了解了这一背景，我们就明白了为什么儿童、青年和社会边缘群体成为效果研究的主要关注对象。

爱德华·萨义德（1981）关于东方主义或者"东方化"的著名研究很好地说明了被物化的观众是如何成为效果研究中的问题群众的。因为它努力把观众从日常生活相关性中脱离出来，将他看作媒体系统的受威胁者和潜在病理者，看作"有异域风情的另一端"，就像东方对西方而言。

这一努力让人想起著名的漫画《楼上的一家》（*The Family Upstairs*）[2]，在这部漫画中，丁巴特（Dingbat）一家住在城市里一幢多层的公寓中，这一家人对窥探楼上邻居的所作所为入了迷，他们坚信楼上邻居在做危险的离经叛道之事，同时又隐藏着奇妙的可能性。他们用尽一切方法，采用各种策略手段，使用有趣的技术，甚至动用了警察和私人侦探，就是为了窥探楼上陌生邻居的日常生活。只是有一个方法他们无法做到：爬上楼梯敲敲门。

1.1　效果研究的早期方法

效果研究起始于1920—1930年的美国，其中占据主导地位的是来源于行为心理学的"刺激—反应模型"（S-R模型），并汲取了本能心理学、弗洛伊德的力比多理论和大众理论的内

1　阿洛伊斯·汉恩（Hahn 1984a, 1986a）指出，自我控制能力的提升是"构建现代性的系统分化过程的必要的个人相关因素"（Hahn 1986a：222）。

2　由乔治·赫里曼（George Herriman）出品，于1910—1912年播出。

容加以补充（参见Defleur 1970：115ff.）。大众传播被看作一种线性的、具有因果联系的效果关系：

> 研究者眼中大众传播过程的景象首先要拥有由无数读者、听众、观影者构成的原子般的大众用以接收信息；再者，每一个信息都被认为是直接和有力的刺激，可以立即诱发反应。（Katz/Lazarsfeld 1955：16）

刺激以线性方式由发出者释放给接收者，在接收者那里以"一致的"方式被接收，引起"一致的"反应。在这个"流水线"理论，或者也被称为"集装箱理论"中，传播被简化为意义的输送，类似于信号输送，但是信号也可能受到噪音的影响。[1]按照这个模型的比喻，一个成功的传播呈现以下形态：

> 这样的表达方式将消息、语言表达、图像和电子信号变成一个用来承载意义、想法以及其他东西的集装箱，被运输到指定地点，接着被打开取出。（Krippendorf 1990：26）

此外，媒体也被认为具有控制的功能，然而那些媒体效果的文化及社会传播机构（比如首要群体）并没有获得特殊意义。

但是，随着越来越多实证研究结果的陆续公布，媒体信息和反应一致性的这种想法逐渐消失。并且，学院心理学对"刺激—反应模型"的过分简化也提出越来越多的批评，尽管

---

1 在香农和韦弗（Shannon/Weaver 1949）关于传播的数学理论中，信息理论得到了发展，但是基本概念没有变化。

这些批评并没有让这一模型被放弃。[1]

22   批评带来了两种修正过的研究策略，一方面更多地考虑调查因素（"干涉变量"）；另一方面开始质疑大众传播的巨大效果，因为传播内容也可以通过其他人或者社会关系网络获得。[2]由此产生了一个研究方向，[3]假设大众传播的效果是间接的，并没有之前认为的那样如此强烈。

1.2 修正1：加入干涉变量

在实证研究之中，人们放弃了存在于机械的"刺激—反应模型"中的本能概念，对一致的本能和驱使的想象被各种心理学变量取代。这些研究大多基于实验。

> 刺激—反应模型具有的理论框架发生了改变，干涉变量在可测量的独立变量"大众传播刺激"和另一可测量的独立变量"观众对刺激的反应"之间移动。（Schenk 1987：38）

这就与原始的模型发生偏离了。设置个体的不同干涉变

---

1 直到今天，人们还在努力在心理学的范畴内，继续修正这一已经被社会学和哲学否定的模型，试图将它变得更加"符合现实"。戈夫曼（Goffman 1953）已经在1950年代指出，传播活动如何在发送者—接收者这一模型中被简化为物理意义上的信息传递。接下来我们将进一步分析这一批评。

2 刺激—反应模型的追随者没有从概念上和历史上给予这一关联应有的重视。媒体/领导阶层与大众之间所有联结的社会结构都会被摧毁，这种假设不仅在20世纪四五十年代的美国没有出现，也对当今的工业社会并不适用。

3 这一研究方向的产生是为了与流亡海外且在哥伦比亚大学重新扎根的法兰克福学派相区分，法兰克福学派的研究以理论化的质性研究为主。而这一研究方向以实证研究为主，看重"批判的社会研究"。

量在大众传播刺激的效果研究中获得一席之地。通过对个体学习过程和认知需求的考量，研究者可以考察各种可能的设置以及不同的观察视角。

但是，这一修正并没有从根本上改变这一研究方向的机械性。当思想的变化造成行为的变化时，我们可以通过对媒体消息的认知因素进行考量从而发现效果。比如，某一产品的广告导致了兴趣（认知）还是购买（行为）。直到1970年代早期，大众传播理论还是离不开心理学、行为学的藩篱，去讨论公众行为如何再现消息本身。这一理论的背景框架是将受众看作被动、单一、受媒体消息操纵的大众中的一员。

1.3 修正2：大众传播的间接效果

大众传播的间接效果的研究最初基于社会学导向，专注于现场调查研究。拉扎斯菲尔德和他的同事通过对选民行为、民意的形成和改变[1]进行研究，发现了大众传播有两级作用。尤其重要的是所谓的意见领袖（opinion leader），他在大众媒体和个人之间的传播过程中扮演了一个传递者的角色。意见领袖是那些当地的、积极的、深入使用媒体（报刊、广播）的、可信的、具有权威性的人物，他们像桥梁一样连接媒体内容和民众。"某种说法往往从广播和报刊流到意见领袖那里，然后从那里再流往不太积极的民众群体"（Lazarsfeld/Berelson/Gaudet 1969：151）。拉扎斯菲尔德和他的同事通

1　其出发点是1940年美国总统大选时在俄亥俄州伊利县开展的定组研究，旨在揭示公众意见形成的基本过程。

24　过很多研究[1]来强化这一建构，即媒体内容经过特定渠道和过滤，通过人际日常沟通来传播。[2]这一建构已经有别于早期媒体研究中的万能媒体和对媒体内容及效果的简单等同。

效果研究中有一种看法也渐渐占据主导地位：大众传播会加强受众在接收信息之前就具有的认知倾向和行为决定倾向（参见Klapper 1960）。与此相关，大众传播理论建构的缺失和效果概念的僵硬越来越多地受到批评。

> 对效果研究方法的质疑在增加，将"效果"重构为说服，在1960年代和1970年代加强了关于现代媒体在复杂环境中（预）建构个体与现实之间联系的理论。（Joussen 1990：89）

研究的兴趣转向对观众的研究。对我们而言，最重要的是以结构和功能为导向的"使用与满足"（Uses-and-gratifications）方法。这种方法不会研究特定媒体内容的效果，而是着眼媒体节目和受众需求的关系。它认为，大众是多样的，具有不同的需求，因此它不再以"媒体对人们做了什么？"为出发点，而是追问"人们对媒体做了什么？"（Katz/Foulkes 1962：379），比如人们如何基于某种动机和

1　比如，卡茨和拉扎斯菲尔德（Katz/Lazarsfeld 1955）于1945—1946年在迪凯特市开展了著名的定组研究，专注于女性对市场推广、时尚、观看电影和公众事项（政治）等事宜的决定。这项研究证明，他人的想法对这些决定的影响远远大于大众传播的影响（参见Schenk 1987：248）。

2　人际传播的影响具有特殊性："（1）人际传播的目的性似乎没有那么强，因此不会像大众传播一样容易导致选择性传播行为；（2）面对面交流比大众传播更加灵活，因为传播者和接受者之间有直接的反馈；（3）面对面交流会给接受或不接受带来立即的约束（+/–）；（4）比起非个人的大众传播者，人们往往更信任那些已经认识很久的人"（Schenk 1987：248）。

需求来接受媒体？都有哪些需求和动机？因为获得了奖励效果，哪些需求得到了媒体的满足？接收者目标明确并且有选择性地消费媒体，并对媒体抱有特定的期望。[1]

这一方法将传统的"刺激—反应模型"完全颠倒了，但是仍旧坚信媒体内容的效果。[2]比如，它会研究人们为什么选择某些媒体内容，这些媒体内容如何满足个体的各种需求。媒体效果出自"接收者的沟通目的"（Schulz 1986：84），而"使用与满足层面"则从根本上被理解为个体内部的过程，它不再被放置于社会和历史大框架中解读。观众是积极的，但是并没有被看成个体的分裂集合。[3]此外，类似于效果研究，电影、报纸、漫画的内容被以相同的方式研究。不同媒体本身的特征以及它们之间的关系被完全忽略了（参见Winter/Eckert 1990：11ff.）。

1.4 对效果模型的执着

尽管存在对各种新方法的尝试，但很多学者还是坚守效果理论，以至于这一理论在1960年代末几乎成为一种病变。因为电视的重要性不断提高，以及即将到来的新的传播技术（比如电脑），使获取观众行为的知识越来越受到政治和经济

1　在德国，人们将这一方法和符号互动论联系起来，进行了进一步的研究（参见 Renckstore 1973; Teichert 1972/1973）。

2　这一方法的部分代表者认为，这是对以刺激—反应模型为导向的效果研究的补充，而不是对它的超越（参见Katz/Blumler/Gurevitch 1974：30）。

3　这并不适用于这一方法与英国文化研究的最新发展，英国文化研究注重文化和社会媒体背景下的民族志研究（参见Lull 1990），尤其是利布斯和卡茨（Liebes/Katz 1990）关于在不同的文化背景下接受《达拉斯》的研究。

上的关注。

这一改变也给媒体效果研究领域带来了批评的风气，以期实现其改善，比如汉斯·马蒂亚斯·克普林根（Hans Mathias Kepplinger）通过对传统效果假设的分析，很清晰地展现了效果概念的局限。[1]克劳斯·梅滕（Merten 1982：26）则声称效果研究的"破产"。他批评效果研究的各种方法彼此关联不大，理论上也发展得不全面，因为有很多条件还没有辨明。这一弊端导致无法对媒体的效果做出有效的论断。他认为我们所使用的效果概念太过简化，无法体现效果结构的复杂性。但是因为一直都没有一个理论上非常详尽的概念，很多研究还是始终遵循着传统的但已经被否定的效果概念（参见 Merten 1991）。

德国研究基金会（DFG 1986）媒体效果研究委员会也指出缺乏对媒体效果的可靠认知，以及各式各样的结果当中缺乏理论的嵌入。尽管如此，这些专家们，包括克普林根和梅滕，继续追求一个修正过的具有因果关系的效果模型，以及未来研究中与此相关的量化特征。

1.5 对效果研究的社会学批评

以量化为导向的效果研究，无论是其最初的模型还是

---

[1] 克普林根总结了与这一方法共享的对效果的理解："在大众媒体的影响之下，人们对媒体内容的理解导致了接收者的行为方式、观点、想法和认知的改变。媒体产生效果的前提是与被影响者有直接的媒体接触，首先是他们对媒体内容的接受。双方对基础的效果机制也都达成了一致。媒体内容被看作精心定义的刺激，会被接收者以同样的方式接受，达到同样的效果。刺激的数量和深度与对此的反应具有线性关系"（Kepplinger 1982：98）。

修正版的研究策略，都基于类似的基本认知。尽管大众传播具备“强大、直接、无所不能的效果”这一理论逐渐被“间接的”和受多种因素影响的效果这一观念取代，但是人们还是囿于大众理论中的刺激—反应模型，并对其进行不断的细化和更新。尤森在他的研究《大众和传播》（*Massen und Kommunikation*，1990）中道明了原因。

他认为，效果研究受到大众社会教条的制约，因此不自觉地接受了主体必然臣服于媒体的“出口管道”这一假设（参见Rieman 1958），并继续接受传统的结构和社会化模型。因此，对效果的研究也局限于媒体内容为观念、知识、行为带来的改变。

> 狭义的效果概念以及缺少反思的社会理论假设，使媒体研究成为各种利益的附属品，研究本身并没有能够将背后的技术问题和前端的效果问题与技术和社会的发展关联起来，也没有涉及这些发展对现代个体行为和意识带来的影响。（Joussen 1990：99）

一方面局限于社会学中太过天真的理论概念；另一方面又缺乏深入的分析，这导致大众传播、社会发展和文化改变的关系只是被一笔带过。[1]从社会学角度来看，一些说法，比如“电视中的暴力导致了效果A和效果B”是立不住脚的。尽管有一些研究，比如克普林根（1992：40）和鲁尔（Lull 1995：88）表明了暴力展示和攻击性的提高之间有关联，但这也并不

1　本·巴赫迈尔总结了其理论状况："媒体研究的历史也可以被看作暴力展示的效果和后果研究史，总体而言是毫无章法的"（Bachmair 1988：190）。

意味着暴力观念或行为与媒体的影响之间有因果关系。必须从社会学角度辨明观众是如何从他们的社会生活情状出发来解读暴力展示，在电视里观看到的内容如何影响他们的日常生活？在哪种社会背景下以及和谁一起观看暴力电影？等等。这些问题在效果研究中往往被忽略。可见，不加辨别地将结果强加在观众的日常生活中是行不通的。对接受和获取过程的社会背景的忽略，以及对文本内部关系和互文关系的轻视，已然说明了为什么效果研究的主要一致性就是它研究成果的不一致性。

在这样的背景之下，人们也许会产生疑问，老套又不符合逻辑的"刺激—反应模型"为何能一再受到追捧[1]？仔细观察就会发现，效果研究的社会功能也许才是它"成功"的真正原因。尽管因为理论架构过于简单而受到大量批评，但是它制造的知识被广泛用于政治和经济决策的过程当中。

尤其明显的是那些由电视台自己组织的观众调查，它们都基于"刺激—反应模型"。由于节目越来越多样化，对观众的争夺也日益激烈，观众调查的重要性亦随之提高，以收视率来判断节目的接受程度。根据传统的"刺激—反应模型"，收视率是节目是否有吸引力的重要指标，也是广告效果的重要指标。电视机构为了保证再生产，必须获得观众的关注度，它把观众想象为可以接近、达到、操纵的物品，从研究技术角度出发，将观众分解成不同的变量，这样它就可以被测量。这一现

1　尽管很多效果研究者也承认，暴力场景或者色情场景的效果受到很多额外因素的影响，比如接收者的文化背景和性格特征（参见 Krebs 1994），但是他们的内心始终被一种对因果关系的思考占据，总是从媒体的力量出发而不考虑观众的力量。

象需要和贝尼格（Beniger 1986）描述的"控制革命"[1]以及自1920年开始不断增多的市场营销活动联系起来观察。

> 对规模的强调导致将观众展现为一个可测量的整体，一个由个体、系列性单位构成的分类学上的总数集体，被定义为家庭或者个人[……]这样一个集体的单位只有可以被叠加时才重要：在收视率的想象中，所有观众的家庭都是一样的；所有人都属于人口学中的某一区域，在根本上是相同和相等的。（Ang 1991：60ff.）

29

电视台决定了此类调查的方向，从机构角度而言，重要的是将每一个个体观众变为一个典型的、没有自我身份和经历、白纸般的观众，他们的收看习惯和那些可测变量有关，比如年龄、性别、家庭人口等。只有这样得来的知识，才可以策略性地被用于实现商业目的。

> 工业人士需要一种知识让他们可以行动，而不是让他们无力行动——一种舒适的知识使他们可以把与观众的关系捏造为简单、清晰、便于管理。收视率正好提供了这种知识，因为它提供了"电视观众"的简易地图。（Ang 1991：62ff.）

因此，此类观众调查其实是一门社会技术，这一特征符合大部分的媒体效果研究。

早在其源头，即用来"测量"竞选活动之时，就已经显

---

1 贝尼格（1986）在他的历史性研究中指出，工业化大大提升了商品流，同时对信息的控制和分配也更加明显，将这两者同步结合的努力会带来"控制革命"，势必导致大量全新的传播技术的出现。这将导致对物和信息交流的控制出现革命性变革。

现出这一特征。暴力效果研究提供的知识也被用于政治决策进程之中，其因果决断影响了新闻界的话语以及日常理解。让效果研究始终保持生命力的并非其科学的说服力，更多的是其对社会控制驾驭的参与，以及权力—知识的决定关系。根据福柯在《规训与惩罚》（1976）一书中关于客体化实践谱系学的说明，效果研究也基于监视的过程。从谱系学角度来看，它来源于"考试"：

> 当人们区别对待个体时，它给个体带来可视性，权力的仪式、实验的形式化、力量的释放以及真相的获取通过它联结在一起。规训过程的核心体现在客体化后对所谓主体的屈服，以及对那些屈服了的客体进行物化。
>
> （Foucault 1976：238）

观众的行为也受到细致的监视，他们被看作可分析、可互相比较的"对象"。规训权力将观众变为潜在的"事件"，并以此种方式降低个性化程度（参见Hahn 1986a）。比如，媒体研究者和媒体教育者制定了什么是"正常"对待媒体的方式和什么是"反常"的方式。

媒体研究中再现的观众形象总有另一种色彩。比如儿童、罪犯和病人，他们是"被动、无助、无脑的消费者"，根据福柯的理论，必要的产品和规训技术之间相互关联，通过监视来保护儿童和青年这样的消费者，以及保护其他人不受已经变危险的消费者的影响[1]。在和媒体打交道的历史当中，监视

---

1 我们并非想要否定这一控制形式的积极作用，但是我们认为有必要明确地指出它的社会背景及其发生。

总是与媒体教育和媒体治疗方面的预防和康复建议相关（参见Rogge 1985）。甚至对成年观众的想象中也掺入了儿童、病人和罪犯的特征。[1]

在福柯（1976）看来，观众在媒体研究中是知识和权力的"效果"。[2]他们多义、多样、矛盾的世界被翻译到封闭的效果研究和观众研究的话语之中，使他们可以成为观察、了解和控制的对象。这行使起来并不困难，因为观众本身就是无组织的，也没有表现自己的可能性。萨义德在东方化（1981）[3]中描述的就是一种东方化的观众。观众身处的"陌生"社会世界远远超过观众本身，它有着截然不同的社会圈子（参见Simmel 1908/1992：456ff.），就像西方人曾经对东方的想象一样，观众的社会世界也被简单浓缩为几个变量，这样才能在研究过程中达到持续和可控的目的。效果研究和观众研究的话语构建了这样一个"他者"，他常常——犹如丁巴特一家想象中邻居家的行为——和日常生活中观众对媒体的接受鲜有共同之处。

因此我们认为，我们应该拜访我们的邻居，他们和我们

1　关于电视中暴力展示带来的影响的讨论往往感情用事，好像所有电视观众都是"不成熟"的孩子和青少年，因此必须要政客、媒体研究者和教育者来保护他们。媒体机构也持类似观点。约翰·哈特利指出，"要满足观众的儿童化需求（此处是指盈利和电视机构的生存——作者注），观众们被想象成具有儿童一般的性质和特征。电视话语将观众看作儿童"（Hartley 1992：108）。

2　毫无疑问，效果和公众研究中的控制技术和监视技术受到了边沁的启发，但是它永远不可能像圆形监狱那样高效，因为圆形监狱的机制创建了一种权力关系，将观众置于直观的监视之下。与圆形监狱相反，效果和公众研究只能通过之前或之后的调查来获取一定的可视化变量，而不是如福柯（1976）所说的通过规训来塑造"可教育的身体"（参见Ang 1991：87）。

3　萨义德写道："东方主义是一种思维方式，它基于本体论和认识论对东方和西方加以区别。"（Said 1981：9）

一样在日常生活中使用媒体，要去研究他们与媒体打交道的各种各样的方式。斯图亚特·霍尔（Hall 1986）曾经这样描述这种多样性：

> 我们不是"具有相同身份、单一偏好和重复习惯"的观众，不是只接受相同的频道、只受一种影响类型的观众，因此我们的行为无法预见、各不相同。在我们的头脑中，我们同时是几个不同的观众，可以被不同的节目建构。我们具备展开多个注意力层次和模式的能力，可以在观看的过程中调动多种能力。在一天的不同时间中，家庭的各个成员之间，不同的观看行为会有各自不同的"显著特点"。（Hall 1986：10）

关于媒体接受的研究尤其不能受单一媒体、单一影响或者单一观众这类概念的影响，而要注重变化着的"观众和媒体之间的互动"，这才是意义制造的积极过程。只有在日常生活的文化和社会背景当中，"媒体信息"才能获得其意义。

2

文化工业理论中观众的构成

₃₂ 2.1 导　言

　　霍克海默和阿多诺在《启蒙辩证法》（1974）一书的
"文化工业：作为大众欺骗的启蒙"[1]一章中发展了大众文
化理论，这一理论经他们轻微修改后也出现在他们于1960年
代出版的著作中（参见Horkheimer 1972；Adorno 1977），
至今在关于现代社会大众媒体的意义和功能的讨论中仍然扮
演重要角色（参见Oevermann 1983；Kausch 1988；Müeller-
Doohm 1990；Thompson 1990；Lindner 1991）。[2]比如，凯尔
纳的观点：

　　　　正如批判理论在20世纪三四十年代的美国所观察到
　　的，许多的趋势在接下来的岁月里以令人害怕的速度发
　　展，至今没有什么媒体理论能够在力度、表述的精彩程
　　度和挑衅性的洞察力方面与经典的文化工业批判理论相

1　他们将此与前期发表于《社会研究》的文章联系起来。比如，阿多诺将马克思主义
　　分析应用在娱乐音乐的拜物性上（Adorno 1938），霍克海默则撰写了一篇关于艺
　　术和大众文化的文章，其中已经展现出《启蒙辩证法》里的一些论点（Horkheimer
　　1941）。
2　比如，在第25届德国社会学家大会上，一些研究者组织了一场自发的关于"文化工
　　业"的小组讨论（Glatzer 1991：888ff.）。其他类别和小组的演讲也非常看重文化
　　工业。

提并论。（Kellner 1982：507）

因为它是对现代社会中大众媒体的作用及其对文化的影 33
响进行广泛的负面评价的最重要的例子。[1]当今讨论中反复出
现的关于媒体的操纵力、媒体的隐蔽性、文化的衰败和人性要
素的消失等论点，其实是从霍克海默和阿多诺那里延伸出来的
论点淡化后的拙劣延续。[2]

阿多诺和霍克海默的理论比很多模仿他们的后来者（的理
论）更加详尽和严谨，他们尝试展示出大众媒体作为社会控制
机器如何为消费者的融入做出贡献，消费者获得了愉悦，但是
这个愉悦是被有意识操纵的，并且由于文化形式的标准化、商
品化，他们的想象力、独立思考的能力和个性日益萎缩。

与当时同时进行的实证效果研究相似，这些研究往往是
由因法西斯主义和斯大林主义而流亡美国的学者开展的，他们
在这样的情形之下发展出来的操纵理论，以受统治集团引导的
大众理念为导向。在自由主义的美国，文化工业承担起在极权
政治中宣传的作用。它起到了促进经济和社会系统再生产的作
用，因为它鼓励那些被压迫者支持统治系统。要了解文化工业
理论的意义，必须综合考虑它们在批判理论当中的价值，霍克

1　20世纪很多哲学家都针对"媒体试图伪造媒体世界即日常生活的无缝延续"这一
　　现象提出了批评，比如京特·安德斯（Anders 1956）和马克斯·皮卡德（Picard
　　1950）。海克塞尔（Hickethier 1992）将这种方法形容为与世隔绝的媒体理论传
　　统，因为它将媒体看作现实并以此为基础展开批判。

2　在德国，1980年代产生的一些著作，尤其是美国媒体经济学家尼尔·波特曼（Neil
　　Postman）的作品开始声名鹊起（Postman 1983/1985），他为读者提供了一个简单
　　又不那么理论化的关于文化工业理论的读本，并获得了巨大的成功（对波特曼的批
　　评，参见Maletzke 1988；Winter 1989a；Doelker 1989；Rammert 1993：303ff.）。在
　　英语地区，乔尼·詹森（Joli Jensen）为媒体理论和批判中的操纵学说提供了很好的
　　概览（Jensen 1990）。

34 　海默（1937）认为，应该将社会学分析和以哲学为导向的对时代的诊断联系起来（参见Honneth 1985：11）。

在《启蒙辩证法》中出现的文化工业理论同时也是历史哲学论证的一部分，它试图表明对外在自然的统治如何不可避免地包含对内在自然的统治，从而使社会对自然的统治与人类的自我否定交织在一起。它认为，由自然的衰败实现解放的进步与同时出现的"对自然的否定"（即对它的压迫）是紧密相关的。[1]

> 恰恰是这种否定，即所有文明理性的核心，是不断蔓延的神话非理性的细胞；随着人对自然的否定，不仅使熟练控制自然的终极目标变得模糊不清，也使人自己生命的终极目标变得混乱不堪。[……]人对自己的支配，确立了他的自我，实际上总是消灭了它所服务的主体。（Horkheimer/Adorno 1947：70ff.）

文明社会历史的倒退起源于"逻辑的消亡"。[2]霍克海默和阿多诺认为人类的历史就是一部消亡史。[3]如果想要正确理解文化工业理论，就必须考虑这一对社会发展和现代社会个人命运的悲观判断。

首先我们将就文化工业和"真实艺术"的关系展开分

1　哈特穆特和伯姆在他们的著作《理性的他者》（1983）中对身体的历史进行了新的评估。而汉恩（1988：669）则延续伊利亚斯、福柯和马克思的观点，认为身体并不能完全被社会或意识控制。"身体永远不是一直听话，不管是对社会还是对意识"（Hahn 1988：678）。正是对身体的掌握使突发事件有了可调节的范围，霍克海默和阿多诺低估了这一意义。

2　对这一关联的进一步解释，参见Wellmer（1969），Habermas（1981），Lüdke（1981）。

3　一直到他的晚年著作《美学理论》（Adorno 1970），阿多诺一直都坚持这一观点。

析。接下来，我们将讨论文化工业产品的特征，然后进一步确定大众文化的经验。由此可以推导出大众社会和个体作用的隐含概念。对文化工业理论的批评需要阐明各种诊断以及操纵模型对当今的传播研究是否还有帮助，需要从何种程度上对它们加以修正。

2.2 文化工业 VS. 真实艺术

霍克海默和阿多诺在《启蒙辩证法》中没用使用常用的"大众文化"这一概念（霍克海默在他的《艺术和大众文化》[Horkheimer 1941]一书中还使用了这一概念），而是使用了"文化工业"，这正是为了显示这一概念的综合性，它所具有的不为大众或民众所主宰的特征。他们理解中的文化工业是存在于社会中的、用于娱乐的再生产技术（电影、广播、流行音乐、杂志等）。19世纪出现的娱乐业在20世纪融合成一个系统，它的特征是大规模生产的标准化的文化商品。

"文化工业"这一概念初看起来有些令人惊讶，因为它设定的前提条件是，文化可以被工业化生产。阿多诺在之后的文章中对此概念做出了解释：

> 不应该从字面上解读"工业"这一表达。它是指事物的标准化——比如每一个电影观众都熟悉的西部片套路，以及传播技术的理性化，而不是生产的过程。
> （Adorno 1967/1977a：339）

他认为，西部片作为影片类型所固有的标准化是一种商品，而不是作为传统意义上的文化。在大众传播日益深化的时代，文化分裂成两个部分，一部分存在于"真实艺术"的领域，比如乔伊斯的诗作或者毕加索的绘画（参见Horkheimer 1941：294）；另一部分则化身为"文化工业"。

因此，"文化工业"这个概念背后隐藏着一种辩证的讽刺。文化的意义正是因为它变化成文化工业而实现了反转。[1]真实艺术作为创造性个体的成就，超越了现存的社会关系，因此与专制的大众形成对立；而文化工业的产物在"变成商品"的环节中，成为实现经济目的的手段，这使它不可能服务于个体的利益和兴趣。

2.3　文化产品

对利益最大化的追求建立在垄断型经济系统的基础上：

> 力量强大的广播公司对电子工业的依赖，抑或电影对银行的依赖，表明了这个领域的特征，即各个行业在经济上已经融为一体。[……]这些无情的系统见证了政治权力的上升。（Horkheimer/Adorno 1971：110）

在这个背景下生产的文化产品并不具备真实艺术所拥有的审美特性，这种审美特性将真实艺术的逻辑性和社会系统的逻辑性高度隔离。文化商品依赖于市场规则，因此文化工业的产物失去了表达痛苦、矛盾和美好生活理想所必需的距离，它

1　腾布鲁克（1989）对此也持类似观点，尽管在另一个理论框架的含义中，他公开抨击大众传播下毫无边际、随意可变的文化。

失去了那些曾经批判对立于社会的元素。

阿多诺和霍克海默以1930年代到1940年代广播中的类型电影和肥皂剧为例，指出了文化商品的标准化导致了差异的扁平化，同时也造成了保守模式和偏见的成立。[1]一种对商品而言典型的一致性诞生了，我们可以从情节发展、主题和角色上清晰地看出来。[2]在这种方式下，文化工业的产品单调，仅在表面上略有不同，无论在生产方，还是在接受方，都无创造性可言。

> 这些电影就是用同一种方式观看的，如何结束、如何获得报酬、如何受到惩罚、如何被遗忘，尤其是简单的音乐，让蓄势待发的耳朵从第一个节拍开始就能猜出后面的继续，然后还觉得自己如此幸福，因为音乐果真是这么发展的。甚至恶作剧、效果和玩笑都是事先计算好的，一如它的结构。（Horkheimer/Adorno 1971：112）

就算电影之间有西部片、侦探片和喜剧片之类的区别，但是阿多诺和霍克海默认为，它们必然符合并确认统治社会的规则。电影的典型特征使它们结合为一体：它们将实证的现实翻倍，包括现实的法律和规则。而真实艺术品则相反，它只把法律和规则作为审美构建的出发点，构建是"对常规的变形"（尼采）[3]，是对自主的追求。

---

1 将电影作为神话分析证明了这一观点，同时也证明了神话随着社会关系的改变而改变。威尔·赖特（Will Wright）在批判理论和结构主义（Lévi-Strauss, Propp）的影响下，对西部电影进行了分析，也印证了这一观点（Wright 1974）。

2 在1950年代，巴赞、特吕弗和其他《电影手册》的批评者，证明了在好莱坞看似单一的商品生产中，也可能产生创造性和作者身份（参见Winter 1992a：19ff.）。

3 丹托以此为基础设计了艺术的哲学（参见Danto 1984）。

因此在接受艺术品时，我们不仅要让接受者体验到审美的距离，更多的是要促进接受者获得与现实的一致感，这些不一样的想法、对立的情感在文化工业产品中则会被接受者自动排除在外。

2.4 大众文化的经验

文化工业"所谓的现实"通过效果的整体性制造了顺从的消费者，他们失去了独立思考、幻想和随性而发的能力。

> 文化消费者想象力和随性而发能力的衰退不需要延伸到心理机制层面上，产品本身，尤其是那些特征化的有声电影，因为其生产机制，势必让任何一种能力都陷入瘫痪。它们的制作自然要求观众具备一定的理解能力、观察能力和熟练度，但是它也禁止了观众有任何的思考行为，如果他不想错过那些风驰电掣的情节的话。
>
> （Horkheimer/Adorno 1971：114）

因为每一个文化产品仅仅是系统的一个模型，消费者自然而然被连接到这一系统以及系统的要求上，无法反抗。因此，在阿多诺和霍克海默看来，大众文化的经验与真正的审美经验有着本质上的区别。在《论音乐的恋物特征以及听觉的退化》（Adorno 1938）中，他已经指出在文化产品领域，交换价值正在取代使用价值。在接受过程当中，交换价值占领了情感的制高点。

38

交换价值通过兴味和亲密的表象来自我赋权。如果商品的价值由交换价值和使用价值组成，那么纯粹的使用价值——在这个一切都被资本化的社会当中，使用价值的想象需要通过文化商品来保存——被纯粹的交换价值所取代，而交换价值则欺骗式地接收了使用价值的功能。交换价值所获得的情感制造了亲密的表象，而对客体的关系确实又令它迅速瓦解。（Adorno 1938：331）

阿多诺尝试不仅在生产层面，更是在接受层面来证实这种音乐的恋物倾向，因为接收者没有能力再完全集中精神，无法再了解一个音乐作品的建构原则。

与此相反，真实艺术关注的是使用价值。不同于康德，霍克海默和阿多诺认为，艺术不是兴味索然的讨好，而是一种对未来幸福的指示。按照司汤达的观点，这是一种"对幸福的许诺"（Promesse de bonheur）："这就是美学的升华：把美好打碎了给人看"（Horkheimer/Adorno 1971：125）。艺术中对直接兴味的否定指出了它们在现有秩序中的不可能性，这在以快乐和享受为指导思想的文化工业中完全丢失了。

阿多诺和霍克海默在对文化工业的分析中既借鉴了马克思/卢卡奇，也参考了韦伯，因为他们认为文化工业承担着现代社会理性化进程和物化进程的部分功能。[1]文化工业是"被统治社会"的一部分，建立起"坚硬的奴役外壳"（韦伯）。具有标准化一致性的商品被输送出去，消费者获得了被系统"所希望"的愿望。

39

1　哈贝马斯指出，在西方马克思主义传统中，理性化被解读为物化（Habermas 1981 Bd. 1：453ff.）。汉恩（1984a，1986a）分析了马克斯·韦伯的现代化理论。

消费者是工人、职员、农民和小市民。资本主义生产用尽一切办法将他们束缚住，使他们对那些被提供的商品毫无反抗能力。他们有着自己的愿望，而这些愿望诞生的基础正是奴役他们的那种意识形态。（Horkheimer/Adornor 1971：120）

那些"自上而下"的娱乐通过制作出来的越来越好的商品，成为被众人所期待的业余活动，成为工业所带来的倒退。通过这种方式，文化工业不仅使消费者愚民化，使他们越来越被动，而且这些愉悦只有在他们被陌生化的背景下才能理解。

在晚期资本主义，娱乐是工作的延续。那些人为了躲避千篇一律机械式的工作程序，而追求娱乐，这样才能再一次重复无聊的工作[……]只有通过闲暇时间的调整才能逃避工厂或者办公室的工作程序。所有的娱乐都带有病态。娱乐变成了无聊，因为仅仅为了愉悦，就不应该让人感到劳累，因此只能在拓展的社会化轨道上来回。（Horheimer/Adornor 1971：123）

作者设法用不同的例子来展示模式化的文化产品必然导致消费者消极迟钝的反应。比如为了达到短暂的效果，常常忽视符合逻辑的情节发展。侦探电影中最关注的不再是案件的破解，而是被叙述上几乎彼此无关的场景占据，只为达到惊吓的效果。[1]卡通片试图让观众明白，"不断地磨损、放弃所有的个性化抵抗是在这个社会生存的条件"（Horkheimer/Adorno

---

1 我们在后面分析后现代电影的时候还会接触到这一特征。

1971：124）。因此，在文化工业中，个性就是幻想，尽管公民社会诞生的形态就有对个性的提倡。

社会研究学院早期的研究已经表明，家庭在社会化过程中的功能缺失，将导致个体自主性的形成更加困难，因为父亲的权威性很难再内在化。[1]初步成形的超我所处的位置被文化工业制造的标准所占据。欧洲法西斯主义和斯大林主义所达到的效果，对被统治者的绝对操纵、对极权统治者的支持，在美国式的资本主义中则由文化工业综合体来实现。

霍克海默和阿多诺在晚期的工作中依然坚持大众欺骗和将观众降级为物的观点。比如1966年阿多诺在他为数不多的关于电影的文章中写道："消费者应该继续当消费者；因此，文化工业不是消费和艺术，而是延长消费者继续当牺牲品的意愿"（Adorno 1977b：361）。电影就如文化工业的整个符号形象，以"否定风格"为特点。因此，阿多诺怀疑电影，即使拥有最先锋的形式，到底能不能算艺术：因为它主要在于对现实的表现，它展示的是与审美意象无关的社会。"没有一个电影审美，没有一个单纯的技术，是不把自身社会学包含在其中的"（Adorno 1977b：357）。因此，电影永远无法系统地加工审美材料，使它成为"完全的建构"，而这正是先锋现代艺术的特征。

阿多诺认为先锋电影只有满足以下条件，才可以算作审

1　这后面的观点是，在垄断资本主义中，随着企业自由的消逝，父权式的权威也会消逝。因此，通过与父亲的互动所产生的良心秩序无法带来行为控制，它更多是由外部的榜样导向来控制的。理斯曼（1958）和米切利希（1963）以不同的形式重拾了这一观点。汉恩（1982，1984b）补充到，在现代社会中，自我控制的形成、学院化的自我关注形式，比如日记、忏悔、心理辅导等起着重要的作用（Hahn et al. 1991）。

美艺术，即它必须达到现实主义陈述的另一面，成功地再现出内心独白的体验（Adorno 1977b：355），比如一个旅行者欣赏晚间景色的时候陷入沉思，艺术电影必须用蒙太奇的间断性图片来表现，而不是用线性的按照时间顺序的图片。[1]

41　2.5　对文化工业理论的批判

通过迄今为止关于文化工业理论的讨论，我们可以明显看出，阿多诺和霍克海默认可大众传播和大众文化在发达工业社会中实现稳定和再生产的核心作用。从他们的社会理论和历史哲学角度出发，文化工业成为文明衰退过程中社会控制的手段，这一过程不仅越来越加强对自然的控制，而且社会内部的统治潜力也在不断增长。

尽管这一理论在很多地方可以成为非常好的出发点，但是文化工业理论在当今媒体传播和民众文化的研究中只能起到有限的作用。以下是一些关键的批评点：

（1）尽管有历史哲学的特点，或者说正因为有此特点，霍克海默和阿多诺的理论框架显得有些狭小。统治者当然会通过形式符号和大众传媒机构来进行社会控制，但是这并非如霍克海默和阿多诺根据卢卡奇和马克思的现代性诊断所想象的那样，运行得如此天衣无缝、完满一致。

就算文化工业生产的符号形式是商品，也不表示它们仅

1　追随阿多诺和现代主义生产美学的理想，很多电影批评家坚持关于真实艺术和文化工业的二分法（参见Grob/ Prümm 1990; Winter 1992a: 87ff.）。柯赫（Koch 1992）尝试将阿多诺的美学应用到电影研究之中。

仅是商品。比如哈贝马斯如此描述：

> 如果一个分析的出发点建立在文化产品作为商品的形式之上，那么它必然用一个中介的交换价值来评估大众传播的内容，尽管形式上的相似性其实并不足够。当货币中介被情节发展的语言交流机制所取代，大众传播媒体就始终需要语言的理解。（Habermas 1981 Bd. 1：496ff.）

霍克海默和阿多诺忽略了这一点，没有意识到大众传播的矛盾性特征阻碍了权威的单方面控制。[1]公众在发达工业社会中并不会融为一个整体，而是形成许多各式各样的、接受不同媒体的部分公众。

（2）此外，阿多诺和霍克海默在寻找理性化效果和物化效果的时候，没有区分不同的媒体（参见Winter/Eckert 1990），也没有进一步探究媒体生产和媒体机构的社会组织及其日常实践（参见Thompson 1990：103）。他们对人类文明灭亡灰暗悲观的诊断，也让他们忽略了文化工业符号形式的改变和后现代化，[2]在1930年代到1940年代的资本主义发展中，典型的商品标准化过程也得到了差异化的补充（参见Kellner 1982；Erd 1989：227）。在阿多诺的描述中，成为大众文化的文化工业具有同质性，尤其是20世纪三四十年代的类型电影，而当今的文化却多种多样，不再具备这种同质性（参见Collins

---

1　梅罗维茨（1987）展示了个体如何不顾节目制作人的意愿，并以电视节目提供的信息为基础，团结起来，为自己的利益发声。埃克特和温特也指出了这一点（Eckert/Winter 1987；Winter/Eckert 1990）。

2　库克等人（1992）谈到了后现代化。

1989）。

因此，一些假设也就无法成立了，比如流行电影作为文化工业的一部分始终在重复，并以"虚假现实"的方式再生产出现存社会的意识形态。许多新的科幻电影甚至正是把这种对社会的单一操纵作为讨论的主题加以批判（参见Kuhn 1990；Jameson 1992）。[1]根据文化工业理论，文化工业带来的是无法打破的愚昧，若如此，就不可能出现这样的批判性电影。因此，我们有理由怀疑，1940年代以来的主流电影所具备的内容和形式，是否真的依然是"对同样事物的一再重复生产"？是否也有"开发新事物"？（Horkheimer/Adornor 1971：160）

文化工业理论缺乏历史的区别性。[2]正如凯尔纳（1982）所认为的，阿多诺和霍克海默将魏玛时期、法西斯时期和罗斯福新政时期混为一谈，因此他们的理论是反历史的。关于所有文化活动都被控制和组织的想法，与弗里茨·朗（Fritz Lang）在1920年代制作的电影，尤其是《大都会》（1926）这部电影中的国家形象非常类似。国家在电影中被表现为一个巨大的、圆形的酒店，邪恶的资本主义大老板居住在酒店的高层，而工人则居住在底层。这一对极权关系的前瞻式假设却无法与当今德国的工业社会对应起来。人们面对文化工业系统并不是毫无招架之力，只能被愚昧化。"与这个分析相反，意识领域、政治领域和日常生活中的矛盾，以及个人的和社会的种种危机，都在削弱这种所谓的整体和无法破裂的融入"

1 比如，电影《录影带谋杀案》（1982）、《过关斩将》（1987）和《全面回忆》（1989）。
2 厄费尔曼和提克威尔（Oevermann/Tykwer 1991）想要弥补这一缺失，他们提出，电视是由自我表现的逻辑决定的。

（Kellner 1982：508）。[1]

（3）霍克海默和阿多诺在《启蒙辩证法》中太过着急地将文化工业的产品和消费者的反应联系起来。阿多诺之后曾自我批评，认为文化工业和大众文化不能简单等同："[……]尽管两者的身份并非毫无可疑，如果批判者只是从生产的角度出发，而从未对接受做过实证调研"（Adorno 1977b：361）。只要没有实证研究，对整体操纵的设想只能是一种论点。尽管阿多诺在晚期没有对操纵理论进行修正，但是他认为文化工业的意识形态"绝对不是自动就存在的，并不一定会侵入观众"（Adorno 1977b：356）。克鲁格接着这个观点提出，阿多诺并没有充分地研究电影这一商品，而只是批评了"好莱坞这个租借系统中的宣传机器，一种借助广告制造的现象"（Kluge 1989：112）。他之所以没有做到这一点，是因为他"内心对图像和电影充满歧视"，不愿意系统性地对电影进行研究，在他眼里电影只是巨大控制系统中的一部分。因此，阿多诺没有发现，被他鞭挞的类型电影正是基于突然的惊喜和新鲜的经验，尽管观众由于观影经验对它们已经有所期待。"人是无法被工业化的。因此对电影抱有的需求、对日常生活的展现、电影的可销售性和制作过程当中最重要的部分也无法被工业化"（Kluge 1983：40）。因为对电影的错误评估（也有对其他媒体的错误评估），霍克海默和阿多诺高估了文化工业的融合力。阿多诺之后将自己的理论修改得较为温和。他提出，消费者"深度无意识的不信任"保护了他们不会根据文化

44

---

1 弗雷德里克·詹姆逊证明了，来自好莱坞的主流产品也可具有乌托邦的维度（Jameson 1982，1991a）。

工业的展现来看待和接受世界（Adorno 1977a：344）。

以电影为例我们会看到，阿多诺之后略微调整了文化工业理论，这些调整也通过之后的发展得到了证实。霍克海默和阿多诺对文化产品效果的预测，如果没有实证研究作为基础，都只是纯粹的猜测罢了。汤普森强调：

> 没有任何方法明确显示，在接受和消费这些产品时，个体被驱使去遵从社会秩序，去认同这些产品传达的图像，或者不加批判地去接受那些被分配的众所周知的看法。（Thompson 1990：104）

尽管文化工业的符号形式带有标准化的特征，但这并不代表对产品本身的接受和效果也必须标准化。汤普森将这个在媒体研究中经常出现的误解称为"内在主义的谬论"。从观察者角度[1]发现的媒体产品特征以及由此引导出来的潜在效果是否真的有效，必须首先在日常生活背景下，在对这些产品的接受和变为己有的过程中得到证实。

> 对文化商品的接受和使用是一个复杂的社会过程，它涉及不断进行的解读活动以及特殊个体或者团体根据自身的社会结构和背景特征对有意义内容的获取。（Thompson 1990：105）

因此，我们可以认为，不同的个体和社会团体会对媒体产品做出不同的解读、反应和行动。文化工业理论没有关于解

45

1　对观察者的定位及其特殊重要性的处理，参见Glanville（1988），Luhmann/Fuchs（1989）。

码的模型，因此它无法描述符号形式是如何在充满不同群体的世界当中，被解读为具有不同意义的文本，获得不同形式的愉悦感受。这样的文化解读实践阻止了霍克海默和阿多诺所想象的文化工业信息对日常生活的殖民化。

> 阿多诺在晚期资本主义结构分析的层面上，太过信服于社会传播的行为方式终将消亡，因此他没有留意到在大众社会分析中，亚文化的解读风格和接受形式作为合作型意义获取的方式，会对文化工业操纵做出反抗。
> （Honneth 1985：94）

至此，文化工业理论的致命缺陷已经昭然若揭：它是一个不加区分的文化理论，将社会日常行为领域与植根其中的符号表达混为一谈。[1]

1　在《启蒙辩证法》中，文化是在通俗马克思主义的经济基础—上层建筑的范畴中被解读的（参见Dubiel 1982：471）。1930年代，霍克海默还提议专门建立一种文化理论，因为它是社会劳动系统和个人驱动社会化系统之间的社会再生产的中介维度（参见Horkheimer 1937）。由此，他也错过了对文化的整体解读（参见Honneth 1985：36）。

让·鲍德里亚和弗雷德里克·詹姆逊眼中的媒体和媒体消费在后现代文化历史中的角色

3.1 导 言

按照霍克海默和阿多诺的理论，因为经济系统的驱使，合成的文化工业取代了"真实艺术"的位置。让·鲍德里亚和弗雷德里克·詹姆逊用后现代文化理论继续对"后文化"开展诊断，对第二次世界大战之后的文化变迁进行分析。接下来我们将就这些对消费、媒体和文化之间关系的理解做出贡献的作者展开讨论，他们在过去几年关于后现代文化的研讨中处于核心地位。与主流的媒体研究相比，让·鲍德里亚发展了较为极端的大众传播理论，而弗雷德里克·詹姆逊则成功地对当今媒体文化开展了细致的分析。

3.2 在符号帝国中：让·鲍德里亚的媒体消费理论

作为一个作者，鲍德里亚的作品非常多种多样、层次丰富。他作品的核心是文化现象。在1960年代，他已经开始研究在一个充满再生产和扩张的先进工业社会中，文化领域被赋予的关键角色。我们主要关注他关于当今社会消费意义和媒体意义的分析。[1]

3.2.1 消费理论

3.2.1.1 理论背景

他的理论出发点除了符号学以外，主要还有马克思/卢卡奇的物化理论、马尔库塞关于"单向度社会"（1967）的分析，以及列斐伏尔的《日常生活批判》（1977）。[2]直到《符号政治经济学批判》（1972）一书，他一直尝试在新马克思主义的理论框架中，发展符号的政治经济学。他认为，在马克思之后，资本主义的视角已经发生了根本性的结构变化，因为物质生产不再是社会的决定性中心。消费者的机动性以及他们的需求对社会再生产来说比起生产力更加重要（Baudrillard 1973）。

3.2.1.2 物、符号和需求

首先，鲍德里亚分析了消费的"新世界"，以及由此带来的对日常生活的改变（Baudrillard 1968/1970）。通过这种方式，他开始发展大众社会理论，其特征是符号的无限制流转。他认为，比起以往通过社会互动与其他人的相处，在"剩余社会"中，怎样与物和媒体相处，会给日常生活打上更多的烙印，因此他开始研究"人与物"的关系。[3]个人面对的是一个充满消费物和消费服务的世界，这个世界用诱惑的控制方式对他的感官、经验和生活产生重大影响。消费者面对的不

---

1 对鲍德里亚学说的详细解读，参见Kellner（1989a），Gane（1991）和Bishop（2009）。

2 我们意识到这是一种简化，甘恩（1991）研究了鲍德里亚与涂尔干和莫斯的关系。

3 萨特关于20世纪文学的文集即以此命名（Sartre 1978）。

再是单个的物，而是一个物体系，这一体系与消费者的需求体系相关联。

正如居伊·德波在他著名的法语作品《景观社会》（1967）中的描述，以及马尔库塞（1964）的论点，鲍德里亚认为，消费社会可以对需求进行训练和操纵。古典经济学眼中的个人可以控制需求满足的过程，这在他看来就是一个神话："在这里，恰恰相反，是生产企业控制了市场行为，指导并示范了社会态度和需求。至少在趋势上，它是对生产秩序的完全独裁"（Baudrillard 1970：98）。

行动者仅仅是商品世界景观的接收者，这些景观先验地影响了他们的感受和需求。消费成了他们的首要活动，这是一种以愉悦和奖赏为导向的消费伦理，[1]它取代了以生产性为导向的生产伦理。

在早期工作中，鲍德里亚并不同意消费纯粹是社会融入的被动方式这一批判性观点。通过对符号学的研究，尤其是对罗兰·巴特（Barthes 1964，dt. 1979）的研究，他把消费理解为对符号的一种积极操纵，每个人都由此来定义自己在消费社会中的位置。[2]但是，鲍德里亚并不认同消费者的对立行为，甚至反抗行为有效果，比如他们无法重新定义商品的意义或者他们的消费实践的意义。

他的分析显示，在后资本主义社会，符号意义的新逻辑取得了领导地位，马克思对物的分析，尤其是对交换价值和

1　鲍德里亚比科林·坎贝尔的《浪漫主义伦理和现代消费主义的精神》（1987）更早接触这一主题。

2　鲍德里亚的早期作品在很多方面都与凡勃伦的作品相通（Veblen 1979；参见Rojek 1990）。

使用价值之间关系的分析，还没有涉及这一点。鲍德里亚发现，物在融入符号系统的过程中获得了一种符号上的意义。作为被编码的符号，它们在符号系统中取得价值，通过与其他符号的不同而获得各自的意义。这样，在广告和媒体当中就出现了一种能指的自主性。物可以与不同的符号价值相关联，比如酒精可以与色情图片、自然图片和享受人生的图片联系起来。符号在一个联想的世界里自由自在、无边无际地遨游。

3.2.1.3 消费和区隔

鲍德里亚强调，消费者通过将商品变成能够显示地位和声誉的物来获取它的价值。他将展示性消费的原则一般化为先进工业社会互动的核心组织原则，凡勃伦在他的《有闲阶级论》（Veblen 1899/1958）中指出，拥有高度符号价值的物特别受欢迎，在消费过程中会受到偏爱。[1]鲍德里亚并没有将消费缩减到满足生理需求的层面，[2]而是将它作为传播和社会交换的一部分。消费始终在一个社会构成的情境当中进行。

因为对物和符号系统的需求首先需要被表露出来，并且是被预先制定的，鲍德里亚眼中的消费社会是一个单一的封闭社会，它不受任何重大的矛盾或紧张的威胁。[3]凯尔纳在研究鲍德里亚消费理论的时候做出结论：

> 结果是对系统性权力的同义反复，主体展示那些由系统制造的需求，然后系统满足这些需求，再制造这些需求，以此延续消费之链。主体因此退化为一个被社会

1　此处将布迪厄（1982）与他的区隔理论联系起来。
2　鲍德里亚批评了那些从基本需求出发的人类学方法是个人主义的。在他看来，这也适用于马克思主义理论（Baudrillard 1973）。
3　赫伯特·马尔库塞在《单向度的人》中也持类似观点。

制造的需求系统，同时客体被缩减为由符号价值构成的均匀分布的系统。（Kellner 1989a：23）

3.2.1.4 对鲍德里亚消费理论批评的总结

鲍德里亚理论的片面性已经跃然纸上，因为他把社会同时看作生产基地和成功资本家的基地，所以他眼里的消费和物的符号价值也仅仅成了社会控制的手段。消费者会开发自己的需求和兴趣，在他看来这完全不可能。这一消极的看法一直延续到他晚期的研究当中。他继续研究符号作为生产和消费的对象所具有的中心地位，尤其是在新媒体和新传播技术的大环境下。

3.2.2 鲍德里亚的媒体理论和仿真理论

3.2.2.1 关于仿真的意识形态

1970年代中期，鲍德里亚开始着手仿真理论。在《象征交换与死亡》（1976；dt. 1982：22）一书中，他宣告了劳动时期和生产时期的结束，越来越脱离新马克思主义。他认为，先进工业社会的组织原则转变为传播技术（比如电视或者电脑），因此仿真时期以及当今的（后现代）文化时期开始了。

鲍德里亚在对当今的媒体社会进行分析时，拒绝了马克思主义中经济基础—上层建筑的理论模型，也拒绝了某一个意识形态能够实现单一统治的观念。[1]意识形态带给受众一个变形的或者想象的社会关系再现，与此不同，仿真通过脱离媒体符号，传递给受众的是对再现与真实之间差别的废弃，这

51

---

1 他以此反对阿尔都塞关于意识形态国家机器的观点（参见Baudrillard 1978b：99ff.）。

样，意识形态批判所存在的基石消失了。真实与虚假、现实与想象之间的区别越来越微弱。

"继辩证法的安魂曲后，经济基础—上层建筑理论的安魂曲也奏响了[……]因为媒体的意识形态位于它的形式层面"（Baudrillard 1979a：90）。他引用麦克卢汉[1]的名言："媒介即讯息。"并不是媒体消息的内容，而是媒体的形式和运行的方式改变了社会关系。比如，主流的大众媒体阻止了传播成为讲话和回答的交流。它们使用单向的、不可逆的传播，制造了一个"没有回答的对话"：

> 当今媒体的整个建筑都基于以下定义：媒体就是那些永远拒绝别人的回答、阻止所有交流过程的所在。这里有着它真正的抽象，而社会控制和权力控制则植根于这种抽象当中。（Baudrillard 1978a：91）

鲍德里亚参考莫斯的理论，将权力所有者定义为"有权力的人，即他可以给予你，而你却无法还给他"（Baudrillard 1978a：91）。传播在媒体系统当中也是作为"仿真"存在。[2] "接收者"的一部分可以短暂地成为"发送者"，[3] 但是传播模式并不会改变，因此传播合作者的孤立状态也不会改变。在大众媒体中，传播被其仿真模型所取代。

鲍德里亚提出的这一大众媒体传播过程明显有别于主流

52

---

1 麦克卢汉也可以被看作后结构主义的先驱（参见Bartels 1990）。

2 我们可以想到观众在电视节目过程中的沟通机会，比如他们需要用"是"或"不是"作答，或者自由选择想要的情色电影。这种观众参与方式（如同现场秀或开放频道）已经是发送者改变单一传播方向的一种努力。

3 竞赛秀的吸引力在于"普通人"也能在电视上占有一席之地（参见Bonner 1991；Winter 1993a）。

研究当中一直占据主导地位的"发送者—接收者模型",这一模型把媒体传播的单一性看作正常现象。他清晰地指出,这一模型只是再生产了主流的传播实践。"这一'科学'的建构设置了一个传播的仿真模型,从这个仿真模型出发,合作或者交流的矛盾心理从一开始就被排除在外"(Baudrillard 1978a:104ff.)。

3.2.2.2 符码的统治

鲍德里亚认为,大众传播开启了一个符号政治经济学的新时代,这代表了拟像的第三秩序——仿真。符号、图像和社会现实被模型和符码所支配。

> 我们处于仿真的逻辑之中,它和事实的逻辑,抑或某种秩序的逻辑不再有相似之处。仿真的特征即模型的精确性,而模型则围绕微弱的事实。(Baudrillard 1978b:30)

鲍德里亚认为,控制论模型取代了福柯[1](1976)眼中通过权力—知识的鸿沟所实现的全景敞视监狱式的监视,它使仿真成为"社会合成"(Einrauch/Kurzawa 1983:31)的新形式。

首先,媒体,比如电影和电视,在鲍德里亚眼里通过图像、符号和拟像对日常社会进行殖民。脱离了传统联系的个体不得不成为自主的个体,不断地面对无止境的符号游戏,活在一个被制造出来的"所谓的世界"中,并且这个世界看起来比真实世界还要真实。社会由此进入了控制阶段,这使诞生于19

---

1 参见鲍德里亚对福柯的批评《忘掉福柯》(Baudrillard 1978c)。

世纪的马克思主义理论不再适用。

53 我们仔细考察鲍德里亚关于拟像秩序的理论，可以明显看出他是如何得出这一结论的。类似于福柯的《事物的秩序》（1971），鲍德里亚也区分了三种"话语形态"，它们从文艺复兴开始到现在顺序出现。每一种形态都有自己的组织原则。他写道：

> 模仿是从文艺复兴时期到大革命时期的决定性模式；生产是工业时期的决定性模式；仿真是当今社会的决定性模式，由符码来统治。（Baudrillard 1982：79）

第一秩序基于价值的自然法则，生产秩序则适用价值的市场法则，而仿真秩序的基础是价值的结构法则。在模仿秩序中，物之间存在一种"原创的"与"模仿的"、"类比的"或"反映的"关系。在工业社会的大规模生产中，这一关系消失了。物和物之间是相等的关系。"在大规模生产中，物之间无法再被区分，与此相同，生产它们的人之间也无法再被区分"（Baudrillard 1982：87）。最关键的过渡则是从工业拟像升华为形而上学的符号。"对真实的确切定义变成了，真实是那些可以实现对等的再生产的东西[……]真实不仅是那些可以被再生产的东西，而且总是那些已经被再生产的东西——超真实"（Baudrillard 1983：146）。

3.2.2.3　超真实现象

鲍德里亚的这一理论比麦克卢汉更进一步。麦克卢汉认为，信息和意义"镶嵌在媒体当中"，大众媒体并非中立地传递信息，媒体本身的技术结构塑造了传播流程。鲍德里亚认为,麦克卢汉是一个技术理想主义者,并且在他的基础上继续往前迈进。大众媒体化是"模型的必然[……],被媒体化的不仅是那些通过报刊、电视和广播传送的内容,还有那些充满了符号和形式的、作为模型发声的以及被符码统治的东西"(Baudrillard 1978a:99)。如此,只要社会事件通过电视传播,就会成为拟像。"通过电视转播的足球比赛,首先是一个通过电视传播的事件,就如同大屠杀和越南战争一样,它们之间并无区别"(Baudrillard 1992:223)。

在电子传播媒体的时代,媒体和现实之间的区别无法再被保留,它们彼此包含。媒体的"模糊超真实"使两者之间的区别消失了。仿真秩序不停地制造现实模型,却并不顾及原始状态或者现实,它制造了一个自己的"物秩序"。它不再提供一个外在的参考,而是在仿真的过程中一再指向自身。[1]这样一来,现实无迹可寻地消失在符码和系统的面纱之后。

鲍德里亚认为,电视是展现这一变化过程的最好例子:

> 尽管媒体像病毒一样无处不在、无时不在,到处广布,我们却无法再将它的效果独立出来观察[……]电视融入生活当中,生活融入电视当中——成为一个无法分离的化学溶剂。(Baudrillard 1978b:48ff.)

在超真实的时代,媒体的虚构取代了真实的地位。同时,电视被那些真实的、原创的、直播的"神话"主宰,如同

---

[1] 鲍德里亚将德里达的想法极端化,认为对现实的再现是不可能的,并会转移到社会领域(参见Derrida 1972, 1974)。

一种起源神话。[1]即使在日常生活中，现实也越来越依据其媒体再现而得到人们的评判。媒体首先展现的图像，形成了特定的模型，决定了之后的经验、想象和感情。

> 图像成为我们真正的性欲对象，我们渴望的对象[……]图像具有不规则性和无处不在的特征，它们如同病毒一样的传播感染特性成为我们文化的致命特征。（Baudrillard 1987：29）

日常生活中自我的变小可以为这一看法提供依据。从时尚、电影、杂志中来的媒体预先制作的行为模式和生活方式，对自我展现具有榜样作用（参见Guggenberger 1987）。这一媒体化正体现了媒体真正的力量，将戈夫曼设计的戏剧化社会变成了主导性的日常现实，使"戈夫曼的设想"（Hitzler 1991）成为人类学的基本范畴。然而，鲍德里亚更进一步，在表演成为普遍现象的时代，脚本早已写好。它们已经将自我展现编程了：

> 我们的私人空间已经不再是一个表演场所，在这个场所里不会有主体的戏剧上演，不会有主体对客体的关联，仿佛客体是主体的体现；我们不再是戏剧家或者演员，而是一个终端，各式各样的网络最终通向这个终端。（Baudrillard 1987：14）

人们狂热追求各种模型，在这个戏剧化的电影式的后现

---

1 对真实事件和体验的过度报道是为了创造一种现实依然存在的表象。"真实的媒体"报道真实生活中的真实人物。

代社会中，自己也成为一个拟像（Denzin 1991a）。他们的想象和感情不仅被媒体形象占领，更是在媒体形象中彻底瓦解。被这种传播的狂热所诱惑，受信息泛滥的传染，媒体接受者从主体变为客体，成为传播系统的一部分。[1]同时，他也消失于消费大众之中。

3.2.2.4 "大众"

在鲍德里亚的理论当中，"大众"成为媒体的矛盾对立面。"大众诞生的地方，吸引他们的信息在此汇聚，并可随意调转：仿真的主体和客体同时出现"（Einrauch/Kurzawa 1983：33）。就此而言，鲍德里亚的理论与大众文化的悲观理论相近，认为媒体具有一种力量，可以制造一个有着同样兴趣、愿望和经验的一致的观众群，只对放浪、娱乐和奇观感兴趣。与霍克海默和阿多诺在《文化工业理论》一书中的理解不同，鲍德里亚认为，与媒体系统对立的反抗形式是不可能的。他将此与"传统反抗"区分开来（Baudrillard 1979b：38）。

56

传统反抗的特征是某一个社会群体将媒体信息重新解读，变为己用。

> 微组群和个体将信息用自己的方式来解码，而不是遵循一个一致的、被规定的解码方式。[……]他们用自己的特殊亚编码来对抗主导性编码。（Baudrillard 1979b：37）

1960年代，翁伯托·艾柯（Umberto Eco）已经指出了解

---

1 "诱惑/拟像，沟通和社会功能在一个封闭的回路中，通过符号重复一个不可追踪的现实。而社会契约已经成为一种仿真的契约，被媒体和信息所密封。[……]而在大众中，一种反向的仿真对这种意义的仿真做出回应：对这种劝阻的回应是不满，对这种诱惑的回应是一种神秘的信仰"（Baudrillard 1979a：221ff.）。

读的多样性是大众传播的律法，一个"传播游击队"的策略性任务就是在反抗文化工业的过程当中制造自己的意义（Eco 1985：146ff.）。鲍德里亚则从当今的情况出发，认为这一理念不合适，因为在一个仿真社会中，信息的狂轰滥炸使各个社会领域都已经被攻陷了。

因为媒体信息无所不在，它的领导力看起来是全盘性的，与此相对，"社会性终结"也出现了，一个冷漠且无动于衷的大众诞生了，它需要获得这种状态来对媒体的权力进行吸收和中和。

> 你试图告诉大众意义，但是大众只要戏剧。什么努力都是白费，既不能让他们认识到内容的严肃性，也对编码的严肃性无动于衷。给他们一个信息，他们却只要符号，他们崇拜符号和固定不变的公式，崇拜所有以精彩和奇特的方式呈现的内容。（Baudrillard 1979a：20）

鲍德里亚改动了麦克卢汉的名言："大众即讯息。"他不认为媒体能够对大众进行操纵，"大众是比媒体更为强大的中介"（Baudrillard 1979b：38）。他举例来论证自己的观点，比如正是大众的需求，使电影从一个记录媒体变为娱乐媒体。[1]而且好莱坞电影中大量使用的特效也只有通过技术和科学的进步才能实现，这些技术被用作娱乐用途。出于利润的考虑，媒体工业必须对观众的"需求"[2]做出回应，对大众口味

1　按照电影发明者卢米埃尔兄弟的想法，电影应该仅仅作为记录的媒介。好莱坞让电影变成了商业化的娱乐片。

2　比如，首先探明了观众的兴趣和需求，然后制作了在西班牙和葡萄牙非常流行的电视小说。

进行再生产。"大众的报复"就在于通过这种超一致性对抗媒体系统：

> 大众接受所有事务，并将他们整体地转换成精彩场面，对其他的编码则不屑一顾，他们不要求意义，而且实际上也没有做出反抗，而是简单地把所有东西都引领到一个不可定义的空间中，这个空间不是意义的空间，而是所有吸引和操纵碰撞到一起的空间。（Baudrillard 1979b：38）

所以，反抗的体现方式是对文化工业提供的意义采取讽刺且淡漠的封锁，并过度要求或多或少内容空洞、仅用于娱乐的精彩奇观。从符号学角度而言，观众消费的能指和图像已经脱离了文化工业给定的所指。

鲍德里亚认为，只有一种方法可以战胜消费资本主义的仿真社会，即大众过度满足了仿真社会的要求，这样就将这个系统逼入超逻辑之中，最终导致它的内爆。"你们想要我们消费——那好，那就让我们消费，越来越多，无所不消费，不管消费的目的有多么荒唐和无用"（Baudrillard 1979b：39）。

这一致命的策略导致了社会熵增加的过程，不仅媒体意义、媒体本身，甚至社会性都在这一过程中内爆，社会阶层之间的界限、政治和宗教意识形态、文化、媒体、现实全部都消亡。随着现实的"消亡"和历史载体的"消亡"，历史的终结也随之到来。鲍德里亚在1980年代深入研究了这一课题。[1]

1　比如，鲍德里亚写道，2000年不会发生。"我们不需要什么科幻：从现在开始，从此地开始，我们的社会充满了媒体和信息、集成电路和网络，就像粒子加速器一样，彻底打破了参照事物的运行轨道"（Baudrillard 1990：9）。

3.2.2.5 对鲍德里亚媒体理论的总结性批评

尽管鲍德里亚描述了一个超一致性的对抗性策略，但是在他的理论中接收者也只是"文化吸毒者"（Garfinkel 1967）。对媒体进行生产性创造的消费，对媒体内容进行深入研究，在鲍德里亚看来无法在拟像的秩序中实现。鲍德里亚仅仅赋予了个人"日常机器"的角色（参见 Foerster），这些机器无法再透过媒体的面纱看穿背后制造的仿真景象和超真实。这种方式将会对接收者的日常活动产生扭曲的图像。鲍德里亚忽视了在大众传播的领域中，偏离原意的亚编码作为"反抗的传统形式"具有的意义。正如实证研究（参见 Fiske 1987）所显示的，观众从媒体系统中提取碎片化的能指，在他们直接的日常生存条件中从偏离原意的亚编码框架里获取它们的意义。

鲍德里亚没有认识到这一点，因为他的媒体理论更加分化。他吸收了麦克卢汉的理论，倾向于技术决定论（参见 Kellner 1989a：74）。他专注于媒体、灿烂耀眼的文化产品世界，以及符码的力量，看到了它们的直接影响力，警告世人在后现代社会中文化和经济、生产和消费、深刻和浅薄之间的区别已经消失。因此，鲍德里亚没有能够关注观众的日常行为、他们对符号所做的工作和他们的生产力。

> 因为他们[后现代文化理论家——作者注]搞混了比喻和现实，所以陷在自己的圈套中无法出来。事物表面的符号活力对他们有着非常的吸引力，但是他们看不到，也并没有参与到符号工作所必有的日常功能之中。

（Willis et al. 1991：46）

鲍德里亚在他的后现代文化研究中对媒体传播的很大一 59
部分直接视而不见。[1]因此，对当今社会的传播以及后现代
文化的理论分析或者实证分析而言，我们只能部分采用他的
理论。[2]

类似于"文化工业理论"，鲍德里亚的理论也是从观察
者的角度出发来考察媒体的特征和效果，因此需要通过对日
常背景下的接受过程进行考察来加以验证，以避免陷入"内
在主义"的困境（Thompson 1990）。对媒体的接受是一个复
杂的社会过程，在这个过程中观众会深入研究媒体传播的内
容。只有通过这样的研究才可以论证后现代文化对日常生活
的意义。

3.3　文化的后现代逻辑：关于詹姆逊的理论

3.3.1　后现代场景

除了鲍德里亚关于拟像的理论以外，后现代文化理论还
包括：利奥塔的"后现代状况"（Lytard 1979；dt. 1986）、深
受鲍德里亚影响的克洛克尔/库克的"后现代场景"（Kroker/
Cook 1986，1989），以及詹姆逊的"后现代文化的逻辑"。

1　（1）制作方和传播方的经济和政治利益；（2）媒体信息及其意义的符号复杂性；
　　（3）不同个体和群体的日常生活中对媒体的使用。
2　最终，鲍德里亚还是成为自己分析和预测的牺牲品。邓金也这样认为："他成全了
　　自己的描述，停止了挑战现实。鲍德里亚最终像泡泡里的婴儿一样，在只能取悦自
　　己且充满自恋的文本中成了自己的克隆"（Denzin 1991a：34）。

这些理论都具备的前提是"后现代化"（参见Crook et al. 1992）会带来激进的新文化。对于这一历史变迁，继承了西方马克思主义传统的作家们尝试用一种新的理论和理念来进行回答。[1]

60

在这种环境下，文化理论家和文学家詹姆逊的理论获得了特殊的意义[2]，他对后现代文化原理进行了深入的研究，尝试重新构建马克思主义理论并揭示"后资本主义消费文化和媒体文化的逻辑"。

3.3.2 理论继承

詹姆逊认为，马克思主义为互相竞争的后结构主义理论提供了一个互融的框架，可以解释当今社会的经济和文化关系。在此基础上，詹姆逊设计了一个后现代主义的社会理论，努力统一多方。这让他站到了利奥塔及鲍德里亚的理论的对立面，也因此更加有意义。费瑟斯通指出，詹姆逊最伟大的工作在于"严肃对待后现代，并且将它理解为文化大变迁的表征，同时又努力用社会进程的方式来解释和评估它，以认识它的实践意义"（Featherstone 1991：52）。

詹姆逊作为奥尔巴赫的学生，主要研究文学和哲学文本，1980年代，他的部分论文开始研究文化工业产品。[3]他尤

---

1 鲍德里亚在这里体现出来的是对马克思理论主要组成部分的拒绝，以及关于信息化、消费文化和媒体文化的概念的发展。

2 詹姆逊是英美文化圈中最重要且被引用最多的作者之一，尤其是他关于后现代主义社会学的讨论。德国社会学领域鲜有提及他。

3 他分析了科波拉执导的《教父》（1971）、斯皮尔伯格执导的《大白鲨》（1986）、戴柔执导的《危险女友》（1986）。他尤其对带有艺术色彩的电影感兴趣。他研究了让-吕克·戈达尔（参见Jameson 1992：158ff.）、库布里克的《闪灵》（1980）和让-雅克·贝奈克斯的经典电影《歌剧红伶》（1980），认为它们横跨于艺术和商业之间，是后现代的文化产品。

其对当代经验的特殊特征以及它们的社会传播感兴趣。

詹姆逊认为，后现代概念需要具有理论模型才能描述一系列的文化现象和经验。接下来，他将文化文本、绘画、 电影和建筑作为广泛的经济政治进程的表现，与"后资本主义"的框架联系起来。在他的两篇文章《后现代性和消费社会》（Jameson 1982）和《后资本主义的文化逻辑》（Jameson 1984；dt. 1986），以及同名的书（Jameson 1991b）中，他将后现代主义看作后资本主义的"文化主导"，是资本主义发展的最后阶段。接下来，我们将进一步研究这一在北美、中国以及一些西欧国家被深入讨论的分析。

3.3.3　后现代经验

詹姆逊和鲍德里亚及利奥塔一样，认为在"后现代状况"下产生了激进的新文化、社会形态和相应的经验。他指出了后现代的建构特征：

> 一种新的浅表性（相伴的是深层维度的缺失），不管是当时的理论、关于图像文化或拟像文化的理论都认可这种浅表性，由此带来了历史深度的缺失，这在我们对一般历史的理解中体现出来，也影响了我们对时间的理解[……]；此外，一种全新的情感心境，可以用"强度"一词来描述它，并且可以通过求助于著名的"崇高"理论来最好地把握它；现象对全新技术的根本性依赖，为新世界的经济系统创造了条件。（Jameson 1986：50）

这一列举已经清晰地表明，詹姆逊和后结构主义原理的联系，以此来描述后现代文化的特征，比如德勒兹和鲍德里亚一起设计的拟像理论，利奥塔关于"强度"（Lyortard 1973）和"崇高"（Lyortard 1989）的理论。麦克卢汉（1986）的文章主要指出了新特殊性对经验和主体性的影响。和他们不同，詹姆逊的理论并没有对新文化进行肯定的褒扬，此外他也没有对其进行道德上的批评或评价。

詹姆逊指出，后现代主义主导了当代文化。它不仅仅是一种风格或者审美现象，尽管它最终是作为对学院派的现代艺术的反抗而出现在建筑艺术（参见Jencks 1977）、博物馆、画廊、大学等之中（参见Huyssen 1981）。[1]但是，主导性也并不代表没有其他文化风格同时存在：

> 后现代是一个充满张力的区域，各种不同的文化流派在这里尝试崭露头角，比如被雷蒙德·威廉斯称为"剩余"的文化，以及新出现的文化产品形式。
> （Jameson 1986：50）

在对个别特征进行描述的过程中，詹姆逊（1986：51ff.）将梵·高的《农鞋》作为现代派的重要画作和安迪·沃霍尔的《钻石粉鞋》进行对比。在他的解读中，《农鞋》讲述了农夫的生活和世界的历史，是对农夫生存斗争的真实表现，如同海德格尔的《艺术作品的起源》（1932/1950）所阐述的观点。[2]

1　后现代主义首先在建筑领域以对现代风格的批评和拒绝及其自身的"国际风格"（弗兰克·劳埃德·赖特、勒·柯布西耶、密斯·凡德罗）引人注目。纲领性宣言《向拉斯维加斯学习》（Venturi et al. 1972）很早就把审美流行主义作为后现代文化的基础，并且很快遍布文化的各个领域。

2　海德格尔（1950）认为，艺术的实质是"将自己置于作品之中，是存在的真相。艺术让真实得以实现。美是一种方式，与真实一样有价值"。

而沃霍尔的画作则与具体的生活场景不再有任何联系。鞋子的拜物性成为画作的中心，在装饰的表层下，它就像好莱坞明星一样在照相机的聚光灯下闪闪发光。它被修饰得无与伦比的外表性并没有表现出任何的内在秘密，也不涉及真相，无法对其进行清晰的解读。这样，这幅画也不会为观察者指定某个位置。在这种对比之下，詹姆逊断言，后现代主义包含了多种元素的"经验审美"（参见Jameson 1986：53ff.，1991b：6ff.；Donougho 1989：84ff.）：

（1）**全新的平面性或者浅表性**　不仅艺术作品体现了这一点，在哲学中，关于"内在"和"深层"的思想也正在被推翻，比如后结构主义对解释学模型的批判。詹姆逊提到了福柯对精神分析深层模型的批判（Foucault 1977；参见Hahn 1982；Hahn et al. 1991）。此外，拼凑充斥于艺术和媒体之中：

> 随着个人主体的消失以及与此相伴的个人风格的消失，拼凑艺术在今天无所不在，数量暴增：一种模仿的艺术，它的独创性已然消失。（Jameson 1986：61）

拼凑是不加选择地从现有的风格、类型和范例中引用。文化成为一个密集的互文织体（参见Barthes 1987；Fiske 1987），不再允许有绝对的观察点。

（2）**历史的历史性消失**　不加选择地将所有现存风格进行混合，以及充满偶然性的风格暗指游戏，这导致了过去的意义消失。历史意识在图片、电影的怀旧风中（参见Jameson 1991b：279ff.），在各种壮观的景象中，在各种历史展现中仅仅被模拟，只能根据需求而被一小口一小口地消费。[1]虚假的事件和对世界的再现占据了文化经验的中心位置。

> 这些现象正好用柏拉图的概念"拟像"来解释：对某个事物进行百分之百的拷贝，尽管这个事物的独创性从未存在。拟像文化在社会中获得生命，交换价值被不断一般化，甚至对使用价值的记忆都已经消亡了——居伊·德波在他的《景观社会》一书中对这样的社会有着精确的描述：在这个社会中，图像通过拜物教成为物化的最终形式。（Jameson 1986：63）

在一个充斥着图像、信息和符号的社会中，"现实"本身也成为图像。如我们所见，鲍德里亚和德波对仿真的分析得出了类似的结论。在消费文化和电视文化中，现实和想象已经无法再被区分开来。不同于鲍德里亚，詹姆逊认为，这种景象的实现是可能的，前提是人们考虑到在符号式的真实传播中，所有东西都是由文化来传递的。"就算能够意识到文化在当今社会无处不在，但是我们已经无法对当今政治实践的类型和功能进行现实描述了"（Jameson 1982：126）。

（3）**情感的消失**　詹姆逊将蒙克的画作《呐喊》看作生存问题的表达以及现代人类的病理学。它所包含的主旨和话题，比如异化、道德失范、孤独，符合现代人的内心感受，也展现了以二分法为原则的关于人类真相的解释学模型。在后现代文化中，对世界的情感反应开始慢慢消失，存在主义哲学对

1　参见克里斯托弗·拉什的《自恋时代》（1980）。

此作出了精确描述。生存的恐惧被取代了，忽高忽低的能量状态与存在的生活背景不再相关。毒品消费和精神分裂的经验象征着病理学的新形式：[1]

> 所有这些现象和弗洛伊德时代的歇斯底里症以及神经官能症没有太多关系，和日常经验中的极度隔离和孤独也没有太多共同之处，和深刻影响现代主义的个人反抗以及梵·高式的疯狂也不相同。这种病理学上的动态转移也可以被理解为异化的主体取代了碎片化的主体。
> （Jameson 1986：59）

（4）情感的消失和**主体的去中心化**相关，这也是后结构主义的重要主题。詹姆逊尤其关注雅克·拉康关于精神分裂症的分析，拉康在对精神分析的语言学解释中，将精神分裂症构想为"能指链的断裂"。

> 精神分裂症诞生于关系的破裂，当能指链的各个环节开始断裂，就会产生犹如一大堆废墟一样的自我独立，彼此没有关系的能指[……]通过能指链的断裂，将精神分裂者限制在能指的纯粹物质性经验之中。（Jameson 1986：71）

精神分裂者会体验到一系列彼此毫无关联、但会不断出现的时间片段。这种时间意识的碎片会导致个体不再将过去和未来以因果关系加以看待，以至于无法形成个人的同一性。对

65

1　我们可以从精神分析关于自恋的讨论中看出变态心理学主导形式的变化（参见 Kohut 1973；Kernberg 1978；Ziehe 1975）。这也可以佐证詹姆逊的论点。

当下直接且不加区分的具体经验是发展深入动人的情感状态的土壤。

詹姆逊认为，可以把拉康关于精神分裂症的解释作为后现代的审美生产和接受的模型来使用。他以约翰·凯奇（John Cage）的音乐作品中时间的中断和碎片化为例。广告和音乐视频的制作和接受也可以更加形象地解释这种"精神分裂式的时间体验"。转换越来越快的图像导致了经验的点状化。接收者各自的单个图像序列不需要再被放到一个连续的联结之中。电视开始不断播放"MTV"这样的音乐视频，并且在各个视频间不断转换，使接收者逐渐无法感受到过去、现在和将来的时间界限（参见Kaplan 1987）。在这些节目如流水一般的不断播放中，一种无时间性的现在诞生了。接收者专注于对区别的感受，被限制在一个空间化的永恒的现在之中，过去已经不再像普鲁斯特时代那样是通往幸福的钥匙（参见Hahn 1989a）。

（5）**地方的无意义**　后现代建筑以及媒体社会带来了对空间的混乱体验，这可能潜在地导致人们失去对空间的方向感。[1]詹姆逊以洛杉矶的博纳旺蒂尔酒店作为"超空间"的例子，使用我们的感官系统是无法理解它的。

> 我的主要论点是，最新的空间变迁使后现代的超空间成功地超越了个体人类身体的能力，这些能力包括给自身定位、通过感知来直接构建周边环境、通过感受和知识以认知的方式在无法衡量的外部世界确定自己的位置。（Jameson 1986：89）

1　每一个在后现代的商场约定见面，但是没有商定具体碰头地点的人都能理解。

在超空间中，詹姆逊认为主体和客体不再对立，这些类别已经消失了。个体始终不知道自己身处何方。从空间角度来看，资本主义全球化带来了一种混乱状态。

媒体的空间部署更加重了这一趋势，如梅罗维茨的研究《电视社会》（1987）所示。[1]媒体对个体意识的过度要求也带来了混乱："我们意识的无能（至少目前如此），使我们无法理解这个巨大的、全球的、跨国的和去中心化的传播大战，我们作为单个主体被困在这场战斗当中"（Jameson 1986：89）。

（6）**能指的无限游戏**　德里达（1974）对书写的证明在詹姆逊看来也适用于后现代文化。能指，比如图像，没有固定的意义或者一个历史或现实的指涉。他持与鲍德里亚相同的观点，认为资本主义商品生产的终点是对虚无主义的发现和对所有指涉性幻想的放弃（参见Kroker 1985）。

（7）**批判距离的消失**　阿多诺认为真实的审美经验是可能的，而詹姆逊则认为商品社会将取代审美领域。现代主义和大众文化在后现代主义中都瓦解了。

> "高雅文化"和所谓的"大众文化"或"商业文化"之间的传统区别（经典现代主义的主要特征）已经消失了，取代它的是新的文本类型，它具有文化工业的那些被现代主义拥护者强烈批判的形式和分类。

1　梅罗维茨的研究指出，电子媒体，比如电视，改变了我们对地点的感受。"它们将之前互相分离的社会情境聚集在一起。公众行为和私人行为之间的界限更多地伸展到私人那一边，社会情境和物理地点之间的关系被减弱"（Meyrowitz 1987：207）。

（Jameson 1986：46）

不同于商业大众文化殖民式的审美，在后现代主义中，整个文化领域都被审美化了。它不再有其"相应的自主权"（Marcuse 1965），文化在社会生活中已经无处不在。正如关键词"文化社会"（参见Kamper/Wulf 1987）所体现的事实，即"新的非了然性"（Habermas 1985）一样，阿基米德式的观察视角已经不再可能实现（参见Welsch 1987：157）。[1]

尽管看起来无法再对当今社会保持一个批判的距离，但詹姆逊始终认为对社会现实的"认知图绘"是可能且必要的。

> 如果后现代主义有一个政治表现形式的话，那么它应该设计一个关于我们感知和认识的全球地图学，并将它投射到需要进一步研究的社会空间中去。（Jameson 1986：100）

詹姆逊赋予科学一种教育和启蒙的功能。他提倡发展分析和艺术的程序，以克服模仿的艺术，更新并加强历史意识。

3.3.4　后现代作为历史阶段

詹姆逊关于后现代经验的描述非常细致且具有建设性，然而在将他的成果归入社会理论的过程中，这些特征却缺失了。他追随曼德尔（Mandel 1972）的后资本主义理论，尝试赋予后现代主义以历史意义。曼德尔认为，当今资本主义的消费工业时期和后工业时期是资本主义发展到最高层次的形

1　利奥塔也在他的文本中进行了强调（参见《知识分子的坟墓》[1985]）。

式。它笼罩并物化了几乎所有社会生活和个人生活领域。曼德尔在他的理论中将资本主义发展分为三个时期：市场资本主义、垄断资本主义和后资本主义。

詹姆逊用文化形式与此一一对应：现实主义、现代主义和后现代主义。与鲍德里亚不同，詹姆逊认为，后现代主义不是历史的中断，而是资本主义发展的一个阶段，因此要在其历史背景下来理解它。与利奥塔（1986）相反，詹姆逊不相信马克思主义的"宏大叙事"已经结束了。他试图用总体性分析以马克思主义理论来解释后现代变迁。

这是他受到最多批评的一个方面。比如，戴维斯（1988）认为这种方法太过机械化。尽管詹姆逊引用了阿尔都塞的结构多元决定论（参见Althusser 1968，1977）进行反驳，但他还是暗中遵循了"经济基础—上层建筑"这一理论模型，将文化变迁看作资本积累方式的变化和技术变化带来的结果。如同霍克海默和阿多诺，詹姆逊也在经济的参照框架内将文化看作冗余。

他的理论优势更多地在于对当代经验的精彩描述。对我们而言，搞清楚谁在当今社会获得这些经验非常重要。詹姆逊是在如实描述当今这个消费社会和媒体社会的日常体验，还是说他将精神分裂症作为当代典型的经验模式实属夸张？费瑟斯通（1991）[1]针对后现代文化分析的意义对他的理论展开了批评。

68

1　更多的批评立场，参见Kellner（1989b），Kellner/Homer（2004）。

3.3.5 对詹姆逊理论的批评

费瑟斯通（1989，1991：57ff.）指出，詹姆逊对后现代主义的经验进行了强势描述，但是忽略了文化的日常经验。从社会学角度而言，我们必须要区分作为后现代文化的科学观察者所得出的经验，与日常生活中消费着后现代文化商品的个体和群体所得出的经验。

> 詹姆逊指出了模仿和仿真、风格的多样性和异质性，导致了指涉物的缺失，即"客体的死亡"，以及个体的消失。我们必须再次提出这个问题，谁在经历这些缺失，我们是否屈服于怀旧，而这个怀旧的对象也许是长期以来某个特定的低阶层群体日复一日的实践？（Featherstone 1991：57）

费瑟斯通以最新的电视研究结果为例，表明了电视对观众而言绝对不是唯一的世界，关键在于研究它不同的社会使用形式。[1]

这些研究显示，对电视的接受有着固定的阶级习性（Mullin/Tayler 1986；Leal/Olive 1988），同时也与年龄有关。比如，具有较少文化资本的观众会观看较多的电视，阶层越往上，电视看得越少；而年龄越小，观看电视则越多。对中产阶级而言，电视消费的目的是为日常社交寻找话题，让对话变得更加"润滑"（Berger/Luckmann 1967），并以此来维持社会关系。

此外，费瑟斯通还批评了詹姆逊对后现代经验模式的描

---

1 我们后面开始讨论的英国文化研究可以佐证他的批评。

述，认为他犯了一概而论的错误，认为他的诊断缺少深入的历史根源。比如，在宗教和艺术亚文化当中，对深刻情感状态和临界状态的感受一直都存在（参见Hahn 1990；Leites 1988）。中世纪的狂欢节就是一个例子，片段式的、与日常生活相隔的超越总是存在的（参见Bachtin 1987）。那么，在后现代之前，在这些团体之外，在固定的时间段以外，人们有没有机会去体验深刻的情感状态？并在这种迷幻状态中失去历史意识？如果有，那么这种经验又是如何广泛分布的？詹姆逊在对后现代经验的特殊性进行描述的时候，恰恰忽略了前资本主义时期，社会中文化的多样性。[1]

　　而且，如何在文明化进程中对后现代经验模式进行定位？关于文明化的论述（Wouters 1986）表明，自1960年代以来，对情感控制的放松，绝对不是文明化进程的倒退。

> 信息化进程的结果，文明化进程螺旋式发展过程中的反向运动，强调了在某些时候，平衡会转向一种"受控制的对情感的去控制（de-control）"，这种行为方式和情感暴发模式，（我会说尤其是中产阶级）以前是被禁止的，且伴有人际之间和心理上的强烈约束；现在却被容许，甚至成为必要。（Featherstone 1991：59）

　　这一改变成为后现代经验的根本。尤其是，新兴中产阶级对情感和审美界限状态的处理获得了更大的自由。但是要注意的是，情感控制并没有消失，而是被"一种更加谨慎地去限制的、担负人际责任的'受控制的去控制的'情感所取代，它

1　彼得·伯克在《英雄、流氓和小丑》中描述了这个时期的欧洲民族文化。

必然带有一些算计和人与人之间彼此的尊重"（Featherstone 1991：59）。[1]因此，需要研究的问题是情感控制的放松如何与后现代文化商品的审美意趣相关联，但是詹姆逊并没有关注这一点。

如同霍克海默/阿多诺/鲍德里亚一样，他认为文化产品、符号和图像的力量，对于文化变迁起着至关重要的作用。他从文化商品的改变上看到了这种力量，同时他也忽视了在日常实践层面上的文化是如何被创造的。

> 詹姆逊方法的问题在于，他从经济转移到文化上，却忽略了社会关系的中介作用。要理解后现代文化，我们不仅要能够阅读那些符号，更要观察人们在日常实践当中是如何使用这些符号的。（Featherstone 1991：63）

仅仅研究生产和再生产的新文化技术不足以掌握日常经验和实践的变迁。同样重要的是文化对象的"消费"和"消费者"本身，以及他们对特定经验和体验的安排，这些也该成为研究的主题。

1　例如，我的研究小组对虐待狂特殊文化的研究证实了这一关联性（Wetzstein et al. 1993）。

4

日常生活的后现代审美化

4.1 导　言

　　上一章的分析表明，按照鲍德里亚和詹姆逊的理论，后现代的主要特征是：将日常现实深入转化为图像、对日常生活中经验和审美的幻想化、由当下的关注带来的深刻的即时经验。鲍德里亚和詹姆逊将这些经验世界中的变化描述为现代的断裂，并且评价较为负面，[1]这一判断令人生疑。

　　首先，日常生活和经验的审美化在当代有着各式各样的源起，19世纪的大城市中以及商品资本主义时代的经验已经包含了这些源起。[2]后现代主义的一些方面可以被理解为这些趋势的逐渐深入，这些趋势在现代主义时期，甚至在前现代主义时期[3]，就已经存在了，它们只是在20世纪才获得了强化（参见Featherstone 1991：66ff.）。

1　从鲍德里亚和詹姆逊的理论衍生出来的很多哲学或文学作品，都一直致力于钻研图像与现实之间的界限、超现实、仿真的时代等。在德国，这体现在围绕在迪特马尔·坎珀和克里斯托夫·武尔夫周围的圈子，参见Kamper/Wulf（1990），Klier/Evard（1989），Bolz（1990，1992）；在美国的情况，参见Crary（1984），Kroker/Cook（1986）。

2　对鲍德里亚而言，像巴黎这样的大城市所具有的现代性，充满了各种刺激、感官休克和深度体验。他描述了闲逛者如何在19世纪巴黎的购物大街上迷失于众多商品所制造的梦幻世界之中。

3　图像、梦境和愿望决定了现代派的年市、狂欢节和戏剧。

其次，我们对鲍德里亚和詹姆逊的文化理论进行的批评也体现出，后现代主义的一些方面、观众的积极性、解码和再编码的过程，都没有得到相应的重视，因而它们的重要性也就没有得到正确的评价。因此，我们在本章中所分析的作家，都把当今的文化与审美潜力放在其分析的核心部位。

最后，我们会研究后现代文化以及与此相关的审美感受性。苏珊·桑塔格很早就开始针对改变了的文化情景和植根其中的经验方式展开了研究。从桑塔格的论文出发，斯科特·拉什（1990a）分析了后现代文化的有形性。伊恩·钱伯尔（1986）补充了从1950年代开始，大都市就已经宣告了后现代主义及其特有的形象经验模式。日常生活的审美化和社会群体的构建之间存在着千丝万缕的联系，我们将参考吉亚尼·瓦蒂莫和米歇尔·马费索利的理论来深入探讨。

4.2　新的感受性：苏珊·桑塔格对后现代文化理论的贡献

4.2.1　导　言

在德语区关于后现代主义的讨论中，有一个理论家常常被忽略——苏珊·桑塔格：美国作家、电影制片人和文学评论家。[1]1960年代中叶，她在理论文章中描述了一种在她眼里的"新的感受性"，这种感受性植根于直接的感官感受所带来的

73

1　参见Huyssen（1986），Lash（1988，1990a）。

审美，它的特征是与现存文化实践的批判性关系。[1]她联系自己对当代艺术品的经验，首先把它们看作感官物品。

她在1960年代出版的获得巨大影响力的《反对阐释》（德语版名为"艺术和反艺术"，1980）一书尤其强调了她的论点。该书收录了1960年代关于文学、戏剧、电影和哲学的论文，也融合了当时新的文化实践，比如即兴表演和坎普文化。我们首先来看看桑塔格关于文化的理解，然后进一步分析她对相关的新经验方式的描述。

4.2.2　文化一致性

批评家欧文·豪在1959年发表的论文《大众社会和后现代幻想》中，将第二次世界大战之后的"后现代"文学看作现代主义标准溃败和颓丧的症状（参见Welsch 1990：202）。桑塔格则尝试放弃预先设定的位置，对1960年代的艺术表现出好奇心，发现它们的特殊之处。作为当时文化场域的局外人，她对学院派的文化行为和它的价值标准持有批判态度。她在分析中承接了莱斯利·菲尔德和其他一些作者的策略[2]，建立了新的命名和评价，对当代艺术进行了别样的解读。

这一先锋的策略在桑塔格对艺术/非艺术以及高雅文化/大众文化的界限划分上可见一斑。她反对文化一致性，认为工业社会典型的艺术和文学之间的分界[3]已经丧失意义，那些负责

1　丹尼尔·贝尔（Bell 1979：148ff.）认为，桑塔格是文化极端主义的代表人物，这种思潮沉迷于叛逆之中，因为它成了愤怒的餐食。

2　我们几乎没有遵循社会学专家关于后现代主义的观点（参见Featherstone 1990a），因为我们主要研究桑塔格的理论内涵及其对后现代文化工业的看法。

3　这再次证实了1950年代，这两种文化之间的分裂和传播限制，他认为，其中的问题主要在西方世界（Lepenies 1985：186）。

影响全人类精神文化的艺术家已经不再重要，自然科学家那种高度专业化、全心全意解决问题的文化在现实中的意义也已不复存在（Sontag 1980a：285ff.）。因此，桑塔格对艺术的静态理解表示怀疑。尽管自然科学界没有明显的进步，但艺术却充满了变化和变迁。

比如，当代艺术就发展成了一种专业艺术，只有掌握了它们的不同语言才能理解。[1]

> 聆听米尔顿·巴比特（Milton Babitt）或莫顿·菲尔德曼（Morton Feldman）的音乐、观看马克·罗斯科（Mark Rothko）或弗兰克·斯特拉（Frank Srella）的绘画、欣赏默斯·坎宁汉（Merce Cunninghams）或詹姆斯·瓦宁（James Warings）的舞蹈，都需要对人们的接受能力进行培训，掌握它们的难度和无聊性可以与掌握物理学或工程学的难度和无聊性相提并论。（Sontag 1980a：287）

这两种文化之间的另一个相似之处在于它们的"积累面"。当代艺术家总是在他们的作品中不断引用相关领域的历史成果。绘画艺术、电影、音乐和文学"既是批判的行为，也是创造的行为"（Sontag 1980a：287）。他们在吸收各自媒体的历史的过程中充满了自我反省。[2]在桑塔格看来，这一共同性证实了两种文化之间的冲突在实践中并不存在，而只存在于

---

1 这一趋势在现代主义时期已露端倪，比如在《尤利西斯》中。新的现象则是这一趋势扩展到那些所谓的"低端"文化中去，比如电影和舞蹈。

2 很多后现代文本都具备自我指涉的结构。在后现代小说中，写作这一行为也成为小说中讨论的主题。现在，很多音乐视频和电影都具备这样的特征，比如我们之后还会详细讲到的恐怖电影。

知识分子的话语之中。

艺术和非艺术之间的界限，以及"形式和内容"之间的界限，抑或"轻浮和严肃"之间的界限，对当代艺术品而言已不再适用（Sontag 1980a：288）。后者经常表现得很疏远。"艺术品又成了'物品'，而不是'个体的、亲密的表达'（包括机器制造或大规模生产的、接近民间艺术的物品）"（Sontag 1980a：288）。

"高雅"和"低俗"文化之间的区别已经不再有效，因为这种界限的定义往往太过肤浅。[1]因为高雅文化的艺术品在当今失去了单次性的特征，失去了那种独立的充满灵感的艺术家进行手工作业时个体而亲密的表达，它们越来越接近"低俗文化"中典型的疏远的大规模生产。

> 事实上，自然科学/技术和艺术之间的分隔、艺术和其他社会生活形式之间的分隔也许都不明显。艺术品、心理形式和社会形式都在交替进行自我反省并且改变对方。（Sontag 1980a：290）

新的感受性则诞生于这种互相联结的关系之中。它不偏爱文化，而更偏爱音乐、绘画、雕塑这些有形的艺术。尤其是电影[2]，它是典型的"通过感官性来代替意义"（Kracauer/Rutschky 1980：201）的媒介，由体验代替解读是这种新的经

1　桑塔格的观点比同时期的蕾斯莉·费尔德中肯得多，她通过细微的感受和理性的分析，摈弃了传统现代主义中关于精英文化与普罗大众的日常娱乐之间的严格区分。她指出，不管是文学中垮掉的一代，还是在科幻作品或电影中，高雅与低俗之间的界限正在消逝。

2　她在《艺术与反艺术》中有多篇关于电影的论文，分析了布列松、雷奈和戈达尔等人的电影。

验方式的主要特征，它与1950年代那种知识性的精神构成有着明显区别。接下来，我们将进一步解读后现代感受性的特征。

4.2.3　新的经验方式

桑塔格的论文集《反对阐释》已经明确地体现出她的理论方向。值得注意的是，桑塔格并没有拒绝所有的阐释方式。因为她深受尼采的影响，认为万事万物皆是解读。艺术作品也一样，因为人们首先要通过解读来建构它们（参见Danto 1984）。

她的理论反对的是全球范围内对艺术解读的要求，即每一个艺术品都有内容，必须要进行解释或者解码。"阐释的工作实际上是一种翻译。这个解读者说：看！你们看不见吗？X事实上是A！而Y事实上是B！"（Sontag 1980b：11）这种现代的"阐释之怒"以完全发掘艺术品的意义为目标，以此达到顶点。

按照尼采的话，每一种阐释都是一种暴力行为，一种宣告主权的行为，侵犯了艺术品的随意性和普遍性。艺术往往被不同的目的和意识形态所利用，将它们置于普遍的，甚至非艺术的阐释框架来看待。[1]这一点在分析马克思或者弗洛伊德时尤其明显，因为他们总在寻找"意义的更深层次"[2]，在各自元理论的框架中所处的位置："现代主义风格的解读一直在不停地挖掘，并在挖掘的过程中将它毁灭；一直挖掘到'文

---

[1] 沃尔夫冈·韦尔施对此写道："艺术可以迎合每个人的需要，从这个层面上，它就像一个无人不爱的妓女。这里的规则也和其他地方一样：不是由妓女，而是由顾客来制定"（Welsch 1990：161）。

[2] 在这些理论中，它们本身的贡献在其构建研究对象时隐藏了起来（参见Hahn et al. 1991）。

本'之后，想要找到深藏的潜在文本，因为这个潜在文本在它看来才是文本"（Sontag 1980b：12）。

桑塔格的攻击并不只是针对那些"深刻的解释学解读"，[1]而主要是针对以现代主义文学为导向的保守作家，如莱昂内尔·特里林、伊沃·温特或克莱门特·格林伯格，他们在1960年代的纽约知识分子界展开了非常有影响力的批评。这些艺术批评家用完美的形式或者艺术的自主性来判断艺术品所散发的质量。对于那些他们不赞同的文学作品，他们从中解读出多义性、矛盾性和讽刺性。根据马修·阿诺德的文化理论，艺术本身被看作在道德思想、社会思想和政治思想的光环下对生活的批评。

这种处理方式在桑塔格（1980b：13）看来是"知识界对世界的报复"，在对其的理解过程中，将艺术分列到不同的精神类别，最终将它锁入象牙塔之中。

> 就像汽车尾气或者重工业废气污染了城市空气，现在这种艺术解读的潮流也毒害了我们的感知能力[……]解读意味着将世界变得空空如也——只是为了建立一个意义的影子世界。（Sontag 1980：12ff.）

桑塔格提倡描述艺术的感官性，将它和日常生活实践联系起来。不同于解释学，她号召"艺术的情色"，应该用艺术的形式而不是用其内容来实现感官体验（Sontag 1980b：18）。[2]批评家的任务在于帮助接收者锐化他们的感官认知。

1　关于这一概念的定义，参见Paul Ricoeur（1969），Alfred Lorenzer（1974）。

2　舒斯特曼（Shusterman 1992：118）敏锐地指出，桑塔格自己在此也明显认为，内容和形式之间的界限分明。但是，形式本身也有内容。

世界的满溢、艺术的过度生产和生活的过度已经导致我们无法用感官来理解这个世界，因为感觉器官已经变得迟钝。在一个官僚的、理性的社会当中，艺术的作用在于休克疗法（Sontag 1980a：293）。

> 当今，我们需要重新获得知觉，我们需要学习看得更多、听得更广、感受得更深。[……]所有艺术评论的作用在于——基于我们的经验——提供更多的现实，而不是更少。（Sontag 1980b：18）

桑塔格认为，对经验的具体化需要当代艺术作品来实现，内容不再优先，形式更为重要，以此来直接对感官审美经验施加影响。抽象艺术、象征派诗歌或者安托南·阿尔托的"残酷戏剧"在桑塔格看来是将艺术再次变成"感官事物"的尝试。埃兹拉·庞德的诗歌并不是通过意思，而是通过词汇的发声特征来展现。阿尔托的戏剧与布莱希特那种史诗式的以对话为主的戏剧不同，前者是对身体进行"再次发现"，关注姿势、画面和声音。波普艺术也尝试通过日常化的内容来躲避解读，这些内容往往不需要再进行释义了。从符号学角度来说，桑塔格的后现代主义美学关注的是能指。

新材料的使用和来自"非艺术"领域方法的使用显示出艺术获得了全新的功能："当代艺术是一种新的工具，用来调节意识、发展经验的新形式"（Sontag 1980a：288）。

在桑塔格眼中，真正反象征和反教学的媒体是电影。它是一种典型的艺术品，"它的外表如此圆满清晰，它的冲击如此强烈，它的语言如此直接，因此它可能成为那个艺术品

78

[……]那个可以简简单单做自己的艺术品[……]好的电影拥有一种直接性，可以把我们完全从那种解读的冲动中解放出来"（Sontag 1980b：16）。这样，那些知识贫乏或者知识爆炸的电影仅仅通过视觉的不同呈现和电影语言的复杂性就足以获取人心。[1]

桑塔格认为，好莱坞导演，比如库克、沃尔什、霍克斯等[2]的电影作品，以及特吕弗、戈达尔和安东尼奥尼的作品[3]不再被强迫着去解读或者行动，电影院观众通过自己的物理存在去体验世界。在一些电影中，事物通过它的"就是如此"而变得明晰[4]，由此实现了感受和生活的扩展和深化。

齐格弗里德·克拉考尔在他的《电影理论》（1960，dt. 1964）中有着类似的论据。无动于衷的摄像机视角记录并揭露了这个世界，而不是把它表现为语言的意义联结。克拉考尔认为，电影中的直观图像比故事的意义更为重要。[5]电影院观众为了躲避疏离和孤独，逃进电影院，"因为电影给了他幻想，仿佛他自己的人生得到了圆满"（Kracauer 1964：230）。鲁斯基（1980）在他的文章《经验饥饿》中收集了很多有力的证据，他分析了那些在1960年代投身政治的知识分子在1970年代的生活感受。

1　这是很多后现代电影的重要标志。

2　有趣的是，她在此提到的好莱坞导演被《电影手册》杂志称为作家。这一"作者论"尝试的目的在于提高日常文化的地位。

3　然而，安东尼奥尼的电影正好证明了，不仅解读内容需要很多智慧和知识，分析形式结构也同样需要，比如像山姆·罗迪（Rohdie 1991）那样。桑塔格强调，这并不代表它们无法从意义上被直接体验。

4　桑塔格在此又重返尼采，尼采认为，未经特定视角过滤的透明是不可能存在的。因此，尼采将不可解读的事物本身称为教条（参见Schusterman 1992：119）。

5　柯赫的一本名为"我掠夺的是图片"的著作（Koch 1989）。

鲁斯基认为，电影院给这些"老年步兵团"打开了一个新的经验空间，在这个空间里，不再有1960年代那种讨论的文化，不得不向"普遍概念的乌托邦"低头。通过观影者看完电影后进行的虚构对话，他表达了大部分电影观众并不想从电影里获取语言表达的意义，而是把感官经验放在中心位置。

> 电影在于观看，而不在于解读，这一点在1970年代越来越明显：电影展现的东西满足了经验饥饿，而不是电影想说的或者通过情节表达的某些意义。（Rutschky 1980：214）

克拉考尔描述中的电影院，世界在知觉当中静止了，在这里寻找的不是解读或者释义，而是感受、经验和观看（Rutschky 1980：222）。

这一经验方式在1970年代的联邦德国的日常生活中也有着典型性，与桑塔格描述的艺术接受的感官知觉相符合。在这个背景下，我们就能够理解她对那些批评家提出的要求了。"批评的功能在于展示那些形象如何被创造，是的，甚至它们的存在，而不是去解读"（Sontag 1980b：18）。批评成为艺术的一种扩展，艺术成为感官式的"生活扩展"（Sontag 1980c：271），它不拘泥于思想，而是依靠感官知觉和情感。[1]

1　这里自然可以提出批评，即使是形式上的艺术批判也具有可解读性。"从实践和理论角度而言，解读也有形式结构，它的目的不在于获取更多的隐藏意义，而在于揭露隐藏的特征和层次，将此作为一个互相联结的整体来呈现"（Schusterman 1992：119）。

4.2.4　总　结

总而言之，桑塔格在1960年代初的纽约知识分子界推动了后现代主义审美的发展，这种审美事实上提倡文化去特殊化。斯科特·拉什说道："桑塔格反对的实际上是隐含在生活区文化假设中的差异化的意指模式。她对解释学的攻击同时也是对去特殊化的提倡[……]"（Lash 1990a：179）。桑塔格拥护尼采的理论，偏爱艺术品的表象，即能指的层面。在她看来，艺术品的意义不是首要的，艺术和生活之间、高雅艺术和低俗艺术之间也并无矛盾。艺术不应该被锁在保护区内，艺术的感受性和创造性需要全面的伸展。因此，桑塔格倡议日常生活的审美化，重拾略加改动的先锋艺术形式。艺术要能够感动大众，但是又不能俗气。受后现代主义影响的浪漫主义者，比如托马斯·品钦、罗伯特·库弗，或者电影导演吕克·贝松、大卫·林奇等通过小说和电影实现了桑塔格的追求。两位导演的经历同时也证实了，既想获得最广阔的观众群，又想避免庸俗审美是很困难的。

在桑塔格理论的基础上，综合后现代主义文化理论，拉什描述了后现代主义的感受性，并且为了更好地分析后现代文化产品，他开发了一系列适用于当代电影的专有名词，这对我们接下来的探讨非常重要。

4.3 有形性和去特殊性：拉什对后现代主义特征的归纳

4.3.1 话语和图形

拉什在《后现代主义社会学》（Lash 1990a）中为社会学范围内的后现代主义文化理论做出了贡献。他也认为，对后现代的日常生活审美和经验而言，基于图像的对现实的中介形式，即所谓的"意义的有形体制"是非常重要的。在桑塔格眼中，这是阐释的审美和感觉的审美之间的区别，而在利奥塔眼中则是"话语"和"图形"的区别。

在《话语，图形》（1971）一书中，利奥塔驳斥了西方哲学和符号学中话语、文本和语言的特权化。他想建立起图形、形式和图像。不同于鲍德里亚，利奥塔对图像持积极的态度。

鲍德里亚的看法是，图像在当今社会呈现出各种壮观的景象和仿真，它已经脱离了社会现实，拥有了自己的生命，操纵着消费者。利奥塔则认为，图像是反对理性主义和语言的力量，它强化了生命和欲望。它们如同弗洛伊德所描述的那样，深深地存在于接收者的潜意识当中，成为记忆的图片。艺术的"初级过程"是通过置换、凝缩和隐喻的转化来表达的，正如弗洛伊德关于梦的理论。主体下意识地追求"一种感知的认同，即感知的不断重复，它与欲望的实现相关"（Freud 1990/1972：539）。

与之相反，话语——比如哲学话语——是通过次级过程来控制的，欲望是由语言的规则来构建的。因此，欲望的话语比欲望的形象更抽象和保守，欲望的形象通过图形的相似性来传递意义。

拉什使用话语（理论）和图形（艺术）之间的区别来区分文化感受性的两种典型形态：现代主义的话语感受性和后现代主义的图形感受性（Lash 1990a：175ff.）。

话语感受性的特征是：（1）语句比图像有更高的优先权；（2）文化产品的形式质量具有极高的价值；（3）对文化的理解偏向于理性；（4）特别关注文化文本的意义；（5）根据弗洛伊德的理论，"自我"的感受性高于"本我"；（6）与文化产品之间的距离是接受的先决条件。

图形感受性的特征与之相反：（1）它更强调视觉作品而非文学作品；（2）它忽视艺术的形式主义或者建构，从日常环境中获取"材料"；（3）它质疑文化的理性主义或教条式的理解；（4）它不太关注文本的意义，而更关注文本的"作为"；（5）它强调文化领域中（弗洛伊德意义上的）初级过程的渗入；（6）它倾向于通过对文化产品相对直接的力比多占有，让观众沉浸于相应的文化体验之中。

这种感受性是话语（现代主义）或者图形（后现代主义）各自的命名制度的元素。拉什（1990a：4ff.）认为，这里面包含了一种范例，从空间维度和实践维度赋予了文化产品各自特有的形态。命名制度有着特殊的方式来传递意义（能指—所指模型），也就是说所指、能指和指涉物之间的关系，以及由四个领域组成的文化经济：（1）文化产品的特定生产关系；（2）接受的特定条件；（3）在生产和接受之间起中介作用的特定机构框架（比如，在我们的例子之中是电影和电视的批评）；（4）文化产品传播的特定方式（电影院、电视、视频）。

通过这个模型，拉什想要概括出文化产品的文本方面，以及生产和接受的条件。[1]许多当代文化产品所具备的有形性是去特殊化过程的一部分，它深受后现代文化经济的影响，能指—所指模型不再是它的特征。[2]接下来，我们将通过电影界的例子详述这一理论。

4.3.2 去特殊性作为后现代变迁的典型特征

第一，文化领域失去了在现代主义时期尚且具备的审美、理论、道德–政治方面的自主性。它制造出来的文化产品具有"混合的形式"。一个明显的例子是，哲学或社会学文本跨越了其与文学之间的界限，比如德里达和鲍德里亚的作品。同样还有德勒兹观察到的现象，即那些伟大电影的创作者可与同时代的思想者比肩（Deleuze 1989：11）。思想者用概念来表达，电影人用图像来展现。因此，先锋电影已经跨越了其与哲学话语和社会学话语之间的界限。

第二，

---

1 命名制度可以涵盖所有类型的艺术物：建筑、绘画、文学、电影、音乐等。后现代状况下（Lyotard 1986），不同风格同时存在是一个普遍特征（参见Collins 1992）。后现代主义、现代主义，甚至反现代主义的文化物同时存在。但是，正如鲍德里亚和詹姆逊指出，形态处于主导地位。

2 在此，拉什也找到了与后现代文化理论的结合点。鲍德里亚将此称为内爆，他谈到了文化与社会之间不可区分，它们进入了所有的生活领域，资本主义的物化与文化合为一体。

> 文化领域不再具有本雅明口中的"灵晕"
> （auratic），也就是说，它不再系统性地与社会隔离。
> 一方面是因为高雅文化和民众文化之间的藩篱不再坚不
> 可摧；另一方面是与之相伴的高雅文化的观众的增长。
> （Lash 1990a：11）

电影的发展尤其可以佐证这一点。本雅明在1930年代已经指出，电影展现的不是一种具有灵晕的艺术，因为在电影中没有本原（Benjamin 1980）。[1]电影类型的发展，比如西部片或者恐怖片（Wright 1975；Tudor 1989），表明了某个固定的模式会在一段时间内被不断地重复和修改，但是它并没有初级文本，没有可以让其他电影追溯的真正起源。

因此，观众也不期望参与到这样一场狂热的崇拜之中，而是在接受过程中做出漫不经心的评判：

> 接受变得漫不经心，这在所有的艺术领域都越来越明显，并且带来了深刻的改变。电影具有楔子一般的效果，正迎合了这种接受的形式，对艺术界而言是一种很好的练习工具。（Benjamin 1980：505）

电影在日常生活中的融入，包括电视和视频，也让它的灵晕特征不再明显。比如，经典电影，它们自然可以被再次改编（参见Austin 1981；Telotte 1991）。

第三，文化经济领域也出现了去特殊化的现象。拉什指出了在生产方面的"作者的消失"（Foucault 1979），作者

1　在此背景之下，詹姆逊（1982）声言初级文本逃离到大众文化之中。

消融在文化产品当中。比如，饶舌音乐（参见Schusterman
1992）、短视频（参见Winter/Kagelmann 1993）、劳里·安
德森和布鲁斯·麦克雷恩的视频艺术及表演艺术。电影界也
出现了一些经常引用其他电影的作品，我们可以从各种引用
的组合当中看出电影导演在"作者论"意义上的手笔。布莱
恩·德·帕尔玛的电影经常被称作希区柯克的模仿之作，他的
作品就具有这种后现代特征。《剃刀边缘》（1980）或者《粉
红色杀人夜》（1984）离不开希区柯克的《惊魂记》（1960）
和《迷魂记》（1958），但是它们依然是独立的电影。

第四，生产和消费之间的界限也越来越模糊。拉什举例
说，自1960年代以来，戏剧导演致力于让观众参与到表演之
中。再比如，时装界的即兴表演，桑塔格对此有过深入分析
（1980d）。在饶舌音乐中，创造性的艺术家和"被动接受的
观众"之间的界限也无法分清。电影界也有类似现象，尤其是
后现代主义电影，比如恐怖电影，要求观影者具备一定的能
力，能够将互文的关系、暗示、电影中隐含的解读层面一一解
码出来。观众等于是在制作一部属于自己的电影，与旁边坐着
的另一位观众制作的电影可能完全不同。类型电影的真正有意
思之处就在于观众认识到它的惯例，发掘出其中的乐趣。

第五，在再现的层面（即意义的模型）上也出现了去特
殊化。后现代主义对能指和所指之间的关系、再现和真实之间
的关系提出了质疑（Lash 1990a：12）。其中一个原因是我们
的日常生活越来越被媒体渗透。人们将更多的业余时间花在媒
体世界中。各种听觉和视觉的媒体为日常生活带来了显著的变
化，导致了意义的传递越来越依靠于图像，比如电影就是这个

过程中的重要组成元素：

> 一般而言，电影院代表了一种去差异化的方式。没有哪种文化形式像它这样再现，绘画不行，文学或音乐不行，甚至电视也不行，它们都达不到电影所具有的有形性。尤其在高科技时代，电影投资动辄千百万美元，它比其他形式都更接近于对现实的再现。（Lash 1990a：186）

电影的现实指数更加强了去特殊性，那些在我们的公共生活中被排挤的行为方式，比如攻击行为和性，自然而然地成为电影图像世界的组成部分。尤其是性成为很多电影中构建主题的原则。类似于同时诞生的精神分析，娱乐电影的很大一部分可以被当作性话语来理解（Faucault 1977），两者都以充满愿望和梦想的内心世界为主题。电影院的观影经历很多都与潜意识过程，尤其是做梦的过程相关。[1]

我们已经清楚，在文化实践（参见Buchman 1989）中，尤其在电影领域中可以找到很多例子，去论证去特殊化以及与此相关的去层级化所带来的文化转变。拉什以此为基础开发了一系列适用于当代电影的专有名词。根据屏幕理论，他主要关注对电影文本的分析，并由此得出观众的"位置"。我们觉得这一方法欠妥，因此我们会用当代电影的多义性特征来补充他的分析，多义性特征是不同接受方式的基础所在。

4.3.3 电影中能指的形式

电影作为"图像机器"可以将意义、欲望、幻想以不同

1　参见Metz（1977）和Lehmann（1983）的研究。

于文本的方式表现出来（参见De Lauretis 1984：8）。拉什认为，从1960年代中期开始，以图像为核心的有形性趋势越来越明显（Lash 1990a：186ff.）。他接受了穆尔维（Mulvey 1980）的分析，认为叙事和景观之间的关系对进一步确认这种趋势非常重要。在景观的范围内出现的是充满了力比多的表达，比如女性形象、暴力场景、低级幽默等。他还区分了现实主义叙事电影和后现代主流电影。

从叙事上来说，现实主义叙事电影有一个封闭的结构。它总是以一个对现状的干扰开始，以干扰的排除结束。解决方案贯穿了事件，以这种方式将叙事和观众带入一种最终的平衡。没有无法解释的事件，甚至人物的心理动机和行为都是符合逻辑、彼此相关的，并包含在整个叙事之内。现实主义叙事电影尝试在观众中制造一种"这就是真实"的印象，它往往易于被理解。摄像镜头的移动支持了这种印象，制造了一种文艺复兴时期空间的幻觉（参见Heath 1981：28ff.）。而那些摄人心魄的景观，比如女性场景和暴力场景，成为这种叙事的一部分，并没有获得可以脱离电影的意义。

与此相对，后现代主流电影的特征是景观不再屈居于叙事之下，而是开始成为主导。拉什举例说明：

> [……]意大利空心粉式西部片[……]中的叙事结构 87
> 被不断进行的事件打断，这些事件并非必然甚至没有必
> 要，马丁·斯科塞斯的电影《穷街陋巷》就坚决拒绝了
> 这一方式。这一趋势在1980年代中期和晚期得到进一步
> 加强，很多大片的票房屡创新高，比如印第安纳·琼斯

系列、超能敢死队系列，以及史泰龙和施瓦辛格的电影，它们迎合了年轻观众的口味，用情节来作为一系列景观事件的由头。（Lash 1990a：188）

更多的例子包括功夫片、香港动作片、新型恐怖片中对摧残人体场景的超现实表达，还有色情片将身体的再现放到首位，叙事成为次要，只是为了连接重复的性镜头。

不同的景观，比如性、暴力、音乐和幽默场景打破了情节的线性，制造了各个文本部分之间的不连贯性、矛盾和张力。因此，许多后现代电影的结构碎片化且无条理。它们不像传统好莱坞电影那样具有文本上的一致性。比如，《洛奇4》（1986）从表面上看是一个关于朋友和敌人的神话，但是我们仔细分析就会发现，这一神话其实非常模糊，并不是电影的组织力量。"但是电影吸引人之处就在于它的无条理性，它的各个元素和主流神话的无关性"（Polan 1988：53ff.）。文本的无条理性和与此相关的多义性使接收者能够躲开现实主义的解读策略，更多地以联想和下意识的方式来理解。因此，后现代电影的观众在观影时不需要像传统现实主义电影的观众那样遵章守纪。

然而，对此类电影的观赏也需要观众具有一定的话语能力和媒体素养。要想真正享受《蝙蝠侠》（1989）、《至尊神探》（1990）、《火柴人》（2009）这样的由漫画改编的电影，观众必须首先观看过大量电影，同时也必须对漫画了如指掌。对那些大手笔的重拍电影而言，如果观众已经看过原片且能够识别出新的意义所带来的不同之处，那么他们的观

影享受自然会更上一层楼。此外，这类电影的其中一些也具

有表达社会批判主题的意义层面，拉什不曾关注到这一点。
科幻电影、律政电影、新闻纪实电影等用自我反思的方式来
批判社会的"自我再现"，这是在鲍德里亚（1982）意义上
的媒体仿真的再现。比如《疯狂的麦克斯》（1978）、《新
闻狂热》（1987）、《死亡地带》（1984）或《法网终结者》
（1978）。"这些文本对观众提出了挑战，要求他们批评美国
梦工厂制造的扭曲的电影社会"（Denzin 1991b：130）。像
《警察学院》（1978）、《神秘约会》（1985）和《危险女
友》（1987）这样的电影也包含了不同的解读方式，因为它们
充满了有序和无序之间的矛盾，在一部电影中展示了互相矛
盾，甚至自相矛盾的世界。

不仅主流电影，艺术电影也显示了后现代的趋势，它们
的存在使现代先锋派带有政治意义的反电影失去了必要性。

4.3.4　篇外：现代先锋派电影

根据布莱希特和爱森斯坦的理论，1960年代和1970年代典
型的以现代话语为导向的导演，比如戈达尔、斯特劳布、于伊
耶或大岛渚，都设法通过电影技术的进步来展现现实主义叙事
电影的保守、陈旧之处。表现手段的根本性变化创造了一系列
全新的意义。彼特·沃伦（1981）指出了反主流电影和现实主
义主流电影之间的区别：

（1）现实主义主流电影的叙事遵循线性发展模式，而戈
达尔等人的电影则充满了被打断的情节流、跑偏的主题，以及

缺失的关联。这样，观众失去了惯有的情感支撑。"戈达尔用一个图片、声音和字母组成的断裂次序，与幻想现实中连贯的表演形成对立。电影不再被看作一个有机体，而是被看作一条由不同表现方式组成的随时会泛滥上岸的河流"（Kurzawa 1981：109ff.）。

（2）在反电影中，认同的过程被打破了。比如，演员突然以自己的身份，或者以角色的身份，和观众直接对话。在电影进程中，他面对观众提问，比如"接下来会发生什么？"或者"为什么会发生？"。

（3）在主流电影中，隐藏着以提高现实印象为目的的符号实践，而戈达尔的电影则将观众的注意力引向意义的制作过程，并解构了这一过程。他的很多电影的图像表达方式（海报、涂鸦、传单、明信片、字幕、标题等）都起到了关键作用。在《各自逃生》（1980）中，"各自逃生"和"生活"这两个名字都在电影中作为标题出现。它们是一系列字符的开头，目的是将叙事流和图像流打断。电影《已婚女人》（1964）的制作方式类似于广告，目的是揭示资本主义下图像政治的真相。对图片的商业化："戈达尔对蒙太奇的贡献、对视觉领域多样性的坚持，是给予这一金钱秩序压制图片秩序的系统的最好回击"（Maccabe 1980：45）。

（4）那些在始终如一的时空中所进行的具有一致性的好莱坞式叙事，被组合起来的多样性叙事所取代。比如在电影《周末》（1967）中，时间顺序被打断，来自不同时间和文化背景的人物被加入情节当中。

（5）另外一个区别是封闭和开放的形式："不再是自

我包含式的封闭文本，不再是导演认知中千篇一律的主流角色，反电影揭开了互文的领域，不同的话语和声音在这个领域中互相碰撞和冲突，结果便是它们无法再以作者的意愿被解读了"（Lapsley/Westlake 1988：193）。

（6）在反电影中，比如斯特劳布/于伊耶的电影将好莱坞电影中的愉悦摧毁了，因为把电影意义的制造过程清晰地展现给观众（Wollen 1981：89），其结果往往是无聊和不适的。在沃伦看来，这一点因其在接受过程中拒绝了愉悦和幻想，可能成为问题。他指出，在革命艺术中，幻想和欲望起着核心作用。

（7）反电影将传统电影中的角色当作故弄玄虚和意识形态加以批判。

通过与现实主义电影的对比，我们可以看出，先锋派反电影的目的在于对传统电影的驱逐，以此将后者的符号实践揭露出来。他们以这种方式揭示出，主流电影的常规语言并不是人们可以使用的唯一语言。戈达尔认为：

"不幸的是，电影是一种语言，但是我在尝试毁掉这个语言，去拍摄完全不使用那种语言的电影"（引自Lapsley/Westlake 1988：194）。戈达尔的话也指出了反电影的界限。这类电影通过对现实主义叙事电影的规则、规范和惯例，以及对观众期待的破坏来实现其目的，这样一来，它便只能让一小部分人感兴趣。对话语结构的揭露也意味着对新规则的学习，这样我们才能理解先锋派文本的多义性和开放结构。大多数观众无法达到这种对知识的要求，只能理解一部分的意

90

义。只有极少数人愿意被教育，自愿放弃情感的愉悦，接受知识的洗礼。现代主义的生产美学对反电影影响至深，但并没有获得预想的成功。

在后现代的条件下，出于其他原因，无法产生真正的反文化（参见Huyssen 1981）。先锋艺术的学院化过程已经将其变为画廊和电影节上的官方艺术。这样一来，它就很难实现与其他艺术实践的天然的政治分割。最初的先锋派技术，比如蒙太奇、自反性、中断性也被主流电影、电视和音乐，甚至广告所吸收，尽管这些技术当初希望保持距离和启蒙的意图被去除了。与此相关的风格和技术的多样性成为当今电影的特点，创新不再是特征，模仿的混作才是（参见Jameson 1986：61ff.）。戈达尔自己也在《新浪潮》（1990）中使用不带本原的模仿。当今，先锋艺术电影对艺术环境的改变做出了回应，因此"超先锋"这一概念可能更适用。拉什（1990a：191）所描述的"越界的"后现代电影，如同主流电影一样具有有形性，也追求吸引众多人的眼球。大卫·林奇对暴力的表现，或者大卫·柯南伯格电影中对人体变化的表现，就是其中的例子。

后现代艺术电影也有值得批判的地方，不仅仅是对符号实践的探讨，即对现实的展现，而是对现实本身的探讨。拉什通过吉姆·贾木许的现代主义经典电影《天堂陌影》（1984）来说明：

> 在这部电影中，贾木许没有遵循电影规则，让一个场景发展到高潮然后再转换到下一个场景。他让场景越

过高潮后继续向后发展，直到摄像机无聊地徘徊，角色无聊地呆坐。（Lash 1990a：192）

贾木许尝试将观众的注意力吸引到电影的惯例和符号实践上来。后现代电影，比如《歌剧红伶》（1980）或《我心狂野》（1990）则注重揭示对现实的创造，以此揭露其艺术化的特征。

> 在《歌剧红伶》中，大部分的拍摄高潮都是在两个主角的房间中进行的。但是朱利斯的起居之处本身就是一系列图像的组合，比如一个废弃的车库，波普艺术与一辆1950年代报废的车子紧挨在一起，这个车型在尼古拉斯·雷的《无因的反叛》中也出现过。（Lash 1990a：192）

其目的是提醒观众，当今的现实是由图像和再现组成的，因此具有不稳定的特征。这一对现实和再现之间关系的探讨，尝试将我们带入现实的符号学结构。

但是，这些批判的尝试并没有像现代先锋派电影那样只获得很小一部分观众。这些电影通过保留炫酷的特效、加深观众对现实的印象，获得了观众的广泛认可。因此，后现代主义电影，包括其主流作品，属于"可生产性的文本"（Fiske 1987：95）。它们涉及观众的话语能力，观众在媒体社会化的过程中获得了这些能力，并用这些能力来创造性地观看电影。

由此可见，拉什成功地塑造了后现代主义电影的类型学。但是为了确定它的文化意义，我们还需要在不同的背景下

92

研究对它的接受，作为例子，我们接下来将更加细致地分析恐怖电影。

除了拉什以外，还有其他作者研究了后现代媒体世界的有形性和日常生活的审美化，接下来我们将一起研读相关作品。

4.4 审美经验和共同体的构建

4.4.1 通俗文化的审美

伊恩·钱伯斯在《通俗文化：大都市的经验》（1986）中指出，当今的通俗文化的根基在大都市之中。它的出发点是媒体和消费之诱人的、自我指涉的符号游戏，尤其是在大城市中，过去几十年的生活都深受其影响。不同于后现代主义文化理论，钱伯斯认为，以下这些依然可能："[……]我们可以听到历史主体的声音，让他们了解自己的状况，探索他们的当下，在他们生活的限制（和潜力）中构建一种可能的感觉"（Chambers 1987：7）。

"二战"后的通俗文化诞生于城市，它一方面是一个真实的地点，有着密密麻麻的街道、房子、公共建筑、交通工具和广场；另一方面又是一个想象的空间，充满了城市居民的感知、习惯、期待、愿望。钱伯斯指出，媒体所传播的"视线和声音"体现了这个城市的景象，在这一过程中起到了中介作用。它们为城市居民的文化活动、幻想和认同感提供了"原始材料"。

93

因为广告、音乐、电影、电视、时尚、视频等共同组成了一个符号和幻想的市场，城市居民可以在这个市场中选择自己想要接受的内容。

> 被锁在大都市的交流网络中，脑袋始终支在电影、电视、视频和电脑前，戴着耳机，开着录音机，被各种唱片、杂志环绕，以此来实现自我，并滑入一个由图像、风格和各种戏剧姿态所构建的世界中。（Chambers 1986：11）

通过媒体对符号的存档，在世界上曾经存在的和现存的文化、风格和时尚都可以被获得，城市居民以此来尝试建立自己无可替代的认同。"个体将他或她自身构建为街头艺术和公众偶像的对象：身体成为不停变化的城市符号的画布"（Chambers 1986：11）。那些爱拼搭的城市居民通过对亚文化的个性化使用，将文化变为一种拼贴。喜欢使用与众不同的表达方式的青年文化就是很好的一个例子。钱伯斯在这里引用了迪克·赫伯迪格广为流传的分析（1979，1987）。

在《亚文化：风格的意义》（1979，dt. 1983）一书中，赫伯迪格一方面在符号学、后结构主义的框架中，另一方面在民族志的框架中，对"二战"后英国青年不同的亚文化风格进行了研究。他揭示了这些由媒体传播的无所不在的来自四面八方的元素，如何与亚结构形成一种新的组合。这一"剪切/混合"的过程也适用于黑人音乐从奴隶时期到嘻哈和说唱时期的发展，亦是整个后现代文化的特征，它跨越了形式和风格的界限。朋克在文化领域很好地诠释了这一"变野"的过程，它也是以游击战的方式抵抗成年人的主导文化的过程。他们的拼凑物是具有反思性的，因为它们引用了过去亚文化的拼凑物。[1]

94 　　朋克的整个符号游戏体现了青年的文化消费和文化活动所具有的创造性。朋克风格，同所有的亚文化风格一样，是对社会生存条件的一种回答。它对符号和物的处理训练有素且充满想象，以一种压缩的方式展示亚文化风格，体现出自己与世俗世界和工作世界的距离（Chambers 1987：7）。

　　相对于高雅文化，城市的通俗文化的特征在于，它没有了"专家"和"门外汉"之间的界限。在当今的日常生活中，符号不停地流转，所有的媒体使用者都参与其中，将每个人都变成了他擅长的文化领域的专家。

　　　　要理解保存于各个画廊、博物馆、大学课程中的官方文化，需要有被文化熏陶过的品味和被正式授予的知识。它需要人们在那一刻脱离日常生活的运转。而通俗文化则是触觉的、偶然的、易耗的、片刻的或内在的触动。（Chambers 1986：12）

　　钱伯斯也引用了瓦尔特·本雅明（1980：503ff.）的理论，媒体产品并不是在一种清晰和远距离的状态下被接受的，而是一种"分散的接受"，这样才能适应于习惯了惊奇效应的城市居民。日常的知识成为非正式的知识，建立在直接且

1　朋克再造了整个"二战"后的工人阶级青年文化的"裁剪"历史，他们剪切形式，将属于完全不同起源、不同时代的元素拼接到一起。发型和皮夹克、橡胶底球鞋和尖头皮鞋、帆布鞋和帕卡雨衣、鸡冠头和刺猬头、瘦腿裤和色彩鲜艳的袜子、紧身短夹克和笨重的钉靴，这些炫目的附属物使他们虽然"身在此地"，却在"此时之外"。安全别针和塑料雨衣、捆绑绷带和各种鼻环、唇环，这些东西引起了无数或被惊吓或被吸引的关注（Hebdige 1979：26）。

具体、感性且愉悦的印象和经验之上。钱伯斯认为，这正是经常被忽视的当下的潜力。

他列举了大量的例子来说明当下主宰城市通俗文化的审美趣味。城市的真实是多样、复杂、异质的。[1]高雅文化本身却成为一种"亚文化"，成为很多选择中的一种：

> 今天，因为都市提供了大量的连接、建议和感受，高雅文化和通俗文化之间、好品味和坏品味之间、深奥和浅薄之间、先锋和大众之间的区别已经越来越模糊。不同的品味、各式的物品、各异的形式和实践，共同存在于互文的网状空间中，既互相联系，又各自区别。知识不再是不朽或独立的，而是具有分化的、游牧式的特征。（Chambers 1986：193）

95

在钱伯斯的解读中，消费文化和媒体文化带来了日常生活的审美化，日常生活的审美化又为个体带来了更多的自由。他强调了超现实中的参与元素和创造性元素，以及后现代这一符号饱和的世界。在此，他部分地参考了瓦蒂莫的理论。

4.4.2　透明的终结

对瓦蒂莫（1990）而言，后现代社会是一个广义传播的社会，但是这并不会导向一个均质或透明的社会。相反，信息可能性的强化却带来了一个"复杂"且"混乱"的世界。

1　"城市也是肮脏的标志，被都市中所积聚的各种不同的文化、势力、渴求、欲望污染。而且没有任何东西可以保证它们会被均分：那里充斥着'多余的意义'"（Chambers 1986：183）。

> 尽管垄断企业和强大的资本主义国家做出了种种努力，但真正发生的情况是，广播、电视和报纸已经成为各种世界观的广泛爆发和增殖的要素。（Vattimo 1990：14）

这就是大众媒体在各种文化和特殊世界所形成的多样化的高密度环境中所具有的核心作用。[1]通过对"观察点"的区分（参见Luhmann 1990：68ff.，1992），媒体对现代主义中"宏大叙事"的消失起到了决定性的作用。[2]我们已经完全无法从单一角度来理解人类历史和世界。对现实的想象也在后现代的传播社会中分裂了。

96

> 对我们来说，现实反而是交错的结果，是图像"污染"（在拉丁语的意义上）的结果，是阐释的结果，是媒体（它们互相竞争，或者在任何情况下，没有任何"中枢的"协调）传播之多重重构的结果。（Vattimo 1990：16）

媒体（以及科学）并不为一个"给定"的现实提供不同的解释，这些解释在各种各样"叙事"的背景下才慢慢形成。正如尼采在《偶像的黄昏》中提到，世界从真实变成了梦幻（Nietzsche 1889/1980）。[3]

瓦蒂莫的理论要点在于，要在"现实原则"崩塌的时候，在各种现实和特殊世界层出不穷的时候，在这种"相对混乱"之中，嗅到解放的时机。媒体社会中的解放并非理想状态

1　参见Eckert/Winter（1987），Winter/Eckert（1990）。

2　利奥塔在《后现代状况》中也持类似观点。

3　瓦尔特·本雅明在关于19世纪巴黎的文章中已经说明，商品的世界就是幻觉世界、梦境世界，在这里，价值很不稳定，关系很是草率（参见Buck-Morss 1993）。

下的"灵魂的自我实现"或者马克思主义中的"意识形态的解放"。人类应该持有的对世界和历史的绝对角度，不可能是一种理想，因为各种各样的传播方式已经证明了这种想法的不切实际。由此，被释放的"少数群体"使各式各样的小范围的理性产生，让人们意识到自身世界观的局限性。

瓦蒂莫认为，由此便可能产生解放，一种审美层面的解放。狄尔泰（1983）指出，审美经验的典型特征就是它会允许经验其他的世界，由此，自己所处的那个世界的历史性、局限性和偶然性便更加明了了。后现代社会中媒体将这种经验一般化了：

> 存在的"其他"可能性在我们眼前得到了验证，那些由人类学和民族学让我们能够接触到的众多方言或文化宇宙所代表的可能性。生活在这个多元的世界中，意味着将自由经验为归属感与流离失所之间的持续摇摆。（Vattimo 1990：20）

在瓦蒂莫看来，审美层面的摇摆式经验是后现代存在形式的重要组成部分。它并不会让审美经验平面化，而是保证了它的多样化实现。对美的不同想象并非基于作品内部固有的结构，而是基于共同体的经验。"我们只有在这些世界和共同体明确地具有多重性时，才会将美经验为对构成世界和共同体之模型的再创造"（Vattimo 1990：92ff.）。

瓦蒂莫认为，审美经验不再局限于社会所划定的艺术领域，大众文化的经验，艺术和日常生活之间的界限已经消失了。他看到了一种"命中注定的机会"，因为审美经验不仅

97

在各个陌生世界之间搭起桥梁，也在新的共同体之间架构连接，在这些不同的地方得到分享和肯定。

4.4.3　新的共同体的审美

法国社会学家米歇尔·马费索利也持类似观点。从格奥尔格·齐美尔的"形式社会学"出发，马费索利指出，后现代主义的社会动态带来了形式多样的经验、观念和情感，它们都深深地影响了我们的日常生活。越来越强大的"大众"意味着个体的消失，同时造就了一个"部落环境"（Maffesoli 1988：17ff.）。这一情感的基调满足了在消费领域、生活方式领域和媒体图像世界中发展起来的浅表且不断变化的关系、与邻居的关系，以及与业余爱好领域同好者的关系（体育俱乐部、粉丝文化等）。在这个社会中，进步和政治乌托邦的宏大叙事已经消亡，无关紧要且粗浅的日常生活社会性获得了更重要的意义。

但是，社会生活并非完全处于运动之中，社会仿佛"大众化"了，但仍然可以看到社会性的凝结。马费索利将这些置身于超大都市中，跨越了社会阶级界限的微群组，称为"部落"。在他看来，这些部落是大众创造性的表现（Maffesoli 1988：123）："为了我们的目的，活力论假定了一种大众的创造力、一种常识性的创造力、一种本能的创造力，它作为各种社会创造的基底"（Maffesoli 1990：28）。技术的发展更加强了部落归属感：

　　事实上，潜在地说，"电缆"、计算机信息（游戏性的、色情性的、功能性的等）创造了一个通信的矩阵，带着不同配置和目标的群体出现，它们变强，然后死亡；这些群体不免让人想起部落或村庄宗族的古老结构。（Maffesoli 1988：171ff.）

马费索利不同意技术决定论和悲观主义，这些观念主要受鲍德里亚及其追随者所持有的媒体理论和仿真理论的影响。夺人眼球的媒体图片之所以充满吸引力，是因为它从消费者的角度出发，允许各种机动的社会构造。

各种部落的构成取决于媒体影响下"现在和当下"所提供的各种机会。它们通过个体化选择和自我认知建立起来。由此，它们有别于古代的部落，或者无文字时代的民族，后者是一体化的社会机体，它们的边界受到严格的控制。而新的共同体往往只存在很短的时间。"因此，通过多种手段（迷你网[minitel]是其中之一），体育的、联谊的、性爱的、宗教的或其他的'部落'得以形成，每个部落都根据其创立者的投入程度而有不同的生命周期"（Maffesoli 1988：172）。

这些部落是否能够继续存在，取决于参与者的情感投入、合作网络和群体仪式，这些都体现了部落归属感的特征。在今天的大城市中，它们由带有触觉经验的浅表关系所构成，代表了私密和公共的共时经验。后现代大众不再关心如何实现乌托邦，而是关注如何可以直接释放情感。部落也对个人的身份构建起作用，即通过他人来确认自己的身份。

瓦蒂莫认为，一个审美的共同体就具有这些特征，马费索利也指出，当今社会不再是均质社会，而是由大量互相矛盾

99

的价值和各种局部的理性组成。他强调了后现代日常生活的多样性、多声性及其对当下的关注。[1]

4.4.4　总　结

我们迄今为止的讨论已经证实，去特殊化和有形性带来了文化变迁，大量来自消费领域和媒体文化领域的例子可以证实这一点。对图像、梦境、想象和愉悦的消费即是后现代经验。决定文化产品的审美意义和价值的不再是艺术家（生产者），而是"消费者"，他们在志同道合之人所组成的群体中获得了对各自感受的确认。文化活动的去中心化和多样化伴随着文化的商业化和媒体化进程，新的审美可能性镶嵌其中，它的意义也有待进一步发掘。

1　在日常审美中也隐藏着道德，可以从与他人的接触关系、表面关系和感知关系中被找到。鲍曼（1992a：306）在关于马费索利的新部落理论的讨论后写道："对群体的寻找成了群体诞生的广泛阻碍。唯一的共识是，渺茫的成功机会也许来自对不一致和多样性的认同。"

5

媒体接受的文化维度

100 5.1 导　言

我们已经明确了对媒体接受这一复杂过程的理解取决于我们所使用的文化概念。在传统的大众传播研究中，受功能社会学或行为心理学的影响，对效果的研究几乎排除了文化这一概念。阿多诺和霍克海默将精英化的文化与文化工业对立，鲍德里亚将文化局限于拟像王国，詹姆逊则把文化置于对资本利用过程的依赖之中来观察。所有这些理论或多或少都忽视了媒体和社会之间的关系，日常文化和观众的社会实践仅仅被非常有限地涉及。与此相反，更加乐观的后现代解读方式却点明了日常媒体使用过程中存在的审美潜力和创造潜力。

为了能够理解这一维度的媒体接受，我们必须先研究媒体在日常生活中的"文化意义"。我们在日常生活中如何使用媒体？媒体及与其相关的活动被赋予了哪些意义？重要的是从媒体使用者的角度去观察和理解它，接受实践及与此相关的意义获取，包含了哪些社会维度？

101　　我们接下来会提出一个以文化理论为基础的媒体社会学。首先，我们将解释文化的不同含义，并选取那些最适合我们目的的概念。

尤其是文化人类学者克利福德·格尔茨的理论（1973，1987），格尔茨分析了社会生活的符号特征，比如以符号形式表现的复杂思维模式，在社会融入的过程中体现出来。只有这样，我们才能把媒体作为一种文化现象进行研究（参见Hörning 1988，1989：100）。

为了避免过于简化的观察方式（尽管格尔茨也难免如此），我们必须先来观察不同社会背景中多样的媒体接受形式。如同所有的符号形式一样，媒体也始终出现在结构化的社会背景之中，这些社会背景制约着不同的权力关系、社会不平等和意义的多重归属。汤普森写道[1]："在此情况下，文化现象可以被看作结构化背景中的符号形式；文化分析可以被看作对符号形式的意义建构和对社会背景化的研究"（Thompson 1990：12）。

我们将用英国文化研究这一科研团队进行的媒体研究来理解文化分析中对背景角度的作用的分析，英国文化研究从一开始就关注大众媒体中的文化维度（参见Carey 1989；Real 1989）。

5.2 文化的概念

"文化"这一概念有很长的历史，并且有各种不同的使用方法。尤其在民族志中，因为民族志没有统一的方法论和理论，所以文化的定义也特别受到争议。"他（指民族志学

---

1 汤普森（1990：135ff.）建议为文化建立结构性概念。在概念的选择过程中，我们可以精确地感受到人们对文化模型根据特定背景可变的强调，因此没有什么可以联合所有背景中统一的符号文化。这样，我们也可以避免与结构或客观解释学相混淆。

102 者——作者注）只要简单问一下文化的定义，就足以引发一
场部落的种族灭绝"（Darnton 1989：294）。它们的共通之
处在于，它们都认为"符号是公共财富，比如我们呼吸的空
气、我们共同拥有的语言"（参见Darnton 1989）。接下来，
我们将重点介绍四种文化概念。[1]它们的类型学被有意识地简
化了，只是被用作适合于我们主题的分析。

5.2.1　对文化的经典理解

经典的文化概念是在18世纪末19世纪初发展起来的，它
首先在德国被历史学家和哲学家使用，这些学者意在将其与
"文明"的概念区别开来（参见Elias 1986，Bd. 1）。[2]文化被
理解为一种过程，在这个过程中，它通过对作品和艺术的吸
收，促进了人类能力的发展和进化。

这一启蒙了公民知识分子的文化概念至今仍在影响我们对
文化的日常理解。它暗示了符号形式和文化实践形式的阶层。

> 经典的文化概念为一些作品和价值赋予了比其他作
> 品和价值更多的特权；它衡量作品和价值的方式是，它
> 们能够在多大程度上让个体更文明、让思想和精神更高
> 贵。这种与作品和价值相关的特权反映了自我的主张和
> 德国知识分子的自画像，或者更广泛地说，反映了对欧
> 洲启蒙进步的信念。（Thompson 1990：126）

赫尔德对与启蒙运动"宏大叙事"相关联的进步哲学

1　参见Thompson（1990：122ff.）。

2　关于文化、文明和社会的关系，尤其是阿尔弗雷德·韦伯在这方面的著作，参见
　　Eckert（1970）。

提出了反对，他提倡用复数来形容文化。他不赞成欧洲中心论，也不赞成将理性作为人类文明最重要的元素，他提出了不同的群体、民族和时期各自的特征。文化的多样性显示，人类是一种可以用不同的方式实现文化的生物（参见Tenbruck 1989：48）。在19世纪晚期，新诞生的人类学也吸收了这一理念，从泰勒开始，文化的人类学概念取得了主导地位，它不再强调建立起追求同一个目标的精神，而是描述了欧洲以外地区的民族的风俗、实践和生活形式。

103

5.2.2　人类学的描述性概念

泰勒认为，文化和文明之间并不存在对立。这两个概念可以互换：

> 文化或文明，从广义的民族志而言，是一个复杂的整体，它包含知识、信仰、艺术、道德、法律、风俗，以及作为社会成员的人所获得的任何其他的能力和习惯。从那些至今可以被研究的共同的基本原则来看，各种人类社会的文化状况，是一个适合于对人类思想和行为的规则进行研究的主题。（Tylor 1903：1）

泰勒主张一种更具描述性的文化概念，它特别适用于社会学目的的研究。它考虑了文化的物质维度和非物质维度。阿洛伊斯·汉恩写道：

> 这一理解表明了一个事实，即如果没有思想上的关联性，我们根本无法理解文化的物质因素，比如工具、

技术工艺、生产器材、机器、仪器等，它们是在这种思想的关联性中诞生和发展的。（Hahn 1987a：2）

因此，如何应对媒体，比如如何理解媒体文本，甚至去追溯媒体被发明的历史性时刻、其使用和传播的时刻，它依赖于一个社会对文化的想象。[1]

104　　基于从人文主义出发对文化的想象，泰勒和那个时代的其他人类学家致力于将文化的概念打造为科学概念。人类学家应该像动物学家或者植物学家那样，将文化的整体分为各个组成部分，将它们分类和系统性对比。

马林诺夫斯基在20世纪三四十年代也使用了类似的策略。他用功能主义方法将文化现象与人类需求的满足联系起来，尝试尽量客观地描述陌生文化。"文化浓缩了继承而来的人工制品、商品、技术过程、思想、习惯和价值[……]文化是一个自成一体的现实，必须以此进行研究"（Malinowski 1931：621，623）。泰勒、马林诺夫斯基和其他具有类似思想的人类学家之间不仅有共通之处，也有区别，比如他们在关于从奴隶社会到文明社会，人类的线性进化的议题上存在分歧。19世纪末的达尔文进化论在泰勒这里占据了中心位置，对他的文化分析产生了重大影响，而马林诺夫斯基则不同，他更倾向于功能主义。尽管如此，我们还是同意汤普森的观点，虽然他们的思想有分歧，但人类学理论根本的共同之处在于

1　汉恩描述了与技术的关系："那些在社会中关联上技术的问题，并不是由技术本身引起，或不仅仅是由技术引起。那些我们对工具、机器和生产力的一般性理解，并不能与这些工具的内在简单对应，它往往受到社会道德观念和宗教观念的限制"（Hahn 1987a：2）。

对文化的描述性理解："一个群体或者社会的文化是他们的信仰、风俗、思想和价值的陈列，也是物质性的人工制品、物和仪器的陈列，它们可以被群体或者社会中的个体获得"（Thompson 1990：129）。这样的描述也再次清晰地表明，对文化的这种定义，如同汉恩所说，具有非常广的包含性。它包含了所有可能在人类生活中改变的现象。"这一概念从好的方面来看会变得模糊，而从坏的方面而言则会变得冗余；无论如何，它将面临失去精确性的风险，而这一精确性对一个寻求获得智识资格的学科而言是适当的（Thompson 1990：130）。因此，人们尝试在人类学中，将文化的概念更加精确地表达出来，将人类的符号行为放到焦点位置。一些伟大的哲学先驱已经为此打好了基础。

5.2.3 文化的符号概念

在20世纪的哲学界，卡西尔将人类称为"符号动物"，人与动物的区别在于对符号的掌握，这为我们对现实的理解打开了新的维度。

> 他不再仅仅存在于一个物理宇宙之中，而是在一个符号宇宙之中[……]物理现实仿佛退居幕后，人类的符号活动获得越来越多的空间。如同对物的关注一样，人类越来越多地关注自身，他们越来越多地运用语言形象、艺术图像、神话符号和宗教仪式，以至于他们若是缺乏这些人造中介就再也无法看到或者认知真实了。

（Cassirer 1940/1990：50）

腾布鲁克（1989：49ff.）则从社会学角度出发，阐明了我们永远都处于一个被符号编码的现实当中。我们的想象并不真实反映自然或者世界，而是反映我们所编码的世界，以及我们对它的解读。[1]

师从帕森斯的格尔茨则从人类学领域开发了一个文化的概念[2]，其影响远远超越了人类学的范畴，它的核心就是符号特征[3]。哈斯卓普（1986）如此描述符号人类学[4]的目标：

> 它专注于理解文化中意义的建构，以及通过意义建构文化[……]重要的是，我们研究的是意义的制造，这是人类的特殊能力，它是对物质生产和社会再生产的补充，并将两者提升到文化领域。（Hastrup 1986：55）

格尔茨是这一研究方向最重要的代表人物，他有着巨大的影响，我们接下来将主要分析与本书相关的部分。[5]

5.2.3.1 理论联系

在帕森斯的启发之下，格尔茨首先研读了马克斯·韦伯的作品。由此，他不习惯于从经济条件中推导出社会行为，而是将其与文化想象和文化价值联系起来。如同韦伯一样，格尔茨不否认经济因素和其他因素的意义，但是文化决定并构建了

---

1 "即使是非常基础层面的感知，我们也可以有很多不同的选择，我们可以在同等前提下赋予其完全不同的秩序和联系[……]，我们将其置于自己的意义之下，因此也只能在符号的加密中再现它们"（Tenbruck 1989：49）。

2 历史学家尝试将符号人类学运用到自己的学科当中（参见Hastrup 1986；Darnton 1989）。

3 格尔茨也间接地受到卡西尔的影响，他深入研究了苏珊·朗格（Langer 1942，1984）的符号哲学，而她曾是卡西尔的学生（参见Geertz 1973：88ff.）。

4 符号导向的人类学还有一个重要的代表人物维克多·特纳（参见Turner 1989）。

5 详尽的讨论，参见Austin-Broos（1987），Silverman（1990）。

社会行为的意义。

他引用了益格鲁-撒克逊哲学家赖尔和维特根斯坦的看法，认为精神现象不是个体经验，而是在现实中公开声明的遵循规则的行为方式。因此，文化并非由个体经验组成，而是由意义和想象排列而成的复杂体，体现在社会行为之中。

> 与马克斯·韦伯一道，相信人类是困于意义网络中的动物，而这个网络正是人类自己织就的，我将文化比喻为这些网络，而对它的研究不需要寻找规则的实验性科学，而需要寻找意义的解读性科学。（Geertz 1973：5）

5.2.3.2 民族志的文化分析

文化分析的任务既不是通过某些法则对人类行为进行解释（行为主义），也不是揭露人类行为的基础结构（形式主义）。文化分析是为了理解人类行为的自我意义，以此来扩展人类的理解领域。因此，文化分析的诉求是找到通向文化的解释学路径。

但这并不是说要遵循从情感出发的移情道路，格尔茨 107
将自己的理论和狄尔泰的传统严格区分开来。民族志的文化分析更多的是尝试理解各个文化的仪式和事件。"理解本地人——尽管这是一个危险的词——的形式和压力，理解他们的内在生活，不仅仅是引用一些格言，而是要领会暗示、把握笑料，或者阅读诗歌——这才能实现真正的交流"（Geertz 1983：70）。

在格尔茨看来，文化决定了社会存在，但并非以因果关系的方式，而是从意义的方面对社会行为的浸润。因此，格尔茨在一个符号学框架内研究文化，将此作为历史传递下来的意义系统。

> 作为一个可建构符号交互工作的系统（如果忽略地方性的用法，我会称它为符号），文化不是可以简单地被社会事件、行为、机构或过程去标识的力量，它是一种背景，在这个背景中，那些社会事件、行为、机构或过程可以被明了地、浓重地描述。（Geertz 1973：14）

他对巴厘人的斗鸡进行了密集的描述，以此表明金钱不仅仅是一种经济力量。"巴厘人如此热衷于斗鸡，并非因为金钱本身，涉及的金钱越多就越能够说明，其原因在于因金钱而发生的事件：巴厘人的阶级地位投射到公鸡的躯体之内"（Geertz 1973：436）。格尔茨将斗鸡看作一种戏剧化的表演，这种表演使巴厘人能够将自己的地位关系以符号的方式表现出来，从而就不会陷入不愿面对的危险。在他的分析中，金钱成了一种文化建构，取决于各个主体之间共同承认的地方性意义，其文化意义在公共符号或仪式当中形成。[1]

格尔茨认为，在人们的生活方式和行为中已经带有解读。世界已经被那些创造它的个体按照他们的意义去感受和解读。因此，文化分析的目的在于掌握人们语言和行为的意义，并将它们表达出来。人类学家应该从埋葬死者的人的角度来理解一个墓地的意义。他必须找到既隐藏于社会行为之中又具有公开特征的解读之门。

---

[1] "我的人类学对传统的因果关系观念提出了严肃的问题"（Geertz，引自Silk 1987：42）。

行为就好比文本，可以被理解为各种符号的配置（语言、文字、非言语行为）。[1]格尔茨使用了文学类比，[2]以表明文化形式具有密集的符号意义。文化在文本中显示自身。他在关于斗鸡的文章中以此总结："人类的文化是一种文本的集合，是众人的文本合集，人类学家尝试越过他们的肩头来阅读属于他们的合集"（Geertz 1973：452）。斗鸡是巴厘人经验的巴厘式解读，是仪式化的戏剧，是作用于社会的自我肯定。[3]

此外，他仅仅展现了一个当地生活的文化文本，这一文本和其他文本交织在一起，形成了相关的文化。一个文本可以通过其他文本得到修正或者受到质疑。

> 在斗鸡中，巴厘人形成并发现了自己的性情，以及他们社会的性情。或者更准确地说，他们形成并发现了性情的一个特别层面。大量其他的文化文本为巴厘人的地位等级和自尊提供评论，除了等级分明和好斗以外，巴厘人的生活中还有很多其他方面，也得到了文本的佐证。（Geertz 1973：451ff.）

尽管世界上存在着不同的文化和多样的生活方式，但每一个社会中都存在着一个由独特的文化想象所组合构成的焦

109

---

1 在关于不同符号概念的讨论中，格尔茨更加精确地提出了自己的符号概念："无论如何，它可以被用于任何对象、行为、事件、特性或关系之中，这些东西都可以作为一个概念的载体，而概念则是符号的意义，这是我遵循的方法"（Geertz 1973：91）。

2 格尔茨使用了保罗·利科（1971）的观点，认为文本固定了"所言"的社会话语。

3 在格尔茨的基础上，罗伯特·达恩顿（Darnton 1989）将来自法国大革命前的文本就符号及其包含的意义进行了分析。比如，他详细描述了1730年代巴黎印刷学徒和工人的虐猫事件。对他而言，文本是进入这一事件的台阶，让他得以对当时的文化全貌进行解读。

点。[1]它确定了文化的框架，在这个框架中，事物获得意义和情感。

因此，当人类学家将存在于符号形式中的意义用自己的文本表达出来的时候，他们在生产着对解读的解读。文化分析并不是泰勒所认为的动植物分类，也不是马林诺夫斯基所认为的对经验的规律性的参与式观察。它更像是对文学文本的解读，而解读本身又成为文学文本。[2]因为对事件的展示必须带有文学的风格特征。在人们构建解读的时候，想象则以最符合该词本意的方式诞生了。[3]

5.2.3.3 格尔茨式文化分析对媒体社会学的意义

汤普森（1990：132）根据格尔茨的理论对文化的符号概念做了如下概括："文化是存在于符号形式中的意义模式，包括行动、说话方式和各种各样有意义的物，人们用这些物的特性来互相沟通，分享经验、理解和信念。"格尔茨解读民族志最吸引人的地方在于，他一方面把对符号形式的分析放在中心位置；另一方面又赋予了解读方法论式的卓越意义。此外，他还提供了一条道路，绕过了在许多社会学思潮中留下深深烙印的语言核心论[4]。

110 　　在格尔茨的带动下，媒体研究的任务变成了对媒体传播

1　腾布鲁克（1990：28）写道："首先，文化只存在于社会之中，所以人一方面是普遍意义上文化的创造者，另一方面又是特定文化的产物，并且一代一代地传承。"

2　格尔茨在他的《人造的野蛮人》（1990）一书中分析了一些著名的民族志学家的作品的文学特征。

3　对格尔茨的方法所提出的一种批评（参见Boon 1977：33）是，他没有描述斗鸡，而是描述了理想化的斗鸡应该是如何进行的。毫无疑问，他对巴厘岛微观世界的分析不仅反映了他的文学野心，也是接近韦伯的理想类型（参见Weber 1922/1972：10）。

4　参见穆勒-多姆（Müller-Doohm 1990：86ff.）的批评。

的日常"文本"进行解读。它不是去画一张地图，或者将行为、实践和生活方式分级，而是发掘出隐藏于文本内的各式各样的现实，因为文化具有一个生产性和想象性的维度（参见Eckert 1970：116ff.；Tenbruck 1990：30）。詹姆斯·凯瑞看到了格尔茨的理论对大众传播研究的优越之处：

> 传播研究只有涉及历史和文化，才可能获得精确性和说服力；关注某个特定人群的文化历史经验。文化，永远不是单一的或者意义明确的，它如同自然本身一样，各式各样、变化多端，对我们每个人而言皆如此。（Carey 1989：65）

5.2.3.4 对格尔茨文化分析的批判

凯瑞在指出文化多样性的同时，也点明了格尔茨的解读式民族志的潜在问题。现代社会（参见Luhmann 1984；Hahn 1986b）的支离破碎和天差地别，让人怀疑是否还有可能存在一个统一的、对各方都有效的符号系统，除了这个或多或少大家都共享的符号系统外，我们是否应该寻找更多特殊的亚文化符号系统，亚文化符号系统并非只是大系统的一种发声方式。夏蒂埃（1989）写道："让人忧虑的是在语言学概念中，将文化的符号系统作为一种普遍的短语，以及因为其状态不同而各有特点的使用方式，而将它的地方性称为特殊的表现方式"（Chartier 1989：71）。

关于符号意义在主体之间得到认同的假设也未必可靠，相反，"它的意义是摇摆和不确定的，或多或少无法辨清"

（Chartier 1989：66）。这个假设还带来了其他问题[1]，在将格尔茨的理论应用到媒体传播研究之前，我们必须先将这些问题一一辨明。

111　　首先要仔细研究他的理论中"文本"这一概念。他继承了利科（1971）关于文本的概念，认为民族志的文本必须被固定在各自社会话语限定的范围内。对于这种基于民族志现实主义的本质主义，他并没有给出进一步的理由。[2]

后现代民族志拒绝采用格尔茨的文本现实主义，同时也极端化了他的解读方法论。比如，史蒂芬·泰勒认为，在民族志话语中，经验并不是被再现的，而是在话语中刚刚成型。后现代民族志并非要展现陌生文化，而是要唤醒它："[……]它并没有描述任何知识，也没有解释任何行为。它是超验的，因为它唤醒了话语所无法获知、无法被完全表现的东西"（Tyler 1992：191）。格尔茨努力呈现陌生文化的完整图像，试图减少符号的模棱两可和多义性，而后现代民族志则偏爱碎片，强调陌生经验的不可表述性。

另一个方法论的问题在于，格尔茨在他关于巴厘人斗鸡文化的出色分析中，也仅仅只能假设，他所描述的经验与巴厘人的真实经验一致。"他没有对一部分代表者进行访问（或者他问了，但至少没有告知我们），他也没有将自己的解读分享给巴厘人，让他们来验证是否与他们自己的理解相一致"（Thompson 1990：134）。汤普森的这一批评颇为有理，尤其

1　我们需要将注意力限制在少数重要的批评和弱点上（参见Clifford/Marcus 1986；Silverman 1990；Thompson 1990；Tyler 1992；Berg/Fuchs 1993）。

2　这些论点无法在利科的文集中被找到，他对意义固定的思考与社会科学研究者及其研究的主体和客体之间没有关联（Thompson 1990：133）。

考虑到文化文本必须在期望、目的和过去人们认识的其他文本的背景之下，才能被理解。[1]这一互文性带来了不同的解读，格尔茨没能始终考虑到这一点。这不仅适用于人类学家，也适用于被研究者。巴厘人在斗鸡时产生的不同想法以及不同的表现想法的过程，被格尔茨忽略了。一个文本可以带来许多的解读方式和意义。[2]

112

根据利科的文本模型，[3]格尔茨认为文本是自主的，对它的解读主要源于它的结构和对内容的分析。针对这一本质主义的理解，存在一些批评，比如，有人认为文本不是封闭和统一的，文本是多义的（Barthes 1977：159），它的作者和它的读者都能够对其进行建构。符号形式始终存在于社会大背景之中，并且在生产和消费的过程中对个体产生不同的甚至相互矛盾的意义。"因此，这是以个人为中心的主观创造，而不是客观的外在整体。文本在历史的框架中呈现开放性，带有时代性，而不是自足性"（Silverman 1990：152）。不同的读者在不同的背景中创造不同的意义，因此也是不同的文本。

在格尔茨看来，文本就像摄影，将事件的即时性和意义凝固在相片之中，这一观念遭到了批评。文本根据背景可以以不同的方式被解读："作为有意义的社会表达，社会文本是经

1　西尔维曼写道："居于阅读和体验之前的，是对文本注解的基本工具箱。文化文本不会被'无知'的读者解读，因为我们都会带入自己心理上、社会上、政治上、经济上和文化上的观点"（Silverman 1990：136ff.）。

2　不仅后结构主义指出了不同解读在文化框架内的必然可能性，卡西尔（1940/1990）、腾布鲁克（1989）、戈夫曼（1977）和汉恩（1991a）也指出了这一点。

3　客观解释学也以类似的文本模型为基础，它也基于同样的观点，即文本在它的诞生过程中取决于当时的社会、历史和心理环境。

过协商且符合时代的相遇。意义更多的是从文本中被制造和解读出来，而不是要去提取它的原有之物"（Silverman 1990：152）。文本的意义多样性也取决于个体的能力、知识和资源。这又与社会的权力关系和冲突关系相关，对此格尔茨并未充分研究。[1]

可以说，格尔茨的研究打开了媒体接受研究的新大门，尤其是明确了其文化维度。然而，他也忽略了文本是镶嵌在不同的社会结构背景之中的，它在这个背景中被生产、传递和理解。在媒体研究的内部，给予这一话题充分关注的是"英国文化研究"。这一研究方向在盎格鲁-撒克逊地区非常知名，并且在过去几年中得到了越来越多的关注，[2]它将媒体研究的方向从媒体文本更多地转移到文本与观众之间的互动，以及接受背景。

5.3 从文本到背景：英国文化研究对媒体研究的发展

英国文化研究源于伯明翰学派，从1970年代开始，他们就致力于媒体传播中文化维度的质性研究。[3]接下来，我们将刻画这一理论和实践研究的发展史。斯图亚特·霍尔是开山之

---

1 汤普森写道："说话的方式和行为，以及其他更丰富的现象，比如仪式、节日或艺术工作总是在特定的社会环境下被制造或演练，由特定的个体带来某些资源，并被赋予不同程度的权力和权威"（Thompson 1990：135）。

2 参见格罗斯伯格等人（1992）的作品。

3 在德国，英国文化研究对质性媒体研究的贡献至今还几乎未被意识到，而青年文化研究则受到了更多的关注。

人，[1]他对大众传播研究进行了全新的诠释。

5.3.1　霍尔的编码／解码传播模型

　　霍尔（1973）对媒体研究的贡献至今在德语区几乎未被重视，事实上，他的贡献对英国文化研究的发展，以及媒体接受的社会学概念之形成都起着决定性的作用。他的模型从符号角度出发，解释了意义如何在传播的社会过程中被生产出来。他的学说有别于主流的媒体研究，也不同于传统的效果研究，他不认同媒体的强大力量和观众的被动性，他也不认同接收者的活动独立于媒体，比如"使用与满足"理论，这些理论认为，观众的活动取决于他们的心理性格，而非媒体的特征。霍尔将两种理论的观点融合到他的模型当中。

　　一方面，他认为媒体是有权力的，因为它进行了分类和框架的设定，社会成员在它的范围内接收并解读现实。因为它的一个主要功能是：

> 　　提供和选择性地构建社会知识、社会图景，我们通过这些来感知他人"生活世界的真实"，并想象性地将他们和我们的生活重构为某种可理解的"整体世界"、某种生活的完整性。（Hall 1977：340ff.）

　　在当今这个复杂和多层次的社会中，许多不同的可能性彼此竞争，试图将社会生活规整和分类。

1　霍尔从1964年开始成为工作人员，在1972—1979年担任伯明翰当代文化研究中心主任，对学院派的媒体研究发展具有巨大影响，他后来担任英国开放大学教授。他的工作对美国文化研究的形成起着指导性作用（参见Grossberg et al. 1992）。

　　另一方面，霍尔吸收了"使用与满足"理论中积极观众的设想，认为他们在与媒体信息的符号结构相处的过程中创建了意义。[1]他在影响广泛的《电视话语中的编码和解码》（Hall 1973；1980）一文中，从符号学[2]和社会学[3]的角度加以说明。他认为，媒体文本的生产者和接收者必须共享该文本的文化符号，才可能实现理解。[4]因为媒体"信息"在霍尔看来即符号形式，它们通过符码的不同组织镶嵌在话语的横向关系链之中（Hall 1973：8）。解码和编码就是针对符号形式的组织。"电视信息的生产和接收不是一致的，但是它们是相关的：它们是由交流过程所形成的整体中的不同时刻"（Hall 1973：8）。在此，霍尔将自己的学说与传统的发送者/接收者模型区别开来，他不再将信息看作一个物理事件，也不认为它以线性的方式发送给接收者，并且是被毫无遗漏地接收。[5]他批评了将传播看作简单的原因—效果顺序这一观点。他指出，一个被发出的信息并非必然达到目的。[6]传播过程当中的每一个阶段

1　然而，他从社会学角度强调了这一观点。莫利（1989：17）写道："然而，也要考虑那些在解释性和规范性的教条主义中产生的作品，顾及回应和解释可能在超越个体心理学的层面上被建构和效仿。"

2　巴特的《符号学原理》（1964/1979）、《神话学》（1964），以及艾柯关于英国文化研究的文章都具有很大的影响。

3　在此需要提及伯恩斯坦（Berndstein 1971）关于语言社会学的作品，以及弗兰克·帕金关于政治社会学的研究。

4　意指的过程基于对符号的运作，基于符号系统，通过符号系统的规则，文化中的成员之间或明显或含蓄地具备某种共识。艾柯（1985：149）写道："符号事先设定的可能性系统，只有通过这些符号，接收者才能决定信息的元素是否有意义（如发送者所愿）或者只是噪音。"

5　德里达（1982）通过一系列寄给巴黎某个情人的明信片以讽刺的方式展示了这个模型背景假设的问题所在。

6　戈夫曼（1953）指出了信息意义的不确定性，因为它最初的真实意义通过媒体传播必然会消失。卢曼（1981：25ff.）系统地表述了传播的无必然性。

都会受到不同的影响，有着它们自己的"存在状态"，必须要区分研究。正如戈夫曼（1953：134）指出，信息并非在真空中传播，它们不断地受到大环境的必然影响。[1]

发送者/接收者模型没有看到传播并非天然而成，意义的构建是一个复杂的社会过程，是符号工作的成果。霍尔举了乔治·格伯纳（Gerbner et al. 1970）的例子，认为电视中看不到暴力，看到的是暴力的信息。这些"信息"不仅在编码的过程中，而且在解码的过程中创造出一个积极的、解读式的社会过程。[2]在主流的传播学研究中，解码这一过程往往被忽略（参见Beniger 1988）。根据霍尔的理论，媒体研究的核心应该是传播的两端之间的关系。

他将此与索绪尔的结构语言学联系起来，拒绝了语言和媒体文本可以直接且透明地再现"现实"这一观念。话语知识"不是语言对现实的透明再现，而是语言对现实环境和关系发声的真实再现"（Hall 1980：131）。因此，新闻消息对某一事件的报道必然是选择性、组合性和惯例性的。[3]"原始的历史瞬间是不可能通过新闻播报的形式被完全传递的，它只能在电视语言的视听形式中被意指"（Hall 1973：8）。然而，某个文化的成员有着相同的预理解，这将使理解变得相对容易。比如，一个电影或电视剧的类型基于交互的符码在时间上的延续性，生产者和观众以对称的方式分享编码。[4]在传播的

116

1　戈夫曼（1953）提出，讲话人和听众的"参与程度"由沟通的社会原因决定。它决定了参与的规则，具有开头、结尾和所谓的"参与轮廓线"。

2　参见汉斯·尤尔根·武尔夫的研究《暴力的叙事》（1985）。

3　霍利、库恩和波舍尔（Holly/Kühn/Püschel 1986）以及凯普勒（Keppler 1985）指出，电视会不断选择性地、模块化地展现现实。

4　参见温特（1992a：37ff.）。

一般情况下，我们不会意识到媒体话语是如何使用编码的，因为我们已经"学会"了它，它的存在自然而然。媒体文本越清晰易懂，我们就越意识不到它的编码实践。

霍尔强调了视觉语言的运作方式与其他语言一样。每一个视觉符号都在媒体文本中被编码，即使它在那些熟知的人看来如此理所当然。[1]因此，在研究当中，我们尤其需要仔细说明媒体编码和社会意义的惯例性。

换言之，编码和解码也可以存在不对称的关系。接收者可能因为不同的社会背景和文化能力而将一个消息完全理解错误，或者与生产者所愿大相径庭。所有的传播模型自然都对这种"误解"直言不讳，但是往往认为它只是一种例外，而非常规（Eco 1972：105）。在艾柯观点的基础上，霍尔认为，"偏离的解码"在符号模型中应该受到极大的关注。

从接收者的符号活动出发，艾柯指出了被接受的媒体信息可能以其他方式被解读，与生产者的想法截然不同。"接收仪器将信号转变为信息，但是这个信息仍然空洞，需要接收者用不同的意义来填满它，接收者也可能使用不同的符号"（Eco 1985：151，ursprgl. 1967）。当生产者和观众之间存在社会差异和历史差异时，就像文本是被拥有另一套编码和惯例的群体所解读。电影观众（即接收者）的能力，与电影制作者（即发送者）的能力不一致，前者无法解析出制作者深藏的信

---

1 比如，摄影师的主要贡献在于其现实特征。他和他的参照对象保持着一种模仿的关系，"我们无法对一个摄影师说'它不是现实或者不真实'"（Deren 1984：35）。他的模仿特征也导致了摄影的意义往往不为人所见。"摄影的意义并非完全无法表现（专业人士可以），但是它需要知识或者反思这一二次行为"（Barthes 1980：13）。

息。[1]艾柯提出了造成这种不一致的多种原因：

> （a）外国人不知道特殊的编码[……]（b）其他年代的人或者来自其他文化的人可能会给信息强加一些自己的观点[……]（c）不同的解释传统[……]（d）其他的文化传统可能基于自己的编码去理解信息，而不是基于信息的原始编码。（Eco 1972：105）

对于媒体文本的解读，不同的社会群体会做出不统一且 118
与原始意义不相符的解码，接收者根据自己的理解来吸收文本。因此，艾柯认为大众传播的一般特征就是解读的多样性（Eco 1985：152）。

从这个考量出发，霍尔所认为的结构从一定程度来说是多义的。一个文本始终具有多种阅读方式。[2]但是，在形成惯例的实践和日常的符号消费当中，这种多义性只是潜在存在。

比如，西部片就是一个高度惯例化的符号形式，它基于一系列编码规则而形成。尽管对暴力的展现——对决、抢劫银行、印第安人的突袭等——本身具有多义性，但在一部电影或

1　一部美国的大学生电影《梦想的大学》（1989）的主要观众群是美国中产阶级孩子，而东欧或非洲某个村子里的年轻人对它肯定会有不同的感受和解读。另一个例子是，不仅罗纳德·里根是《第一滴血》系列电影的粉丝，就连澳大利亚土著居民也将这些电影奉为经典。然而，一个民族志研究（Michaels 1986）揭示了，土著居民并非像里根一样是被比如《第一滴血2》（1985）中的爱国主义和民族主义吸引。这些电影之所以能够在他们当中流行，是因为他们坚信史泰龙和那些被他解救的人是亲人。他们在自己的亲属体系中理解这些电影，并且生产出"部落意义"。费斯克（1987：316）写道："罗纳德·里根和澳大利亚土著居民都很喜欢这些电影的事实，无法推导出两者之间有相似性的假设，无论是意义还是由此而来的愉悦，都无相似性。"

2　沃洛斯诺（Volosinov 1975）表示，每一个符号都可能是多义的，因为它具备多种意义的潜在特征。它的意义并非来自语言这一抽象系统（此处的"语言"可参见索绪尔），而是来自在特定社会关系中所确立的具体"对话"。

者一种电影类型中，它们通过与其他元素的关系形成自身的意义。"确实，它的结构方式、它与其他元素的联结，使它在特定领域中的意义受到限制，起到了闭合的效果，从而将一种被偏爱的解读方式给予了观众"（Hall 1973：9）。这并不是说，暴力展现的意义是一成不变的，但是这一元素在西部片编码中的嵌入导致了它只能在"从主导到次要"这一范围内获得自己的意义。媒体文本的结构一般会给观众提供一个被偏爱的解读方式，与占主导地位的文化观念相一致。[1]编码的过程已然设置了框架，解码的过程则在框架中展开（Hall 1980：135）。对此，"没有律法能够保证，接收者一定会按照制作者偏爱的方式，精确地解读出暴力片段的主流意义"（Hall 1973：9）。

解码的方式可能截然不同，尤其是当接收者作为社会少数群体的一员不接受文本所表达的"主流意义"时。霍尔从根本上认为，接收者的社会背景（地位）和他们从电视节目中解读出来的意义相关。接收过程在他看来是一种协商，协商的结果是意义的赋予。这一过程天然就充满张力。"他[霍尔——作者注]因此假定了文本结构和观众的社会背景之间的张力，文本结构自然充满了主导的意识形态，而社会背景则可能让观众与这些意识形态相对立"（Fiske 1992a：292）。"协商"这一概念在符号互动论[2]中也被使用，它暗示了文本的意义既

1　霍尔描述道："媒体有意选择流通的社会知识会被排序，被分布在一个广大的规范和评价体系当中，带着那些受到偏爱的意义和解读"（Hall 1977：341）。

2　文化研究的项目和符号互动论有着很多相似性。邓金写道："霍尔的文化主体是符号互动论的一部分，他认为，社会行动者定义自己生活的环境。但是，这些主体带给自己环境的意义却被文化中更大的意识形态力量塑造"（Denzin 1992：118）。

由文本本身也由接收者来决定。接收者不是简单地接收文本的意义，而是在与文本的互动过程中，使用自己的社会意义系统，主动地获取文本的意义。"读者是社会意义系统与文本被偏爱的阅读方式之间实现协商交汇的那个点"（O'sullivan et al. 1983：153）。

通过帕金（1972）对不同意义系统的区分，霍尔也对"在电视文本解码时可能产生的三种假设的解读方式"进行了区分（Hall 1980：136）：（1）主导的解读方式，与占统治地位的意识形态系统相一致；（2）协商的解读方式；（3）反对的解读方式。

（1）当观众对占统治地位的霸权式编码[1]完全接受时，媒体文本的主导解读方式会被激活。它符合帕金理论中的主导意义系统（1972）。观众"完全接受电视新闻或对当今时事的编码，并且以这样的编码方式来进行解码"（Hall 1980：136）。从霍尔的理论依据可以推断出，这种解读方式在理论上存在，但在实践中极少会出现。霍尔指出，这种解码是"完全透明的沟通所具有的理想状态"。但是，大多数观众都会采用"协商的解读方式"。

120

（2）这一解读方式类似于帕金的"从属意义系统"。观众在"意识形态上是合作的"（Fiske 1992a：297）。他们基本上接受"主流编码"，但是会根据自身的社会经验来建构媒体文本。根据霍尔的描述，协商的解读方式承认事件的主导定义，同时又保留根据局部状况获得更多协商能力的权力（Hall

---

1　霍尔指出，在主导的编码体系中表现一个事件需要很多符码和子符码　（Hall 1973：10）。

1980：137）。

费斯克（1992a：296）以动作侦探剧《天龙特攻队》
（*The A-Team*）为例来解释这种解码。白人青年会认同剧中那
个肌肉发达的黑人驾驶员和机械师，尽管从意识形态结构而
言，他因其肤色而在队中居于从属地位。青年从中看到了自己
作为一个即将成年还未成年的人在美国社会中的从属地位，因
此他们通过这种认同，对平权奋斗给予符号学意义上的支持。

对黑人青年而言，这个角色的身体力量和他的技术知识
已经足够成为他们认同的理由。两种解读方式都是"协商式
的"，因为文本意义结构的一部分被理解，而另一部分则被拒
绝了。"协商式编码是通过我们所谓的特殊逻辑或情境式逻辑
来运作的，这些逻辑来自每个人所具有的不同位置，以及他们
与权力之间存在差异的不平等关系"（Hall 1973：14）。这一
解读方式的范围相当广泛。对主导意识形态在解读过程中的解
构，则涉及反对的解读方式。

（3）反对的解读方式是指，尽管观众理解主导的解读方
式，但是完全拒绝它，因为他们完全从另外一个参考框架去理
解。[1]这一解读方式往往被那些与"霸权式编码"直接对立的
观众采用。霍尔举了以下例子："这就像一个观众在听一场关
于减薪的辩论，每一次提到'国家利益'，在他耳里听起来都
是'阶级利益'"（Hall 1980：138）。再举一个例子，当我
们看到一个政党的竞选广告，而我们又不赞同这个政党时，我
们就自然而然地采取了反对的解读方式。我们的解读方式使广
告的目的无法达到。

1　帕金（Parkin 1972）使用了"极端意义系统"的类别。

　　罗伯特·道森和约翰·费斯克（1994）针对美国流浪汉对电视的使用做了一个实证研究。他们将一个教堂收容所内观看电视的行为作为民族志分析的对象。结果证实，流浪汉很少大量关注每日的电视节目，因为那些在日常家庭生活、工作和休闲中熟悉的规则，对流浪汉来说无足轻重。他们更看重那些有大量暴力镜头的电影和电视剧。他们最喜欢的一部电影是动作片《虎胆龙威》（1987），电影中一组恐怖犯罪分子试图在平安夜在一座大厦中盗窃某个集团藏有重金的保险箱。在影片中，所有的坏人都被布鲁斯·威利斯扮演的"超级警察"制伏。

　　流浪汉在观影过程中，并没有与布鲁斯·威利斯产生认同，尽管媒体文本是这样被建构的。他们认同的是那些不法分子，在流浪汉看来，不法分子才是影片真正的英雄。因此，当罪犯枪杀集团高管，或者炸毁一辆载有人员的警车时，他们会拍打大腿、大声欢呼。而且，他们会在警察制伏罪犯，重新恢复秩序之前把电视关掉。费斯克和道森通过分析得出结论，流浪汉拒绝的正是媒体文本中符合主流规范、以主导方式被表现的那一部分。在教堂收容所这样一个社会环境之中，这部具有封闭的意识形态叙事和典型的好莱坞模式的电影，被流浪汉根据自己的生活状况进行解读，并被赋予了另一种意义。对媒体文本的解读与"霸权式编码"形成了对立。

　　接下来的篇外部分将更进一步解释霍尔的模型。该部分通过对电影的实证研究，更加详细地表明了接收过程作为行为过程的作用所在，尤其是在主导的解读方式中；它同时也表明了这一模型的局限性。

122

5.3.2 篇外：女性如何接收色情电影？

女性对色情电影的接收对霍尔的模型来说是一个有意思的实际应用。色情电影这一类型与其他类型不同，它并不尝试传递一种意识形态。它是对泛色情世界的模拟，在这个世界中，男性和女性总是充满性欲。不管是在办公室、摩托车，还是在忏悔椅上，性爱不需要爱情作为前提条件，也不会有什么社会后果。女性在电影中被表现为始终在主动迎合的情趣对象，男性则是行动的、孤立的性器官。在劳拉·穆尔维（1980）的理论中，男性视角占据了主导，它将女性物化为视觉渴望，符合男性主角的认同。

在关于色情视频消费的实证研究中（参见Eckert et al. 1991a：142ff.），我们和霍尔一样认为，媒体文本的意义不会始终被接收，而更多的是被协商出来的，因此我们最终得出结论，女性对色情电影的接收一共有四种方式。

第一种女性对色情电影非常漠然，并且只会看一次这种电影。第二种女性认为色情电影令人反感、恶心。电影中表达的性生活和她们实际的经验和想象相去甚远。这两种类型，尤其是第二种，明显对电影所表达的男性和女性角色持反对立场。

第三种女性则认为色情电影有"引人入胜的动人之处"。通过对她们的访谈进行分析，我们可以获知这一组女性采取了男性的视角，并且她们的兴趣在于"被点燃性欲的女性"。从霍尔的模型出发，她们采用了"主导的解读方式"。

第四种女性本身对色情电影并无负面态度，但是她们指出电影缺乏感情和爱情，并进一步批评画面过于直接。这是一

123

种协商的解读方式。接收者发展出自己的解读，对色情电影提出了变革的要求。

人们对一些简单电影的接收，一般都采用协商的解读方式。而从霍尔模型的角度出发，色情电影也有着主导的解读方式，因此女性观众对电影的解读取决于她们与此的关系。然而，从这一点上，我们也可以看出霍尔模型的一个决定性缺陷。它默认了占统治地位的意识形态的媒体文本独裁式地决定了解读的方式："无论采用哪种解读方式，毕竟，它都是通过与主导的意识形态体系之间的关系来表达自身的"（Turner 1988：121ff.）。

此外，值得提出疑问的还有，阶级属性是否是各种解读方式的主要决定因素。我们的研究并没有就此深入。但是，霍尔所提出的不同解读方式是存在的，这可能和预设有关，同时也指明了其他社会差异可能会导致对意义解读的倾向性。

5.3.3　对霍尔模型的批评

从理论上对这个模型进行的批评，[1]主要指出了它没有区分文本的意义与文本生产者有意识的目的。哪些编码是电视节目制作人有意识加入以操纵观众的，哪些编码又是自然而然地进入文本的？

此外，从解码的层面来看，这个模型也没有提供明显区分文本结构之"理解/不理解"与"接收/拒绝"这两极的可能性。这样一来，比如对于那些采用"主导的解读方式"的观

124

1　参见Fiske/Hartley（1978），Morley（1989）。

众，我们便无法再针对"看穿了电视新闻文本建构的把戏，但仍旧接收它"与"根本没有看穿这些把戏，而只是去接收"这两种不同情况进行区分了。在帕金和阿尔都塞的影响下，霍尔的模型也暗含一个观点，即人们对意识形态的接收是在"无意识"中进行的。意识形态是对现实生存条件的想象性关系的表达。[1]

霍尔和他的学生所做的实证研究（参见Fiske 1987：64ff.；Turner 1990：89ff.）表明，模型所假设的三种解读方式在现实中并不是均衡出现的。根据各种各样的社会差异（不仅仅是阶级差异），大多数观众会发展出自己的解读，以获得与媒体文本本身的主流意识形态不同的意义。同时，解码的广泛性也显示出，用帕金的社会学说发展出来的三种解读方式来归纳现实太过粗略。霍尔模型的理论框架受到"意识形态编码"和"霸权式编码"的限制，显得太过狭隘，因为他将自己限定在阿尔都塞和葛兰西的理论当中，这一理论认为人们在接收过程中会再生产出关于社会现实的主导性观点。[2]他当然可以将观众的解读实践和这些理论结合起来，但是最令人信服的方式是研究新闻节目如何被亚文化以不同的方式吸收。

尽管有这些不足，但是霍尔的模型在当时美国主流的传播研究横行的情况下，指明了另一种方向，为研究者打开了一个新的角度，将文本和媒体接受的背景结合起来思考。特纳如此写道：

---

1 根据阿尔都塞（1977：142），意识形态是通过对"具体个体"、"具体主体"的质询而构成的。受拉康的影响，阿尔都塞强调了这一过程中的潜意识因素（参见Althusser 1976）。

2 参见阿诺（Allor 1988）的批评。

过去的理论认为，媒体将意义和信息的影响投入作为独立个体的读者之中，而编码/解码模型则认为媒体文本是一个时刻，在这个时刻当中，大量的社会和政治结构通过文化的方式被揭露出来，以供分析。（Turner 1990：94）

戴维·莫利是霍尔的一个学生，他在这条道路上继续向前开拓。

5.3.4　戴维·莫利的研究

莫利一开始和霍尔一样，专注于研究电视新闻的意识形态。和夏洛特·布朗斯顿一起，他们分析了在英国很受欢迎的英国广播公司（BBC）的晚间新闻节目《全国》（*Nationwide*）（Brunsdon/Morley 1978）。通过对节目中视觉编码、语言编码和惯例的文本分析，他们找出了节目的"常识性"播出模式，这种模式为观众铺垫好了相应的解读方式。

它[《全国》——作者注]将自己展现为对各种各样事物的广泛注视，去捕捉"每一件"可能让我们感兴趣的事物，并且简单地将这些事物"投射"或反射给我们。而且，它始终从同一个角度看待这些事物，用同一个角度解说这些事物，甚至用同一个声音述说这些事物，仿佛这就是观众之声。（Brunsdon/Morley 1978：9）

通过这种展现方式，《全国》的编码实践自然而然地遵循着霸权模式。观众们被主持人以非常熟悉的方式对待，比如通过对人称的使用："今晚我们看到"、"我们都知道"、

"所以我们会问"（Brunsdon/Morley 1978：18ff.）。通过这种方式，不同的个体被组合成一个统一的国家，尽管他们因为空间上的分离而有着各自不同的经验。特纳总结道：

> 尽管通过《全国》所传播的英国生活图景是非常有选择性的，但是布朗斯顿和莫利表明了这个节目的建构性编码和话语是如何主动且成功地创建了一个双方都认可的"受偏爱"的视角——不仅是节目的意义，而且也包含对社会的定义。（Turner 1990：98）[1]

接下来，莫利通过一个实证研究检验了《全国》是如何被不同的观众群解码的。他如此定义观众：

> 我们要把观众设想为由具有不同社会情状的个体所组成的群集，他们的个性化解读被共享的文化形式和已存在的实践所框定：共同的取向；同时个体在阶级结构中的客观位置也会带来影响。（Morley 1980：15）

莫利并不认为"客观因素"会通过机械的方式影响接收者的意识，相反，观众会根据他们各自的亚文化解读框架来理解《全国》。他感兴趣的不是个体的解读方式，而是如何在这些个体的解读方式中找到文化模式。

> 在此，我们需要一个方法，将那些不同的解读重新引回社会的经济结构，以展示不同群组和阶级的成员如何分享不同的"文化符码"，如何对同一个信息做出

---

1 霍尔等人（1981）对英国广播公司的节目《全景》（*Panorama*）开展了分析，得出了类似的结论。

不同的理解，不只是触及某个与众不同的个体，而是要以系统的方法来研究他们的社会经济地位。（Morley 1980：14ff.）

观众不再是主流媒体眼中那个由个体原子所构成的同质大众，而是由不同的亚文化形态和群体所组成的混合物，他们在解码媒体文本的时候有着不同的取向。[1]

因此，莫利让不同的观众组观看《全国》，然后让他们进行小组讨论，以观察观众的反应和他们的解读（Morley 1980：36ff.）。[2]然后，他用霍尔的模型来将这些解码归类。莫利在这个民族志导向的研究中，证实了霍尔高估了阶级属性在解读方式产生的过程中所起的作用，同时，霍尔也忽略了各种社会决定因素所扮演的角色。比如，无论属于哪个阶级，银行经理和学徒工都对《全国》采用了主导的解读方式。而同属一个阶级的群组的解读却让人惊讶：

> 因此，社会地位并不与解码直接相关——学徒工群组、工会/店员群组和进修的黑人学生群组都拥有相同的地位，但是他们的解码则受了他们所处的话语环境或机构的影响。（Morley 1980：137）

这一实证研究反驳了霍尔模型中所强调的阶级属性作为决定性力量这一观点，每一个观众在解读媒体文本的时候，都带着自身的社会经验和观点，这会导致人们对同一个媒体文本

1　参见皮埃尔·布迪厄关于不同文化能力的教父级研究（参见Bourdieu/Passeron 1970）。

2　首先根据教育和职业作为指标，去区分群体的社会阶层，然后再研究由5～10人组成的小组，根据银行经理、学徒、大学生、中学生、工会成员等进行划分。为了保证社会同质性，他们从各自的机构化背景中被选取出来。

做出完全不同的意义建构。在莫利和艾柯看来，解读的多样性主要归功于接收者的社会差异。同时，这也暴露了莫利和霍尔理论中的不足之处。"所提供的是'对同一文本的不同解读'，而重要的是认识到如果我们相信在某个范围内意义是不确定的，那么对一部电影的不同解读就会造就很多不同的电影"（Turner 1988：122）。就算剧情片或者电视节目的内容受到某个意识形态意义结构的主导，它们也包含着矛盾、对立和其他形式的多样性。而且在表达的层面上，设计的原则就是多义的。这种开放性源于图像的多义性。因此，简单地认为一个媒体文本具备某种"被偏爱的解读方式"不一定正确，尽管对新闻的传播而言这是有好处的。其实，霍尔和莫利的理论暗含了"真实意义"的概念。[1]

莫利本人在后期也对自己的实证研究的局限性提出了批评。莫斯（1992）曾做过总结："在解码/编码模型中，仿佛很少有空间留给解读者的愉悦，或者说，媒体类型的广泛性是如何与观众所关切之事相关的，以及观众如何用其文化资本之光照亮文本，以使其被理解"（Moores 1992：146）。

同样没有得到解答的，是同一组成员在家或者在其他社会背景下会如何感受和解读《全国》。尽管如此，莫利的研究仍然是媒体文本解码的实证研究[2]中一个关键性的突破，[3]因为

1　莫利（1980：162）通过研究结果强调了话语理论："我们无法隔离话语，去单纯地考虑个别的实体化的文本—主体关系。我们也不能认为社会学或人口统计学因素会直接影响传播过程：这些因素只可能通过话语的行动将它们表现出来，以施加影响"（Morley 1980：162）。

2　同时，在盎格鲁-撒克逊地区非常重要的屏幕理论也提供了理论上的方向，同时它对文本与接收者之间关系的建构，对文本被赋予的权力提出了质疑（参见Allor 1988；Lowry 1992；Winter 1992a）。

3　类似的作品，可参见Richardson /Corner（1986），Dahlgren（1988）。

它为媒体文本的多义性和接收的多样性提供了实证依据。

因此，英国文化研究内部越来越倾向于对媒体文本的背景进行研究，而不再执着于单个文本的分析。媒体文本的背景包括互文的现象以及不同背景下的不同媒体接受。

5.3.5 明星作为背景的现象

理查德·戴尔关于明星现象的分析属于早期对互文性的研究（Dyer 1979，1986）。[1]他也认为媒体文本不是自足的、界限分明的物，仅靠文本本身无法展开分析，因为它始终处于其他文本的背景之中，而且还需要理解解读的社会决定因素。戴尔将解读的社会决定因素理解为文化的框架性观念，它随着历史改变，并且限定了文本解读的框架。

戴尔的主要议题是电影明星形象的社会意义。他指出，媒体文本主导建立了这些形象，不仅是电影，还有报纸文章、电视采访、电影粉丝杂志等都发挥了作用。他认为（1979：38），形象不仅是一个视觉符号，更多的是一个复杂的配置，包括视觉、口头和听觉上的符号。除此之外，还包含时间维度。

电影明星的形象不停地发生着变化，比如简·方达。她在1960年代拍摄的电影中，比如《神女生涯原是梦》（1962）、《太空英雄芭芭丽娜》（1967），以性感符号的形象出现，而在1989年的电影《烽火异乡情》中则是一个脆弱的老处女形象。然而，有些形象可以长久保持，比如玛琳·黛德

129

---

1 戴尔并不直接属于伯明翰学派，但是受他们的影响，并且又对他们施加了影响（参见Turner 1990：105ff.；Fiske 1987）。

丽于1930—1935年在约瑟夫·冯·斯坦伯格执导的电影中所塑造的形象。甚至那些想要改变这种形象的尝试，比如让她参演西部片，却更加强了人们对她"美得超凡脱俗"的认知。而且她成功地将美丽的外表一直保持到1960年代，进一步确立了人们对她美丽依旧的印象。

为了得到一个完整的形象，我们不能按照编年史将各个时期关于该明星的文本简单相加，而是要以一种结构化的多义性的方式分析它：

> 多义是指明星形象多种多样，但是有着有限的意义和效果。观察一下简·方达的形象，我无法尝试去解释她在职业生涯的不同时期对"一般人"的不同意义，但是我可以描述她在不同观众眼中获得的意义范畴。（Dyer 1979：72）

一个形象有着多种意义，但是意义并非没有边界，它们的存在和媒体文本所能提供的内容相关。这些意义可能会彼此加强，比如约翰·韦恩的形象就包含了他的身高、他对男性自由的向往、他对右翼政治的支持，以及他和西部片的不解之缘等。这些东西象征着美国社会对男性的某种设想。

同样，形象的元素也可能会彼此对立或相互矛盾。戴尔指出，简·方达在1960年代的形象并没有拒绝主导价值观的反叛气质，她的角色可以被如此描述：

> 但是她的魅力——可以同时唤醒极端的爱与恨——不仅用美国性和平凡性调和了激进主义和女权主义，而

且她具备的能力（如同假小子）在强调异性恋的同时却
又重新定义了性感。（Dyer 1979：98）

简·方达这种矛盾的构建使观众可以拥有不同的关联
点。一个明星对个体观众的意义在于其接收的过程，即在这一
过程中，明星与自己的生活联结起来。戴尔的第二本书《天堂
般的身体》（*Heavenly Bodies*，1986）关注了亚文化如何接收
明星的形象及其出演的电影，如何从文本背景着手给予他们全
新的不同意义。

比如，朱迪·加兰在同性恋文化中获得了特殊意义，但
是她的电影其实并没有过多涉及，而更多的是塑造了一个女性
形象。因为朱迪·加兰自己的经历，比如她的自杀尝试和极端
的体重问题，导致了电影《一个明星的诞生》（1945）被很多
同性恋者解读为她心理脆弱不堪，回归后没有满足电影公司对
她的期待的写照。她个人对好莱坞电影系统的抵抗，使观众无
法关注电影中的迷思，而是聚焦于她的私人生活、她的痛苦和
苦难，同性恋者将这种情绪带入观影过程，认为这些经历重现
了他们自己作为受压迫少数派的人生境遇。这个例子很好地展
示了社会话语如何改变电影文本编码的意义。

5.3.6　青年文化的社会实践

英国文化研究在对媒体的关注之外还开展了亚文化研
究，比如青年文化如何在对霸权文化的反抗中获得自己的意
义。他们不只是采用"协商的"或"反对的"解读方式，而是
转变或颠覆了主导意义（参见Clarke et al. 1979）。他们以这种

130

方式建立自己的亚文化风格。这些风格"由来自两个主要方面的元素组成——他们在自己的家庭和邻里中所获得的阶级文化，以及娱乐工业提供给青年的内容"（Murdock/Mccron 1979：32）。

因此，文化并非铁板一块，而是由许多彼此竞争甚至彼此冲突的亚文化组成。这些群组都有着自己的亚文化生活方式、自己的机构（比如机车俱乐部、粉丝俱乐部）、自己的社会关系和意义世界，以及对物的不同消费形式。

之前提到过的朋克文化，就是在亚文化的接收过程中，将日常物品（比如安全别针等）赋予新的意义，使之成为身体的象征。日常物品脱离了它们本身所处的社会背景，失去了它们传统的含义。亚文化的成员成为拼合爱好者：

> 类似于列维-斯特劳斯的神话，亚文化实践者都是拼合爱好者，这些符号必须已经拥有存在的意义。物品作为原材料，为新的亚文化风格提供源泉，首先它们必然拥有建构于相关系统中的意义，这样才能被转换和变革，这一过程就是"转变"。（Clarke 1979：137）

对亚文化的研究在于学习这些风格，将亚文化，包括它们的仪式、服装、行为等，作为文本来理解。因此，英国文化研究将关注点转移到社会实践及其对意义创造的贡献上。特纳写道："这更强调了观众/参与者在意义生产中的重要性，突出了文本在现实中常常被'违反原意'地解读，通过社会制造的反对立场，覆盖了文本原来的主导意义"（Turner 1990：112ff.）。通过这种研究，文本也在某种程度上"失势"了。

它的意义总是有所限制、不确定，其中有一部分还带着亚文化特征。问题在于，究竟是媒体文本本身，还是接收文本的社会实践，造就了意义的建构。费斯克着重研究了媒体文本和观众互动所带来的潜在多义性。

5.3.7　媒体传播的多义性

费斯克继承了罗兰·巴特（参见1974，1987）和茱莉亚·克里斯蒂瓦（1978）的后结构主义观点，认为文本本身具备含有不均质意义的潜质，因此文本充满了结构化的多义性。它可以被归纳为一种在两种力量之间徘徊的状态，一方面是封闭的力量，为了突出主导意义而压制多义性；另一方面则是开放的力量，允许大量观众接收与他们的生活实践相关的文本（参见Fiske 1987：84）。各种要求开放性的声音不可能规定文本的意义，而是让文本必然保留了不确定性，这将使文本可以拥有不同的解读和联结方式（参见Winter/Eckert 1990）。[1]

多义性的程度各有不同，比如后现代电影，由于其自我指涉、反讽和互文的特点，其结构比一般的现实主义叙事电影更加开放。因此，大卫·林奇的电影比希区柯克的电影更加具备多义性，观众的创造性接收将不再完全受制于媒体文本。汉恩指出，接收的创造性并非必须基于文化物品的内在复杂性，它也可以存在于"互相交融的意识、创造性的幻想当

1　霍利（Holly 1991）举了以下例子："《达拉斯》对一位中欧的教授（他当然只会出于职业原因，或者在无聊的时候才会观看）和一个巴西贫民窟居民（当然，他更喜欢肥皂剧）而言，有着截然不同的效果"（Holly 1991：326）。

中，并不断地开拓新的角度"（Hahn 1991a：67）。因此，在研究媒体接受过程时，我们必须考虑到文本结构和观众结构这两个方面。[1]

费斯克综合了媒体文本的多义性和观众接收的创造性来开展他的研究。他的兴趣主要在于电视文本（参见Fiske 1987：84ff.），但是他的研究也可以被推广到电影上，尤其是在电视中或者作为视频播放的电影。

电影与其他媒体文本一样不是自足的作品，对接收者没有一致的影响，它要求观众"合作"，这样观众才可能真正地接收到电影的发声。艾柯（1990）为文学文本完善了这种接收美学的观点。他认为，"一个文本就是一个产品，对它的解读本身便是创造机制中的一部分"（Eco 1990：65）。这对其他媒体文本也适用，在解读实践中，观众由于各自的经验、能力、兴趣和接收电影时的背景，会以不同的方式去开发文本的潜在意义。[2]

费斯克（1987：96）在此点出了巴特（1987）关于作品与文本相区别的见解。文学作品是没有生命的物品，是在书本纸页上由不同的能指所组成的固定星系（Barthes 1987：10）。只有在打开书本、开始阅读的时候，它才能成为文本。作品具有表达多种文本的潜力，每一个由读者解读的文本都仅仅是这种潜力的某个特殊表达。电影观众也在观影过程当中根据自己的解读方式去组织不同的电影。

意义的多样性生产基于文本的支持，电影真正打开了多

1　霍利（1992：3）强调，媒体文本的开放性可以被理解为多层次现象。
2　参见邓金（1988，1991a，1991b）的作品。

样接收之门。[1]我们接下来将根据费斯克的理论提出一些剧情电影的多义特征。在一部电影当中，这些特征互相交织、彼此支持。我们还要指出，媒体文本的多义性不仅存在于它的美学复杂性之中，也存在于它的多样性、模糊性、不完整性和矛盾性之中。[2]尤其是剧情电影需要兼顾这两种情况。

首先，"讽刺"就是一种始终多义的形式，有时需要"不道德"的解读方式，它把互相碰撞的意义又再次分解。语言的表达可能通过演员的姿势和声调制造出与本意完全相反的意义。"讽刺永远无法完全被文本结构控制：它永远为某些读者保留了足够的符号学开发空间"（Fiske 1987：86）。

134

有些电影制作人让整部电影都带上了讽刺的调调，比如伍迪·艾伦。在《呆头鹅》（*Play it Again, Sam*，1971）中，电影名称就已经以讽刺的方式暗示了经典之作《卡萨布兰卡》（1942）。在《卡萨布兰卡》中，瑞克（亨弗莱·鲍嘉饰）对黑人钢琴家山姆（Sam）说，"再弹一遍，山姆！"（Play it Again, Sam!），要求他再弹一遍《时光流逝》（*As Time Goes By*）。在伍迪·艾伦的影片中，这句话带有讽刺色彩，片中的主角菲力克斯是鲍嘉的粉丝、电影粉丝，也是电影杂志的评论员。因为对电影的狂热，他忽视了自己的妻子，导致妻子离他而去，而他也陷入了抑郁。这时，他的偶像鲍嘉却

1 麦克罗比指出，好莱坞电影已经被"写入"，可以有不同的使用方式。"文本的多义性导致了它可以唤起和迎合不同的欢愉、期望和解读"（McRobbie 1984：150）。

2 霍利（1992）尝试以文本特征为基础，去系统化地呈现电视文本的开放性：（1）供应的多样性；（2）矛盾、反驳、意义多重性带来的多样性；（3）不连贯、文本中的空白带来的多样性；（4）相对"封闭"的文本通过另类解读或另类使用带来的多样性。于尔加（Jurga 1991）通过对《菩提树大街》的分析展示了流行电视文本的开放性。

向他伸出了援手，出现在重要的场合鼓励他。菲力克斯努力模仿鲍嘉的酷和男性气质，企图获得更多女性的好感。然而，他并不能克服自身的笨拙，总是失败。只有当他开始停止模仿鲍嘉，尽力做自己的时候，他才和一位朋友的妻子擦出了爱情的火花。伍迪·艾伦以充满幽默的方式展示了一个狂热的粉丝的假想世界，他如何去接收电影（和电影明星），并以自己的方式赋予它们意义；此外，伍迪·艾伦也展示了电影在个人生活的组织中如何有意识或无意识地发挥了榜样的作用。同时，这部电影还致敬了多部经典之作，比如《逍遥骑士》（1969）、《意大利婚礼》（*Hochzeit auf Italienisch*，1964）等。《呆头鹅》本身就是对电影巨大热情的表达。导演本人在青年时代就曾尝试模仿鲍嘉。这种对电影狂热的讽刺表达及其所带来的后果，不管是自身还是旁观者都能了然于胸，这将使观众不仅可以对主角的表现开怀大笑，也可以感受到主角对电影的狂热是他自我认同不可或缺的一部分，启发着观众对此进行思考。

135 　　伍迪·艾伦的另一部电影《汉娜姐妹》（*Hannah und ihre Schwestern*，1986）也提供了不同的解读方式。一方面，这部电影可以被理解为，对在纽约这个大城市中生活的人之间或喜或悲的私人关系的描述；另一方面，它也可以被理解为，对本来就已经过得不错的美国人那些所谓的生存危机和问题展开蔑视和嘲笑。尤其是与列夫托尔斯泰的小说《安娜卡列尼娜》相比，艾伦将电影的亚文本表现得更加清晰（Winter 1990）。安娜卡列尼娜在爱情失败后，只能走上自杀道路；而在伍迪·艾伦的电影中，角色只需要轻松地换换伴侣。这些例子说明了讽刺可以大大增进电影的乐趣，同时也引发人们对其所见的深思。后现代电影导演大卫·林奇也用各种手法玩转电影。

另外一个特征是"比喻"，它和讽刺一样也基于两个话语。它用其他事物的概念来解释某一事物：

> 将女性的吸引力比作蜜蜂，蜂蜜和花朵明显是以男权主义的视角来看待两性关系，以自然做比。但是，比喻以夸张的语调来表达，以此将观众的注意力吸引到它的自然本性和人为之处。（Fiske 1987: 87）

因此，比喻也可以被理解为批判性评论，在电影中，比喻也可以以图像的方式来表现。比如，"吸血鬼之吻"这一比喻，就明显带有性色彩，在电影中创造出额外的意义层面。在斯托克的小说《德古拉》和1930年代贝拉·卢戈西的电影中，它都被用来表达性渴望和性冲突，如果不通过吸血鬼，而是直接表达，则可能被禁止播出。在他关于德古拉的电影中，则将这层意义明示出来并加以戏仿。德古拉必须饮处女之血，但是他很少找得到处女。[1]

因此，"戏仿"是除了"玩笑"、"嘲讽"以外，又一个产生多义的源泉。喜剧片往往擅长揭示社会现实的矛盾和潜在结构（参见Seesslen 1982）。比如，劳瑞尔（Laurel）和哈迪（Hardy）尝试通过过度的适应来遵循日常生活的秩序，但由于劳瑞尔的笨拙所引发的偶然事件或小小误解，恰恰揭示了日常生活中那些所谓的支撑是何等脆弱，甚至会导致生活的

136

---

1 弗朗西斯·福特·科波拉甚至将这一维度放到他的吸血鬼电影《德古拉》（1992）的中心位置。

崩塌。

戏仿也是电影喜剧的一种，它要求人们必须对原型有完全的了解。[1]两部早期电影《吸血鬼之舞》（*Tanz der Vampire*，1967）和《新科学怪人》（*Frankenstein Junior*，1974）就是对经典恐怖电影的戏仿。戏仿作为一种电影形式，尤其在幽灵片，或者动作喜剧和恐怖喜剧中大受欢迎（参见Winter/Winter 1991）。戏仿的技巧主要在于引用：

> 彼得·博格达诺维奇的电影《爱的大追踪》（*What's up, Doc?*，1972）就是标准的"引用"电影。在这部电影中，几乎每一个场景都指向另外一部电影，其中大部分是经典好莱坞电影。但是，即使观众对好莱坞电影一无所知，也依然能够看懂电影情节：隐藏着的引用像是彩蛋，是赋予了然于胸者的荣誉。（Seesslen 1982：143）

另外一种戏仿的形式是将电影作为日常生活的喜剧衍生物。比如，电影《喜剧之王》（1982）就是这样一部充满戏仿和嘲讽的电影。马丁·斯科塞斯在这部电影中夸张地展现了许多观众对电视的所谓"私下的信任"。罗伯特·德尼罗饰演的角色真的以为在很多电视节目中出现过的朗福特（杰瑞·刘易斯饰）是自己的私人朋友，并认为他有责任帮助自己跨进演艺圈。因此，他毫无畏惧地骚扰朗福特的公司，拨打电话甚至亲自上门骚扰，最终被扫地出门。电视节目企图制造的所谓"温暖"的私人关系，也被倍加嘲讽、暴露无余。很多电视

---

1 早期的电影仿作以比较松散的方式和原著连接，比如使用它的一些场景或主题。较早的例子是马克斯·林戴的《三个必须得到的东西》（1923），它几乎在每个细节上都嘲笑道格拉斯·费尔班的《三剑客》（1921）。

粉丝喜欢在路上用电影角色的名字来称呼演员，以此来跨越现实与再现之间的距离，但是这种行为在这部电影中却让人困扰。

媒体文本特别吸引观众的主要特征是它的"矛盾性"。许多电影由一系列的话语组成，这些话语却互为矛盾。由此，这些电影具备了多声性。比如，乔治·A.罗梅罗的电影《僵尸》（1979）一方面可以被理解为无情的枪战大片，尤其是少数族裔成为枪口下的牺牲品；另一方面则可以被看作对法西斯思想的揭露和批判。

"过度"有两种方式，费斯克（1987：90ff.）就此作出区分：一种是通过夸张来实现过度；另一种则是符号的过度。夸张手法的特点是双倍的表达。比如，电影《黑手党女郎》（*Die Mafiosibraut*，1988）将一系列黑手党特有的仪式和象征进行夸张表现，以实现搞笑的效果。在《危险女友》（*Gefährliche Freundin*，1986）中，女主角诱惑一位年轻的商人，她的外形和行为是如此夸张，以至于人们认为她是在戏仿荡妇或狐狸精的形象。以这种方式，观众的注意力都集中到这类女性形象的文化建构上。

许多侦探电影或者动作电影之所以取得巨大的成功，还在于它们一方面可以使观众跟随跌宕起伏的情节感受到紧张；另一方面又可以让他们为各个电影类型桥段发出会心的微笑。沃尔特·希尔的《红色警探》（1988）和《玉面煞星》（1989）就是这样的例子。"过度的手法实现颠覆，或者至少是戏仿的效果，使亚文本有足够的力量和主文本并行，两个文本可以同时被观众解读和享受，因为观众也有着分裂的主观意

137

识"（Fiske 1987：91）。

"符号的过度"也有着类似的运行方式，但更多的是每一部电影都具有的一般特征。正如哈特利（1983：75）[1]所言，电影的不同能指系统通过其内部关系和对电影外话语及社会关系的指涉，以实现"意义的过度"。这种特意建构的意义的溢出又受到不同的文本策略的限制。比如，现实主义叙事方式所采用的逻辑和因果关系就是一种建立电影中主导意义的手段。当这个骨架建立后，各种意义被融合进来，但是始终会有一些意义无法融入。

多声性的特征使电影可以有各种各样的解读方式，即一部电影中存在多种声音。尤其是北美电影具有巨大的多声潜力（参见Stam 1988：129）。在艾伦·帕克的《名扬四海》（*Fame*，1979）中，不同青年亚文化的代表——黑人、波多黎各人、犹太人、同性恋者——在同一个艺术群体里工作。伍迪·艾伦在电影《西力传》（1982）中，赋予主角模仿其他人口音并具备真实性的能力。"他就像变色龙一样，但并不是对外表或物理上的模仿，而是对那些内在的、不可见的东西的模仿，即同步化的过程发生在不同种族之间互相碰撞摩擦之时"（Stam 1988：130）。西力本身也是一个寓言式人物，他既是白人，也是黑人；既是犹太人，也是印度人、墨西哥人或中国人。他本身就是由各种文化的声音所组成的。

再者，互文性也增强了多义性，这一点我们已经在阐述

1　哈特利通过电视文本的例子表明了它充满模糊和矛盾。它的特征在于"制造更多无法维持的意义"（Hartley 1983：76）。

"戏仿"时提及。互文性意味着每一部电影都和其他电影有着千丝万缕的联系，进而人们在观看和理解它的过程中也必然会带入这些联系。因此，任何种类的电影都不可能是完全独立的文化事件，甚至人们要想深入理解它，对其他电影的熟知是不可或缺的前提。比如，罗塔·米克斯指出，《漂亮女人》（1989）之所以如此被观众喜爱，并非因为它相对简单的童话般的故事情节，更多的是电影中所隐藏的对其他文学作品的互文引用，这些引用范围非常广，跨越了纪录片、恶搞喜剧和《茶花女》式的歌剧。[1]

用戏仿的方式对电影进行引用是互文性的另一个深刻的表现。巴特（1987）曾言，整个文化都处于一个密集的互文性织体当中（文化中那些被写就、被言说、被视觉化的东西）。[2]对于电影领域，这意味着观众会根据自己的能力，在互文性这张巨网中为电影找到不同的结合点。他们各自找到的结合点决定了他们的意义建构。互文性知识以这种方式建立了电影接收的背景框架（Goffman 1977）。

费斯克提出了电影之间的横向互文性和纵向互文性（参见Fiske 1987：108ff.）。戴尔也曾经揭示过纵向互文性如何诞生。比如，电影是初级文本，杂志、媒体通告等是二级文本，电影粉丝的海报和杂志等则是三级文本。格尔茨和费斯克一样，认为文本概念极其广泛，不应该受到语言中心论的

139

---

1 互文性与经验建构之间的关系，参见Mikos（1994a：183ff.）。

2 艾柯（1992）认为，在解读文本时，除了它本身的线性表现形式和读者的期望空间，文化的百科全书性也应该被顾及，它包括给定的语言和迄今为止人们对文本的解读。

限制。[1]尤其是在后现代媒体文化中，互文性更加强化和深入，我们需要就其过程进行分析。英国文化研究首次通过对"007"电影的深入研究，来说明互文性在意义建构过程中的核心地位。

5.3.8　篇外："007"电影作为互文现象

　　班尼特和伍拉科特在他们的研究《邦德和其他：大众英雄的政治生涯》（1987）中，全面分析了邦德现象。除了小说和电影以外，他们还分析了相关的广告、对主角的采访（比如肖恩·康纳利的采访）、关于邦德女郎的报告、电影粉丝的评论等。通过这种方式，他们展示了邦德的意义并不仅仅是简单的小说或者电影，而是关于邦德的所有文本。换句话说，任意文本即互文。对邦德电影的解读总是与对它的期待相关，而这些期待正是由观众与过去其他邦德文本的经验所形成的。

　　1950年代后期，邦德主要是一个文学形象，对知识分子而言，他代表了一种经典形象。直到1960年代，当小说被改拍成电影后，通过各种广告及不同的周边产品，他变成了广受欢迎的英雄。那些新文本也赋予了邦德小说新的意义，为它带来了广泛的读者群体，他们都是通过电影寻觅而来，因此，他们在阅读的时候已经在脑海中形成了对邦德的印象。

　　　　因此我们可以看到，邦德这一形象已经在不同的时刻获得了不同的塑造。詹姆斯·邦德成为一个可变的

1　厄费尔曼等人（Oevermann et al. 1979）首先在德语区的讨论中提倡社会学里广义的文本概念。穆勒-多姆（1990）和恩施施（1991）也继承了这一观点。泽夫纳（1989）也在现象解释学的范畴中提出了这一观点。

运动中的能指，他不再履行唯一的恒定的表达功能和效果。（Bennett/Woollacott 1987：42）

因此，从电影里推导出来的邦德的"真实"意义并不存在，不同的"文本搬移者"作为传播中介起到了重要的作用（Bennett/Woollacott 1987：235ff.）。直到1960年代早期，邦德都是一位冷战英雄。广告或书籍封面随处可见武器和间谍工具。十年以后，邦德成为备受女性宠爱的角色，成为男性性解放的象征。1960年代开始，广告把焦点投射到所谓的"邦德女郎"身上。即使在与恶势力激烈对抗的同时，电影还是会聚焦邦德是否以及如何把美丽的女士追到手。邦德女郎意味着性不再仅仅局限于婚姻内，这种对性的展示偏重于从男性视角出发的建构。"对邦德女郎的展现尤其强调她独立自由的性征，但只是为了能够随时随地仅供男性驱使"（Bennett/Woollacott 1987：241）。提摩西·道尔顿在1986年上映的《黎明生机》中所扮演的邦德与性绝缘，因为当时艾滋病猖獗。正如班尼特和伍拉科特（1987：17ff.）所说，邦德是"时间符号"，他作为大众英雄的意义不断变迁，必须考虑互文性才能够真正理解它。他们的研究表明，文本并没有一个完全独立的抽象意义，而是更多地取决于观众如何看待这个文本。只有通过观众与文本在特定背景下的互动才能够产生文本的"意义"。"我们无法想象把文本和背景作为独立的个体分开"（Bennett/Woollacott 1987：262）。媒体分析也始终是社会进程分析的一部分，只有这样，我们才能够研究"文本鲜活的生命"。

141

邦德的例子很好地说明了媒体文本如何在互文关系中增加多义性潜力，以此实现不同的接收。当然，除了文本本身以外，观众和观众的解读也必然充满了社会影响和文化影响。费斯克对此进行了近乎极端的研究。

在《电视文化》（1987）一书中，他提出了被激活的文本这一概念。至于电影，我们可以就一些邪典电影和经典电影为例，来说明在复杂情节、不确定文本和多样化接收的条件下，文本和观众之间如何互动，以实现对多义潜力不同程度的释放。

5.3.9 邪典电影和经典电影

《卡萨布兰卡》（1942）这样的影片会随着时间的流逝蜕变为邪典电影，这不是因为它的审美复杂性和智识复杂性，而是因为它的图像充满了人人熟知的多义性、浪漫的氛围、与众不同的结局、神秘的不确定性，以及对思考和联想的启发。雷德利·斯科特拍摄了一系列经典影片，比如《外星人》（1979）、《银翼杀手》（1982）、《末路狂花》（1990），他认为所谓的邪典电影就是你可以看很多遍，但是每一遍都会发现新的东西。它们就像是一部好书，一个富有层次感的图像世界，充满了各种各样的问题（Scott 1992：22）。通过《卡萨布兰卡》的互文性，观众们看到了其他电影。艾柯（1985：212）写道：

> 正因为所有的原型都在这里汇集，正因为《卡萨布兰卡》引用了无数其他电影，正因为每一个演员都已经

142

饰演过其他角色，观众在这里不由自主地听到互文的回声。《卡萨布兰卡》就像一团香雾，包容了各种各样的场景，观众在潜意识中看到了其他电影，甚至看到了鲍嘉之后的电影，比如他在《逃亡》中饰演的海明威式的英雄。

因此，电影拥有各种理解和解读的方式。电影给予的答案和链接越多，流行起来和成为经典的可能性就越大。邪典电影无法被有意识地制作出来，是观众成就了它们，因为观众用各式各样的解读，用拼接的技巧，将电影中的重要方面剪辑出来，形成了一部属于自己的电影。布鲁斯·卡文（1991：23）写道："邪典电影的观众会自由地寻找属于自己的欢乐。"

最有名的邪典电影《洛基恐怖秀》（1974）是不同电影类型的大混杂，从音乐剧到恐怖电影在其中都有迹可寻，因此它充满了各种套路，最早是纽约的同性恋圈子发现了它，在观众大厅里以暴露耀目的方式播放（Hoberman/Rosenbaum 1983：174ff.）。观众们和角色一起讲台词，一起欢呼，在走道甚至台上起舞，有一些观众将自己打扮成电影角色的样子。渐渐地，这种观影方式成为一种仪式，在全世界普及开来，超越了最初的同性恋圈子。最后，甚至发展出配合电影的额外"音轨"，比如什么时候要抛洒大米，什么时候要打开水枪。

这些例子说明，在观看这类电影时，观众将放映厅中一般公认的"默默的观看者"的角色与暴露狂式的行动者的角色进行了互换，当然，电影中炫目的场景，比如刺激的音乐或者舞蹈场景等，给了观众这样的由头。科里根如此描述

（1991：32）：

> 邪典电影，不管它们本来就是如此还是被选择出来
> 的，总是与标准的观影方式和解读实践中所具有的固定
> 性和被动性相背离。如果说这类电影有什么共性的话，
> 那么它不是那种通常是内在化的幻想性认同，而是一种
> 对图像的物质性的认同，一种对作为图像意义之标志的
> 想象性能指的外化：一句简单的对话、一个姿势、一块
> 布料。

143

邪典电影是民众文化现象，但是当它的审美到达一定
的复杂程度以后，也可以成为经典电影。雷德利·斯科特的
《银翼杀手》就是一个很好的例子，一开始它在一个小圈子
里很受欢迎，但电影评论家并不怎么买账。而现在，它已经
成为1980年代毋庸置疑的经典之作。它鼓励观众进行不同的解
读，所以它既是科幻片，又带有悲观色彩，而且也不乏爱情
元素，同时我们还可以看出它和后现代文化理论的并行之处
（参见Winter 1992b）。该电影的导演剪辑版甚至给出了开放
式结局。它的电影语言影响了后续的很多电影和视频。

其他的经典电影，比如《公民凯恩》（1940）或《游戏
规则》（1939）也具有相当的审美复杂性，拥有各种不同的
解读方式（参见Wollen 1993：26ff.）。从一般意义而言，《公
民凯恩》是一部现实主义电影，但安德烈·巴赞（1980：
101ff.）认为，如果在剪辑的时候，不去刻意操纵，不去刻意
表现深度，那么这部电影对观众而言会有很多解读空间。让-
保罗·萨特则认为这部电影充满了灾难和悲剧，因为它一直用

闪回的手法表达，这样，角色对现实选择的自由就被剥夺了。

弗朗索瓦·特吕弗是巴赞的学生，他在解读这部电影的艺术性时强调了另一个方面：它的技巧和建构。另一位同样成为知名导演的学生埃里克·侯麦则对它的戏剧复杂性赞叹不已，认为它是好莱坞史无前例之作。作为影评家的博尔赫斯则在《公民凯恩》中看到了一个没有中心的迷宫、一个戴着面具的身份游戏、一个充满矛盾的侦探故事。

我们还可以继续列举各种各样的解读，关键在于一部电影要想成为经典之作，必须受到知识界的认可，即它具备不同的文化相关性，可以在不同的时代被不同地解读和接收（参见 Wollen 1993：28）。[1]

费斯克也认为，多义性和受欢迎度彼此相关（参见 Fiske 1986）。他指出，多义性发生在观众和文本进行符号互动的时候，这不是媒体传播的例外，而是一种常态。他对电视如此评论：

> 电视的开放性、文本的矛盾和不稳定性，使它能够与许多不同群组的口头文化以各种不同的方式进行组合，因此，即使电视不以民俗的形式进行传播，但是至少对一些观众而言，它可以实现民俗的功能。它在普罗大众中广受欢迎，因为它可以用简单且多样的方式嵌入各种亚文化之中：受欢迎度、观众活动、多义性彼此承接、互相关联。（Fiske 1987：107）

观众如何解读一个文本，取决于他所处的社会情境、何

144

1　此外，其他因素也起到了作用，比如电影如何被存档，如何被观看等。

物对他更重要。费斯克引用莫利（1986）所做的一个民族志研究指出，对于媒体传播的研究，相关性研究远远重要于偏好研究。这个理念影响了霍尔的"编码—解码模型"和莫利的早期研究。并非文本本身对观众施加了权力，而是观众对文本施加了权力。因此，费斯克提出要发展符号民族志：

> 令我激动的是发展符号民族志这一信号，它将帮助我们理解符号的具体的、文本性的时刻，它是普遍文化进程的特殊性所在。在这些时刻，没有文本、没有观众，只有制造、传播意义和愉悦的情境。（Fiske 1988：250）

5.3.10　结　语

在英国文化研究的框架内，媒体研究的发展导致了研究的重点从文本和潜在的解读方式转移到接收的背景，因为只有文本和观众在背景当中进行互动才能为文本赋予意义。这一发展也和我们上一章所提到的符号人类学一致。人们对格尔茨的批评也集中于他过于关注文本，而忽略了背景。接下来，我们将从不同的接收理论出发，再次论证文化分析中背景研究的重要性。我们将再次拾起对符号民族志的呼唤，并使其更加精确。

145

5.4　媒体接受的日常背景

5.4.1　导　言

上一章讨论了英国文化研究对实证性的媒体研究的贡献，媒体文本并非独立的存在，它依附于具有各种不同结构的社会背景之中，这些背景也共同决定了人们对它的接收。是观众在接收过程中创造了文本，因此在这之前，文本的意义总是不确定的。

我们再次回顾符号人类学的文化概念，可以清晰地看到它是如何精确表述解读式的媒体研究，它要求综合考虑符号形式出现的社会情境和社会进程。约翰·B. 汤普森[1]尝试结合这些因素来定义文化和媒体分析：

> [……]对符号形式的研究,即对充满意义的行为、物和不同形式的表达的研究，必须在特定历史及特定社会结构背景和进程的相关性中进行，因为这些符号形式是在这个背景中被生产、传递和接收的。（Thompson 1990：136）

符号形式的意义建构需要从"当地人的角度"来分析。这种实证研究的角度使一种基于经验的、在实践中结合参与者的理论成为可能（Knorr-Cetina 1988：28）。

我们的目标是发展一种民族志式的媒体接受，因此我们

1　奇怪的是，汤普森在构建概念的时候丝毫没有引用英国文化研究，只在书本的结束章节才在某些地方提到它。

需要尝试进一步确立它的一般特征。我们首先从现象学传统出
发研究日常经验的多态性；接着，我们以此为背景，讨论文化的商品化问题。我们的文化概念允许我们指出这些理论的"盲点"。人们对文化产品的接收始终从与特定的社会背景相关的视角出发，同文化消费者各自的生活背景密不可分。在这个过程中，审美进程和创造进程也扮演了重要的角色。保罗·威利斯和德·塞托尤其看重实证研究，试图把握这种异质的、不同的日常实践，并发展出一种接收理论。通过民族志的方式，我们可以最好地重现这种实践。最后，我们将指出该理论的优势和困境。

5.4.2　日常经验的异质性

媒体接受的文化维度研究尝试更细致地关注它在日常生活中的表现。媒体理论和技术理论认为，日常生活已经完全被殖民化了，我们也同意文化工业的权力不可小觑。但是，我们还是先来仔细分析一下这一"殖民化的怀疑"。[1]米克斯（1992：540）指出，媒体和日常生活一样充满了矛盾。它充满了各种互相矛盾的元素，而各自行动的主体也可能在接收的时候直接反抗媒体的影响。

技术和媒体永远面对的是思考着、行动着的人类，他们"每天都在建构新的生活"（Marx 1846/1978：29），即使他们无法完全自行选择环境。这也意味着与日常生活相连的文化

---

[1] 对这一观点也可以提出同样的批评，参见鲍德里亚对福柯权力理论的绝对性所展开的批评。"现在，如果权力可以无限地侵入社会领域中，那么它早就不会遭到任何反抗了。相反，如果它真的是单方面的屈服[……]，那么它早就被推翻了"（Baudrillard 1978c：51）。

视角："日常生活意味着一种分析式的建构方式，它指引社会学家从单个社会成员的社会问题、意义和行为方式出发加以建构"（Hörning 1988：53）。也就是说，我们需要正视那些日常生活中行动者的视角，探明他们日常与媒体接触的流程。[1]这样，技术和媒体的成千上万种接收方式和归化方式就自然而然成为关注的焦点（Hörning 1988；Böhm/Wehner 1990；Eckert et al. 1991b；Eckert 1992；Rammert 1993）。

迄今为止，现象学传统一直把日常生活作为研究对象，现象社会学理论[2]如此定义日常生活：

> 行动者互为导向，指向未来，即使和对方不在一处也互相关联，在历史和生物地理范畴给定的社会里寻找方向，定义自己的情境；他们的日常经验具体、生动、无所不包。（Grathoff 1989：93）

胡塞尔认为，现象学描述的经验可以通过先验还原来实现，并且具有广泛的特征。基于现象学和以此为基础的文本语义学（参见Hirsch 1967）来观察文本解读，将此作为一种现象学还原，揭示出文本的精华，它不受历史变迁的影响，或多或少具有稳定的特质。而接收研究则是以媒体文本为导向，对日常生活的解读做出语义学上的理解，从文本角度出发，不同的解读势必出现。

这一理论建基于一个假设之上，即解读是文本和读者之

1　这一观点可以被追溯到马克斯·韦伯，并在格尔茨、赫尔宁的理论和以下被提及的其他现象社会学理论中扮演着重要角色。即使英国文化研究也受到了韦伯的影响（参见Carey 1989）。

2　定义根据作者的现象学方向而变化（参见Waldenfels 1985；Grathoff 1989）。暂时的定义已经可以实现我们的目的。

148 间的一种透明关系。文本是完全抽象、意义独一、没有承载物的，而读者也是完全抽象的，他们从历史或社会角度出发对文本采用了相同的接收方式（Chartier 1989：17）。

通过这种方式，该理论一方面认定，充满矛盾的开放性文本所具有的多种解读可能性永远符合文本事先就具有的主旨；另一方面又完全忽视了文本在日常生活中会被完全挪作他用的可能，与文本本身的结构相比，它的意义必然与特定背景下的接收实践更加紧密。

现象学取向的研究者试图揭示出日常意义形成的过程极具多样性和异质性。因此，人们放弃了胡塞尔理论中反历史的观点，即意义建构的过程基于同一个先验的生活背景。瓦尔登费尔斯（1985：27）提出了一个由网络和链条组成的特殊世界，它不再存在于一个普遍的跨历史的生活背景之上。他自然而然地引用阿尔弗雷德·舒茨的观点，以现实主体性来取代胡塞尔的先验主义。

舒茨在对社会日常进行建构分析时，放弃了先验的理论基础，专注于对生活背景的本体论研究。他将日常生活理解为"至高的现实"（paramount reality），将它和科学、艺术、宗教、梦境等创造的"多元的现实"区分开来（Schütz 1971：237ff. u. 392ff.）。他以此打开了一个新的研究角度，将日常生活中各式各样特殊世界的类型和相关性结构作为研究对象。这在后来的知识社会学中，被称为"小型社会形态"（Berger/Luckmann 1969）或者"小型社会生活背景"（B. Luckmann 1970；Hitzler 1988；Hitzler/Honer 1991；Honer 1993a）。在互动社会理论中，"社会世界"这一概念被提出（Strauss 1978；

Becker 1982），[1]研究者以阿伦·古尔维奇（1974）的理论为依托，开展了针对社会环境的实证分析（Grathof 1989）。

这些方法的一个共同特点，是告别了胡塞尔式的生活世界（参见Waldenfels 1980），创建和研究了一个日常生活中更具多义性、创造性和开放性的意义建构的流程。人们对这一过程的评价在两个极端之间摇摆，一方面，有人认为"派拉蒙式的现实"只能通过短暂的"突破尝试"来逃离（Cohen/Tayler 1977），而这又以矛盾的方式使日常生活的主导性真相更加稳固；另一方面，这又是对"无穷无尽的现实宝藏"的强调（Kiwitz 1986：94）。

通过对日常经验领域的复原，社会现象学传统使人们对文化分化进程的探索成为可能，而这在宏观社会学中往往是缺失的。大众媒体在这个领域受到的关注还很少，[2]尽管它打开了主体的日常解读这一新视角。我们的提问应该关注，媒体文本可以给"读者"提供哪些意义，而不是一味地在文本本身中寻找答案。

5.4.3 从消费者视角看商品和文化的关系

首先，电影、电视节目、音乐视频等由文化工业所生产的商品，应该在经济亚系统中流通，从而创造利润。在西方社

---

1 我们的研究提出了不同社会圈子各自的特征（Eckert/Winter 1989；Eckert et al. 1991a，1991b）。

2 雷绍舍尔等人（Leithäuser et al. 1981）的研究成了例外，他们吸收了文化工业理论中的现象学元素，但是与阿多诺和霍克海默一样在理论的瓶颈当中徘徊。阿什德（Altheide 1985）的研究以现象学和互动论为导向。巴赫迈尔（1990）尝试建立研究方法论，以理解日常生活的复杂性和嵌入日常生活中的媒体行为。

会，这类商品充斥了整个市场，导致了人们的业余时间的商业
化。"文化工业"理论家和"后现代文化"理论家认为，这些
"标准化的图像流"带来了更多的负面效应，市场和文化是互
相排斥的。[1]这种假设认为，为市场生产的媒体文本大多数都
是趋同的，是同一个意识形态的表达。

但是，这些理论家忽视了文化产品对消费者而言首先是
符号，具有文化价值，这种价值无法完全由文化工业主导。根
据布迪厄（1982）和费斯克的理论，我们可以用比喻的方式来
描述媒体文本如何通过它的符号维度在文化经济中流转。下面
我们将分析两种电视经济（Fiske 1989a：26）。

表1　电视经济

| | 财政经济 | | 文化经济 |
	I	II	
生产者	生产工作室	节目	观众
	│	│	│
商品	节目	观众	意义/愉悦
	│	│	│
消费者	传播者	广告人	自身

电视商品被生产出来，然后被出售给电视台（传播领
域）。这样，电视商品就不再是"商品"，而是本身就成为一
个"生产者"，这个生产者生产了新的商品，即观众，并把
观众这个"商品"出售给广告人。[2]在接收过程中，媒体文本

1　埃克特（1983，1992）持相反意见。

2　费斯克以侦探连续剧《山街蓝调》为例子："MTM制作了连续剧，然后卖给NBC
　　播出，NBC将自己的观众（社会经济地位高于一般观众的男性/女性）出售给梅赛
　　德斯奔驰公司，而这家公司又赞助了这部电视剧。这部剧的评价还不错，但是没有
　　很突出。MTM可以，如果他们想的话，改变电视剧的形式和内容，以增加观众的
　　数量。但是，这样的增加会带来社会经济地位较低的群体，而这不是奔驰公司想要
　　的客户群。所以节目一直没有被更改[……]"（Fiske 1987：312）。

离开了财政经济领域，进入了文化经济领域。"但是，在文化经济中，观众拒绝接受自己作为商品的角色，而是成为生产者。他们制造意义和愉悦，此刻，他们不再是'观众'，而是成为'观看电视'这一过程中各种各样的具体化所在"（Fiske 1989b：59）。英国文化研究学派认为，文化经济中流转的是"意义和愉悦"，它并不是被包含在集装箱式的文本当中，而是如费斯克所言（1987：313），从文本中被激活。[1]

文化产品与其他商品有着明显区别，但是它们也具备"对使用价值的承诺"（Haug 1971）。比如，电影公司在制作电影时会努力为每一部电影创造一个特有的"形象"。"电影的思想被广泛地流转和宣传，这种思想可以被称作电影的叙事性形象，它是电影工业对'这部电影像什么'这一问题的预期答案"（Ellis 1982：30）。叙事性形象的重要组成部分包括，电影中饰演角色的明星们和电影类型的特征，它们会在纸媒广告、海报、预告片、电视广告中被突显出来。电影杂志、报纸的副刊和电视节目中的影评及相关文章也很重要，这些公众话语共同构成了电影的互文式序幕（Lukow/Ricci 1984）。它们定义了电影被分类、评价的框架，唤醒了观众的特定期待。叙事性形象是一个复杂的现象："叙事性形象由一个复杂网络构成，这个网络包含大量对其他电影和文化形象的引用（因此有着大量的重复），以及一系列的谜题和疑问，它们的答案也许能够在电影中被找到"（Ellis 1982：31）。

1　罗杰·夏蒂埃对文学文本持有类似观点："文本并不是像待在容器里一样，安静地待在手写的或印刷的物品之中，也不会像软蜡一样被轻易地写入读者的闹钟"（Chartier 1989：17）。

因此，电影的形象也可以被理解为使观众对其使用价值产生期待，并让他们通过购买影片及其观影经历来兑现。尽管观众往往会感到失望，因为电影没能兑现预先的承诺，但是他们可能在其他地方获得了使用价值。因为具有符号维度的媒体文本本身，并没有被清晰定义的使用价值，它拥有各种潜在的使用方式。

每一个文化产品的消费者，都可能从认知和情感上成为文化生产的一部分。[1]泽夫纳（Soeffner 1988：9）写道：

> 系列化生产所带来的雷同产品并不会必然在观众那里演变成系列化的接收和消费，通过与情感能力和记忆能力相关的接收行为与标记行为，大众产品会经过每一个个体的关口，并被主观地接收。

消费者在各自的生活背景中解读媒体文本的符号维度。[2]夏蒂埃以文学文本阅读为例很形象地解释了这一过程：

> 为了将文本理解为具体的事件，我们可以想象，在意义形成的每一个过程中，有两方具体参与其中：读者，带有特定的角度、各自的性情和不同的能力，通过以往的阅读实践形成了自己的个性；文本，比如印刷文本，它的意义取决于其话语和形式的版式顺序。

1　保罗·威利斯认为，"关键在于，我们必须认识到，对文化物的消费有着自己的生产过程（符号工作、创造性和基本审美），这种方式不适用于其他物。一首流行乐曲不是钢锭"（Willis et al. 1991：162）。

2　舒尔兹受英国文化研究的影响，他（Schulze 1992：120）写道："标准化的原始材料通过改变、细化、加工和主观解读，在审美消费的终端阶段变得前所未有、无法重复。"

（Chartier 1989：17f. ）

不仅能力会影响接收过程，不同的规则、符码和习俗也有着巨大的影响，这些都是日常生活中潜移默化的知识。吉登斯（1988）将此称为"实践意识"，它不属于个体，而属于社会，但可能被划分为不同的亚文化。"行动者拥有对社会关联的知识（相信），包括对自身行动的知识，但这无法从话语层面被表达出来"（Giddens 1988：431）。吉登斯将实践意识摆在话语意识和潜意识之间，话语意识是指那些可以被表达出来的对社会关联的知识。实践意识和话语意识之间并没有什么不可逾越的鸿沟，也没有什么排除机制以维持它们的界限，它们的区别仅仅在于，是用语言来表达还是只能通过行动来体现。对媒体的使用已经嵌入我们的日常生活当中，它已经变得如此自然而然，接收者很难再把它单独拿来研究。然而，接收者一直很活跃，对媒体的接收既发生在话语意识层面，也发生在实践意识层面。[1]

因此，媒体接受的过程并不是一个被媒体产品同化的过程，它始终是一个积极和富有创造性的解读和评价的过程（参见Bisky/Wiedemann 1985：64ff.），在这个过程中，媒体文本的意义才会被建构出来，它所提供的愉悦才能够形成。"个体并非被动吸收符号形式，而是积极创造它的意义，因此意义生产即接收的过程"（Thompson 1990：153）。

153

1　吉登斯既反对马克思主义中经济基础—上层建筑这一模型的简化论，也反对以符号学方式将社会结构溶解于语言和意义之中。詹姆斯认为，吉登斯的理论充满了这种意图："主体精英理论去中心化，这些理论将在日常惯例中生活的人们简化成不计后果、无法领悟的街道居民"（James 1987：102）。

上一章关于霍尔和莫利早期研究的讨论已经显示出，他们关注主导解读方式的建构，认为日常的媒体接受以主导解读方式为导向。实际发生的解读与主导解读方式所期望的有所不同，这取决于社会背景因素，我们可以将其看作误读（misreading）。如此说来，研究者和评论界已经给一些解读戴上了"合法"的帽子，而另一些解读则被戴上了"不合法"的帽子，它们各有自己的解读策略。但是在现实中，媒体接受的过程是媒体文本使用和解读的混合。[1]对研究而言，我们将解读方式分为三六九等，似乎不妥。[2]对解读的归类，应该基于文化实践，因为文化实践才赋予了产品以意义。从文本语义学理解的角度出发，对文本本性的解读处于关键位置，但是我们应该更多地从文本实际[3]理解的角度出发。这一视角无论对接收实践的历史研究还是对社会研究而言都很重要，夏蒂埃如此描述：

> 它放下了旧思维，即认为文本和作品有着内在、绝对、唯一的意义，必须把它找出来；转而关注另外一种实践，即通过各种各样甚至互相矛盾的方式赋予这个世

---

1 解读和使用之间的区分主要归功于艾柯。"批评地解读一个文本，意味着带着目的去阅读，通过自己对它的反应发现文本的天性。使用一个文本，则是一种模拟，它的目的在于他处，并且接受从语义学角度被误读的风险"（Eco 1987：43）。艾柯强调，使用和解读之间并没有非常清晰的分界线。两者都是一种理论可能性，在实证研究中互有重叠。

2 反思的层次有不同的级别，比如伊泽尔（1976）在接受美学中所提到的级别并不适用于我们的社会学分析。

3 我们指的是实用主义的文本概念，可以被追溯到杜威、米德和皮尔斯的研究传统中，我们可以将它从符号学文本概念中清晰地区分开来（参见杰弗瑞·斯道特关于解读的实用主义理解的文章：Stout 1982）。理查德·罗蒂（1992：102ff.）写道："认为一个评论家发现了文本的真实内涵这个想法[……]对我们的实用主义者而言就像是天方夜谭。必须要分解这些符码，才能发现究竟发生了什么。"

界以意义。（Chartier 1989：19）

这与英国文化研究中费斯克的研究方向非常一致，也与符号互动论的观点一致。诺曼·邓津[1]在他的《阐释性互动论》（Denzin 1989：144）一书中总结道："任何印刷的、视觉的、口头的、听觉的阐释，都可以被用来阅读、观看或聆听；读者在阅读的时候创造了一个文本；文本的意义永远没有定论。"[2]这一观察角度的出发点是日常理解过程的逻辑。汉恩关于人际间互相理解的理论，也适用于对文本的理解。

> 类似地，追求理解之人也受限于一些选项。他永远也无法指望自己的意识能够客观且及时地和其他人的意识同时发生[……]因此，要理解某人，我们不可能指望完全理解他，而是要形成对他的印象，或者换个词说，形成对他的描述。（Hahn 1989b：349）

威利斯（1991）和德·塞托（1980）通过实证研究和理论发展，尝试将这一理论方向运用到实践中去。他们不寻找媒体文本的某个内在意义，而是强调在不同的接收形式之下，必然存在着大量互相竞争、互相矛盾的解读。

5.4.4 媒体接受的生产性

5.4.4.1 日常生活的基础审美

威利斯和他的同事（1991）在针对年轻人文化活动的研

1　布鲁默（Blumer 1973）已经提出了这一文本概念。

2　在极端建构主义导向的媒体理论和文学理论中可以找到类似的方向（参见Schmidt 1994；Scheffer 1992）。

究中，将注意力投向媒体接受的创造性上，这种创造性源自日常生活中符号的丰富多彩。他们的工作与英国文化研究学派中对青年的研究以及当今的民众文化相关联。

通过对青年文化的"深入描述"，他们展示了意义及对文化产品的使用方式并非一成不变，不同的社会背景会带来不同的解读和接收。它们不能决定消费，而是身份建构系统中的符号资源，一种文化生产力和创造力的"催化剂"。因此，保罗·威利斯提出了符号工作这一说法：

> 这关系到如何将人类的能力运用到符号资源和原材料上（符号和标志的集合，比如伴随我们长大的语言，再比如文本、歌曲、电影、图像和所有的物品），以创造意义。（Willis et al. 1991：22）

因此，符号工作和创造性调节着人们对媒体的占有，也就调节着人们对媒体的使用、它的意义和效果。威利斯和他的同事认为，符号工作的重要性不亚于编码到文本内的意义，意义甚至可以完全被曲解。电影、歌曲、服饰……所有类型的文化物品，都被年轻人用来建构自己的个体身份。业余时间被用来展示他们的能力。这种潜在的创造性存在于他们与日常文化物品的接触当中，因此，威利斯拒绝了接收的艺术只存在于高雅文化之中这一学院式的假设，反对那些忽略了民众文化和大众文化中存在生产性和创造力的观点。他赞成扩展符号创造力的概念，认为它应该包含日常生活的基础审美[1]，这种审美并

---

1 超现实主义者已经提议要限制艺术和日常生活，以及发掘非艺术人士的创新能力。安德烈·布勒东的诗歌受此影响："读者获得原始材料和思维萌芽，然后自己把它们加工成文学作品"（Lenk 1971：46）。这也超出了接受的框架。

不永恒地存在于产品之中，而是来源于接收的方式。它总是取决于背景、空间和时间：

> 符号和实践通过意义联系起来，符号和实践被选取出来、化作场景和重新组合，以创造特殊的意义，在这一过程中，存在的创造性元素也就是基础审美。（Willis et al. 1991：38）

威利斯和他的同事用很多事实证据成功地说明了在当今社会，尽管仍存在社会压迫，但是支配自己的业余时间、创造自己的身份等可能性也明显增加了。"后资本主义"所带来的文化产品的满溢，催化了青年的符号工作。因此，媒体研究必须考虑各有不同、不断变化的解码和再编码进程，在这些进程中，实践的创造力和日常生活的文化得以展示出来。威利斯写道："研究文化发展和文化政治发展的人，应该关注的对象是观众，而不是电影"（Willis et al. 1991：68）。

在威利斯之前，德·塞托在《日常生活实践：1. 实践的艺术》（1980）中，基于有关消费者的行为[1]和异质性的实证研究，设计了接收理论，并将"日常实践的喃喃细语"作为当今社会的主要课题。德·塞托认为，我们本身就在日常生活中实践着，在研究他人时，我们应该把他人当作其生活的原住民。

5.4.4.2　行动的艺术

德·塞托在他的书中专注于"普通人"，即"社会的无名英雄"。他的目的是揭示出迄今为止消费者"不可见的生

1　参见Giard/De Certeau（1983）。

活"。他的理论并非关注个体，[1]而是效仿福柯和布迪厄关注社会实践。日常生活实践和消费者的行为[2]往往隐藏至深，但是它们带来了一个属于自身的文化，即当今先进工业社会中的民众文化[3]。德·塞托认为，民众实践源自前现代社会的民间文化，这些文化长期在工业社会中没有受到应有的重视，但在当今社会其重要性越来越让人无法忽略。

和鲍德里亚一样，他提到，文化工业系统的产品和文化产品的编码系统为消费者划定了一个行动的场域。这并不代表消费者失去了所有的独立性，关于文化产品的符号维度的分析，比如针对电视节目的分析，往往不会涉及消费者的使用，我们应该重点研究观众在消费电视图像之时（以及之后）"生产"了什么："要探查的'生产'是一种生产、一种诗意的生产——但它是隐藏着的，因为它在被'生产'系统（电视化、城市化、商业化等）所定义和占据的区域内传播"（de Certeau 1990：xxxvii）。

消费者无法控制文化产品的生产过程，也无法改变经济系统，但是他们可以发掘并给定一种与产品的不同相处方式，以区别于主导的经济秩序和文化工业的期望。

---

1 德·塞托在他的研究中拒绝个人主义的假设。"一方面，相关的分析表明，关系（总是社会性的）决定了它的条件，而不是相反，每一个个体性都是其关系所决定的不连贯的（且往往是矛盾的）多样性展开的地方"（De Certeau 1990：xxxv/xxxvi）。

2 赫伯迪格（1988）认为，年轻人的实践之所以如此难以被领会，是因为它们隐在亮光之中。即使由于公众话语，年轻人不得不受到控制，但他们始终尝试创建自己的世界，比如涂鸦或嘻哈的世界。他们在被监视和摆脱监视之间建立了自己的空间。

3 德·塞托并不认为民众文化等同于文化工业或大众文化，霍克海默和阿多诺的追随者则持这一观点（参见Lövenich 1992；Müller-Doohm 1990）。列奥·洛文塔尔（Leo Löwenthal）在他的作品中将民众文化看作普通文化，与被封圣的高雅文化区分开来（参见Kausch 1988：118）。

福柯（1976）指出，监视密密麻麻、无处不在，就像是"权力的微观物理学"，控制和组织着当今社会。德·塞托认为，福柯夸大了权力的效果，并提出了以下问题：

> 哪些广为流传的程序（也是"微不足道的"和日常的程序）玩弄了规训机制？这些程序遵从它们，只是为了要翻转它们；最后，在消费者（或"被支配者"？）一边，哪些"行事方式"构成了那些组织起社会政治秩序的无声进程的对立面？（de Certeau 1990：xl）

德·塞托想要展示的是，常常被隐藏起来的"陷入监视网之中的群体或个人那分散的、具有战术性的、拼合出来的创造力"（de Certeau 1990：xl），他关注针对"权力的微观物理学"之局部的反抗形式[1]，将消费从旧有的权力形式中解放出来，分散到日常生活之中，间接又若隐若现，但是无处不在。

通过各种防御和进攻的实践以及计谋，观众重新获得了被规训组织起来的空间。他们将产品变形、转换、曲解，以此创造出产品生产者本身并未预料到的意义。[2]德·塞托认为，日常生活就是这样一个游击战的舞台，它将主导的社会文化产品的形式和内容，或组合或利用，以便吸收进来变为己用。[3]比如，这种来自工作领域的做法——"在工作时间做私事"

159

---

1 福柯（1976）认为，反抗是权力的一个功能元素。比如，生命权力在社会领域中通过各个反抗点传播开来（Foucault 1977），但是反抗的类型在他的分析中没有被充分定义（参见Dreyfus/Rainbow 1987：239）。

2 卢曼（1981：25ff.）将传播的不可能性分析得非常准确，这正好成为观众偏离式解码的前提。对传播者意图的不理解正好导致了属于自己的寄生式的意义生产。

3 这些意义并非必须要像霍尔和费斯克所认为的那样是对立的。此外，对文化物的选择和使用也与其他社会因素相关。

（faire de la perruque）[1]：

> 这种现象在各地普遍存在，即使管理者对其进行
> 了惩罚或"视而不见"。这些人被指责为偷窃，为自己
> 的利益而拿取公司的生产资料，为自己的利益而使用机
> 器，"在工作时间做私事"的工人抽出时间[……]，以便
> 从事自由的、创造性的，恰恰是无利可图的工作。（de
> Certeau 1990：45）

工作者用自己的能力创造产品，实现自我愉悦，但是这对企业而言可能无法使用。在这种"为自己而工作"的情形中，德·塞托看到了"在既定秩序领域中的'进攻'"（de Certeau 1990：45）。

一种最常见的、有趣的、可以实现自己目的的接收方式，是英国文化研究学派在青年研究中所提到的"拼合"。德·塞托描述了各式各样、或多或少高明的手段，运用这些手段，产品被组合、利用、曲解。他仿佛看到他们在城市中前行，走出了完全不同的路径；就像在解读时，横行于陌生的文本。"解读"不是简单的识别，而是在口头经验和文化记忆的背景之中去理解（参见Silverstone 1989）。日常生活的微观叙事、谣言、八卦，以及个人幻想，这些都在解读过程中发挥着各自的作用。

我们不能把这些接收实践理解为反抗的策略，因为消费者主要还是在文化工业给定的空间里活动，从战争科学[2]的角

1　这一表述来自法语中的行话。

2　德·塞托将计谋和策略区分开来："相反，我把'计谋'称为一种计算，它不能依靠自己，因此也不能依靠一个边界来区分其他可见的总体。该计谋只适用于别处"（De Certeau 1990：xlvi）。

度而言，我们最多可以将其称作计谋，因为它们依赖于系统提供的资源和方法，然后将这些"原材料"变为己用，释放自己的想象力和行动力。马克·波斯特（Poster 1992：103）得出结论：

> 德·塞托用计谋的类别，从大众社会理论中提炼出消费，将它重置于反抗的位置。消费不再是文化工业的受害者，或者对大众社会的不理智的遵从，而是一种异质性游戏，是对平顺运行的系统的干扰性介入。

在一个被占领、被限制自由和机会的领域当中，利用时间和机遇所展开的计谋，是"弱者的艺术"。商品生产和其他生产有所不同：

> [……]它被描述为"消费"，其特点是狡黠、机动、越轨、鬼祟、不厌其烦的喃喃自语。总之，它是一种准不可见性，因为它几乎不以自己的产品为标志[……]，而是使用一种强加于其产品的艺术为标志。（de Certeau 1990：53）

这些活动、语言行为或姿态往往很短暂，因为民众的创造力和想象力要融于实践之中，这取决于个体与图像打交道的能力，这种能力需要每个个体在社会化的过程中获得。沙白央（Sabean 1993：50）总结道："德·塞托强调了现存的残酷现实，人们不得不低头的权力关系。人们要消费什么，从中会获取哪些意义，都与这些状态息息相关。"

虽然人们对文化产品的消费不是自主行为，但至少是积极的生产。我们需要研究媒体文本在不同的生活情境这一大背景下究竟如何通过各种异质的实践而被接受。尤其有意思的是，媒体文本在其给定的已编码的使用之外，还有哪些应用？个体是如何用媒体给出的语言词汇和句法来组织"新句"的？他们如何用文化产品给出的"语言"生产出个性化的、与亚文化相关的"言语"？[1]在这个过程中，口语化作为社会书面文字系统的对立面，扮演着重要的角色。

161　　　民众文化是建基于人们对媒体原材料进行再利用、再讲述和再传播之上的。夏蒂埃受德·塞托理论的影响，开展了关于民众文化的历史性实证研究。他的目标是阐明解读的社会历史，包括它的决定因素（社会、机构、文化），也包括它通过解读而表现出来的、在特定实践中的根基（Chartier 1989：18）。以"特鲁瓦的蓝色图书馆"为例，他确定了我们无法将特定的文化物品完全归于特定的社会群体（Chartier 1987a，1987b）。长期以来，人们认为"蓝皮书"是民间文本，受到广大阶层的欢迎，但是夏蒂埃的分析显示，蓝皮书包含了来自多个文化传统的文本（学者、教士、日常生活），即使是受过良好教育的阶层，也喜欢收集这些文本，还读得津津有味。[2]他将不同的接受形式区分开来，因为它们导致了不同的解读。何谓"民间"是不能从某个文化物品本身去解读的，它更多的是人们对文化物品的一种使用形式。在历史进程中，文

1　和其他结构主义者一样，德·塞托也认为对社会的研究离不开对语言的分析。

2　金茨伯格（Ginzburg 1979）以意大利弗瑞乌利地区的磨坊主多米尼科·斯坎德拉（Domenico Scandella），外号梅诺乔（Menocchio）为例，1600年左右，他被宗教法庭审判。这个例子告诉我们，民间的读者会以创造性的方式接受官方文本，并将它变成自己世界观的一部分。梅诺乔谈到了这一结果，即他自己的宇宙观是"我在脑子中编造出来的观点"。

化物品的意义随之被改变、迁移，并被再解读，以适应不同社会群体流行的兴趣。[1]

对于今日的工业社会，费斯克拾起了德·塞托的理论，并进一步发展。在很多分析之中（参见Fiske 1989a，1989b），他指出了民众文化的生命力和生产力，绝不是强行产出的商业产品，而是观众自发地通过互动的创造性过程生产出来的。观众们在接受媒体文本的过程中，以自己的社会经验为蓝本，生产出能够与他们的日常经验相联系的意义。"每一天，生活都由各式各样的民众文化实践组成，剥夺权力的系统提供了资源，民众文化在剩下的微小空间中利用这些资源，并拒绝将成果交予权力"（Fiske 1989a：47）。因此，日常文化的最佳表现方式被比喻为斗争、反抗和对立。"这些对抗、社会利益的冲突[……]主要是由愉悦导致的：生产属于自己的社会经验意义所带来的愉悦，以及躲避权力集团设置的社会规训而产生的愉悦"（Fiske 1989a：47）。这一概念将民众文化作为反抗的发生地，[2]费斯克引用福柯关于愉悦和权力紧密相连的观点，[3]并将它运用到工业社会产品的消费上。

总而言之，我们可以确定在当今工业社会，日常实践

162

---

1 莱文（Levine 1988）在美国研究人们对莎士比亚戏剧的接受时得出了类似的结论。19世纪早期，莎士比亚还是民众共同文化的一部分，但到了末期则成了高雅文化，对大众而言变得难以接近。同时，去剧院观看戏剧也在"上流社会"小心翼翼的主导下，变得越来越受控，观众必须要遵守纪律。

2 此处参见Müller（1993）。

3 福柯（1977：61）对19世纪的话语所导致的对性的规训如此写道："欲望和权力。想要行使权力的欲望，喋喋不休的诘问、监督、跟踪、窥探、触碰、暴露；另一方面则充满了摆脱这种权力的欲望，逃避、欺骗或者不屑一顾。权力跟随欲望，让自己臣服于欲望；与此相对的权力，想在欲望中肯定自己、展示自己，想要制造丑闻或者反抗。"

由文化工业的供给所决定，并通过其对生活情形的各种强制
（收入、教育、性别等）画地为牢，尽管如此，个体还是积极
地从文化产品市场上选择、接受媒体，创造出一个属于自己
的文化归属——民众文化，自然而然，民众文化由许多亚文
化构成。

5.4.5 媒体接受研究中的民族志应用

民众文化实践的实证应用很难通过实验、内容分析或
者问卷调查来实现，民族志方法则更加适用。因为统计学技
巧会将接受行为拆分成无数单一的元素，并将它们与赋予意
义的背景隔离开来。与此相反，民族志方法可以研究不同结
构的接受背景，可以从观众角度出发对日常媒体展开描述或
解读性分析。"我们需要研究背景——特殊传播技术获得特
殊意义和不同用途的特定方式"（Morley/Silverstone 1991：
149）。电视或者其他媒体如何被使用，始终是一个民族志问
题。这一过程包含大量镶嵌于日常生活各式各样情境中的实
践和经验，观看的行为通过对话和其他活动得以补充，为所
见描绘上主观的色彩。

因此，和格尔茨一样，我们认为对媒体接受的密集描
述，需要符合它的复杂性和特殊性，才会有意义。民族志总
是基于研究对象的现实经验，因为它的基础是"真实生活
的非正式逻辑"（Geertz 1973：17）。哈默斯利和阿特金森
（Hammersley/Atkinson 1983：2）如此描述：

无论公开还是暗中，民族志学者长期参与人们的生

163

活，观察他们发生了什么，聆听他们讲述了什么，提出问题，收集各种资料，将揭示之光投射到他们研究的事物上。

使用不同的资料收集方法增加了研究结果的生态效度，同时也减少了研究结果的人为性。通过不同的研究技巧和三角检验法，以确保来源不同的资料彼此紧密联系。

　　　资料源的三角检验法会比较与同一现象相关的其他资料，这些资料来源于田野调查的不同阶段，发生在设定环境中时间周期内的不同时点，或者设定环境中的不同参与者（包括民族志学者本人）的叙述，正如在参与者检验中一样。（Hammersley/Atkinson 1983：198）

因此，我们要研究各种文化背景中的接受实践，可以采用参与式观察法、自我分析法和访谈法。除此之外，我们对相关媒体文本的分析还可以作为对上述方法的补充。得益于这些层次丰富的研究技巧，我们才能获得多种多样的资料，并对它们进行系统性比较，这是民族志方法的极大优势（参见 164 Morley/Silverstone 1991：157）。

具体的操作方式则需要民族志学者将研究的群组和设定首先看作是"非民族志的"，只有这样，学者才能意识到自身的文化背景假设，根据吉登斯的学说，这些假设潜藏于实践意识中。作为接受实践的积极参与者，他本身就是最好的研究对象。[1]

1　德弗鲁克斯（Devereux 1980）提议，将研究者的反应以及他们对研究进程无意识的影响也纳入研究的范围。米歇尔·雷里斯在很多作品中将陌生的异域风情以陌生的"我的体验"这一分析方式进行描述（参见Leiris 1980）。

通过在研究场域逗留，他将学习当地文化的规则，并且根据直接和间接的规则去解读实践和事件。其目的是对特定文化背景和规则下媒体接受的经验及其建构方式进行详细描述（参见Hammersley/Atkinson 1983：18）。背景化的理解不仅是一个概念，如格尔茨的分析所示，它还包含对信息提供者所说所做的解读。

对那些日常生活中的行动者而言，他们很难把自己的经验、知识、实践意识详细表达出来。甚至有时，他们不想把具体经验变成抽象的话语。[1]因此，迄今为止，很难有一个连接实践与话语的民族志研究（参见Bourdieu 1987）。费斯克认为：

> 很难为此找到一个最终答案，的确，可能根本就没有这样的答案，但是一个不完全的解决方案可能涉及话语的灵活性和社会的灵活性，要发展出尽可能从内部去经验其他人的生活方式的能力，这些生活方式必须从外部加以理论化。（Fiske 1992b：159）

民族志研究既描述社会关系，也对其进行解读。研究结果往往具有论辩价值，这是新时代社会学理论和文化学理论必有的特征（参见Rorty 1989）。民族志方法总是带有建构性，它的研究资料就是研究过程的产物（参见Ang 1989；Hartley 1992）。在福柯的引导下，媒体研究的民族志取向成为话语实践，研究者和提供信息者之间的相遇本身就成为一种话语

1　威廉斯认为，以下反应很典型："这个很难解释，但是如果你是我们的一员并且经历过，那么你就会明白"（Williams 1988：104）。

碰撞，并制造出特定历史和特定文化下的知识。我们在提及民族志这些必要的解读性和文学性特征之外，也不能忘记它是"对现实的重现，一种语词生命力的体现"（Geertz 1990：138）。

民族志学者也需要意识到，他们关于日常生活世界某一领域的知识必然是不全面的。"民族志学者必须对自身的偏见、不完整和结构性缺陷具有反身性意识"（Morley/Silverstone 1991：157）。我们必须再次提及格尔茨（1973：20），他指出，我们想要理解一个事物，并没有必要知道它的一切。

5.4.6　踏入实践领域的可能道路：粉丝

如上文所言，人们对媒体文本的使用和解读在某种程度上带有生产性和创造性接受的特点。并非所有的观众或接受实践都是生产性的，但无论是普通的电视观众，还是狂热的粉丝，大量实践表明，民众文化并非强加于接收者头上，而是接收者在接触文化工业产品的过程中自己创造的。媒体研究的文化潜力和审美潜力在日常生活背景中自由延展开来。接下来，我们将用一个民族志研究来展示使用这种方法的意义以及它所打开的新大门。

德·塞托强调了消费者的日常生活实践一般是隐藏着的，因此，去观察、研究它们尤为重要。相对容易的是研究消费者媒体接受的文化与审美维度，他们形成了自己的亚文化，其生产性不仅在特定背景下的幻想作品或对话中展现出来，更是在自己的产品中体现出来，比如那些经常被嘲

166

笑、不受重视的粉丝群体。因此，过去几年，围绕爱情小说
（Radway 1984）、肥皂剧（Seiter et al. 1989；Mikos 1994b）和
电视剧《星际迷航》而建立起来的一系列粉丝俱乐部（Jenkins
1992）得以广泛发展，它们展示了这些粉丝们对媒体的生产性
消费。

　　下一章，我们将具体分析恐怖电影粉丝。乍看起来，
我们很难想象恐怖电影粉丝会和"生产性观众"扯上什么关
系。他们的实践，犹如迪克·赫伯迪格（1988）所研究的青年
文化一样，是"隐在亮光之中"的。一方面，他们因为其特殊
的甚至危险的偏好，不时成为"道德恐慌"的导火索；另一方
面，他们的实践及其粉丝文化鲜为人知。[1]冲着这一点，针对
他们的民族志研究就充满了足够的诱惑。

1　参见Vogelsang/Winter（1990），Eckert et al.（1991），Vogelgesang（1991），
　　Winter（1991，1993b）。

恐怖电影的接受

6.1 导言：恐怖电影的受欢迎度

几十年来，恐怖电影在西方世界很受欢迎。它满是恶心之物、来自外太空的怪兽、心理变态的杀手和被魔鬼附身者，这让它一方面拥有了最忠实的粉丝，另一方面也树立起坚定的反对者，反对者用科学知识来论证电影里的暴力、血腥、恶心是对社会的威胁，坚决反抗这种文化的侵蚀。他们为什么会反对这类电影，我们在此不详加论述，我们关注的是，恐怖电影类型为何在大多数观众中流行。

恐怖电影的反对者会对此给出一个简单的答案：观看电影的人喜欢自己吓自己，享受偷窥暴力、恶心和恶劣的行为，沉迷于对死亡的呈现。这一理解的问题在于，它过于简单化。它把接受的功能主要看作满足之前就已存在的负面需求。恐怖电影的文本结构、观众的实践、那些制造娱乐和愉悦的因素完全退居后台。如同所有媒体文本，恐怖电影也是符号资源，因此它也可以用不同的方式被接受。那些批评者的解读简单地认为，电影传达了一个信息，并且带有随之而来的影响。他们忽略了文本的意义并非本身固有，而是"解读斗争"的产物。[1]

---

1 格罗斯伯格（1986：86）写道："文本的意义永远是争斗的场所。"正是这一认为围绕意义展开一系列争斗的想法，让英国文化研究与其他现象学方法区分开来，那些方法认为意义的产生具有相对和谐的模式。

人们对恐惧的兴趣并非如批评者所言，是接受过程中自动产生或者自然而然的产物。恐怖片的拥护者认为，那些批评者可能根本就没有真正观赏过恐怖电影。对恐怖的意趣，往往是由观众在特定社会和历史背景中，通过对媒体文本的消费而自己制造出来的。因此，我们要研究恐怖电影的不同接受方式。接收者的生产性不仅在愉悦的层面凸显出来，更在意义的层面成为焦点。

观看这类电影的观众，一般已经有清晰的期望值。热切并持久保持对恐怖电影热爱的观众，即所谓的恐怖电影粉丝，将成为我们关注的主角。作为切入点，我们将首先分析当代话语下的粉丝的一般形象。恐怖电影和暴力电影的观众往往被认为特别危险，他们会被类型化，时不时就会引发道德恐慌。

接下来，我们将细看一部较新的恐怖电影，这部电影中的媒体暴力本身就成了话题，我们将在关于后现代文化讨论的背景中去分析恐怖电影类型，然后再进入媒体接受和粉丝文化的民族志研究。

6.2　当代话语下的粉丝建构

6.2.1　粉丝和狂热者

从词源学角度而言，"fan"来自"fanatic"，"fanatic"又来自拉丁语中的"fanaticus"。根据《柯林斯英语词典》（1990：549），"fanaticus"在拉丁语中指的是，"属于

169

庙宇，因此，受上帝的启发，狂乱，始于神寺庙宇"，
"fanatic"则是指，"对某事有极大的激情和狂热的人，超越
了普通的界限"。根据《牛津英语词典》，"fanatic"是指在
宗教领域的过度行为，之后引申到政治领域，在关于疯狂的话
语中也有它的一席之地。《布罗克豪斯百科全书》对狂热者有
以下定义："关闭了自我批评和外部批评的窗口，对不同的观
点完全抗拒，无法宽容。"

亨利·詹金斯（1992：12）指出，19世纪末期，记者在描
述专业体育粉丝群体[1]的时候，第一次将"fanatic"一词简化为
"fan"。也就是说，"fan"（粉丝）这个词是伴随着体育运
动商业化和造星系统的浪潮而诞生的。[2]

阿尔伯特·奥斯特（1989）指出，"粉丝"这个概念在
20世纪初也被用来形容女性戏剧观众，男性批评家总爱贬低她
们，认为她们喜欢的是演员而非作品。《柯林斯英语词典》对
"fan"有以下定义："流行明星、电影演员、足球队等的热
烈仰慕者，献身于体育或者某个爱好的人"（1989：549）。

从这个词的词源，我们可以明显看出，体育记者对体育
俱乐部、[3]网球运动员、自行车运动员的粉丝带有极大的善

1　弗兰卡（Franke 1991）和马瑟西乌斯（Matthesius 1992）对足球粉丝展开了社会学
　　研究。

2　海克塞尔（Hickethier 1980）以足球比赛为例，如果球员和观众因为来自同一个圈
　　子而互相认识，就无法产生足球粉丝："足球粉丝作为一个特殊的观众类型，他的
　　产生必然伴随着球员和观众相识关系的瓦解，尤其是在球星诞生的时刻[……]球员
　　必须与观众保持距离，才有可能成为球星，球员和观众之间的日常生活联结必须
　　中止。这一变化并非突然出现，而是在足球运动的商业化和职业化过程中逐步发生
　　的"（Hickethier 1980：94ff.）。

3　《法兰克福汇报》的一位体育记者在1993年5月17日写道："粉丝（fan）不一定非
　　得是狂热者（fanatic）的缩写[……]足球粉丝的形象不怎么好，这其实并不公平，
　　他们当中带有的'犯罪元素'和足球流氓的比例也许并不比政客群体或体育记者群
　　体高"（Kaiser 1993：28）。

意，并用"fan"这个词来描述他们潜在的狂热，而狂热者也可能从这些"粉丝"（fan）中发展而来。这些粉丝的行为激烈而过度，恨不得参与到他们的明星、足球队的生活中去，或者成为他们热爱的想象世界的一部分。[1]"正常"行为和"异常"行为之间的界限在他们眼里非常模糊。

6.2.2　对粉丝的刻板印象

　　一些负面的含义限定了人们对粉丝的看法，[2]戈夫曼（1967）认为，他们是被污名化的个体。有一些对粉丝的常见描述将这种蔑视表达出来，比如粉丝是被附体的，是失去理智的大众文化的拥趸，他们会受到文化工业的控制而去购买和消费各种产品，并把自己的业余时间，甚至整个生活都献给毫无价值的文化产品；又比如，他们如此热爱流行明星，以至于让自己的生活都失去了意义，这导致他们无法区分自己真实的存在和梦想的存在，无法区分现实和幻想。粉丝被视为不特立独行、缺乏社交、幼稚、智力和情感上不成熟的人。就像大众观众一样，他们被女性化和去性别化（参见Modleski 1986；Huyssen 1986）。他们与众不同的行为甚至会被看作对社会秩

1　很多文学和电影的例子都表明，狂热的行为会给"被狂热的一方"带来何种后果，并在极端情况下产生疯狂的行为。电影《危情十日》（1990）改变自斯蒂芬·金的小说，在暴风雪中，一位作家遭遇了车祸，他被一位护士找到，并得到这位护士的精心照顾。结果这位护士是一个心理变态者，她是这位作家的小说的狂热读者，想尽一切办法逼迫他写新小说，要让她喜爱的女主角在书中重新复活。

2　詹金斯（1992）以《新闻周刊》（1986年12月22日）中关于《星际迷航》粉丝的文章为例，列举了对他们的偏见。他写道："粉丝被归类为'怪人'，沉迷于琐碎的事物、名声和收藏品；他们好像是对人情世故一窍不通的呆子、疯子，一群超重的妇女，离婚的单身女性，孩子气的成人；简单来说，仿佛这些人除了对特定的节目狂热外，就毫无'生活'可言"（Jenkins 1992：11）。

序的威胁。比如，重金属音乐粉丝或恐怖电影粉丝仅仅因为他们喜欢的主题而被认为很危险。

新闻报道或日常对话中出现的这种对粉丝的病理性描述，使那些"非粉丝"、那些"正常人"对粉丝的预期得到了证实。在这个过程中，我们的视角和作为他者的粉丝的视角之间的区别被不断强调，作为他者的粉丝因此变得越来越"另类"。这种污名化的过程使粉丝们潜在地成为当今话语中的丑陋形象：

> [……]在当代文化中，粉丝仍然是一种近乎丑陋的类别，他们是荒谬和焦虑、可怕和欲望的目标。不管是被当作宗教狂热分子，还是心理变态杀手，抑或神经疾病患者，甚或痴迷的追星少女，粉丝的形象一直都是一个狂热分子或者错误的崇拜者，他们的兴趣异于"正常"的文化经验领域，他们的精神失去了与现实的联系，从而成为一种危险的所在。（Jenkins 1992：15）

在科学话语中，粉丝也习惯性地被贴上了负面的符号。很少有人会把追星行为看作一个"正常"的文化实践，也不会去研究它独特的特征。因此，人们总觉得所谓的粉丝不过是昏了头的特立独行者，往往不合群且有心理问题。[1]

6.2.3　追星行为的可能原因及后果

加诸在粉丝身上的心理症状或社会行为被看作外部影响的结果。比如，有研究想确认，重金属音乐粉丝会不会因为相

---

[1]　参见詹森（Jensen 1992）的著作。

关音乐或视频而去接受地下神秘主义的信息[1]，并且激发后续行为。[2]恐怖电影和暴力电影的影响尤其被当作是危险的，它可能带来以下后果：[3]

> [……]失去创造力，失去自身动力，社会伦理上的孤立，失去想象力，孤独，无法融入社会，被固定于某个消费方向，越来越害怕，攻击性增强，负面女性形象等。（Kunczik 1987：129）

其他一些研究认为，粉丝文化是从心理角度对现代生活的不足进行弥补，现代生活带来了孤独化和个体化。霍尔顿和沃尔（1956）认为，媒体和观众的关系是准社会互动。[4]当媒体提供的联系取代了现实中的联系，就会成为一种病态。他们把粉丝文化看作对现实关系的替代和模仿。粉丝们寻求和知名人物建立联系，期望以此得到认同，而这种认同在一个匿名的大众社会一般很难获得。[5]正常行为和过度行为之间的界限很容易就被跨越，每一个粉丝都有可能。

粉丝文化在科学话语中要么被放在效果研究的背景中观察，要么在怀旧的现代性批判中出现，他们将粉丝看作现代社会群体消失的牺牲者。[6]在这两种情况中，粉丝和"专家"

172

1　参见罗辛（Rösing 1991）对这一想法的批评，他认为这些研究并没有任何发现。

2　我们也可以从教育学角度去研究麦当娜是否能够通过她的各种媒体表演把年轻人变成下流的性实践者。

3　至今，效果研究也没能证实这一效果。

4　纽曼和查尔顿也从此观点出发（参见Neumann/Charlton 1988）。希培尔（Hippel 1992）为准社会互动给出了文学上的概览。

5　马丁·斯科塞斯在《喜剧之王》（1982）中以令人印象深刻的方式展示了这一点。

6　这一观点认为，现代性带来了技术上的进步。媒体承担了维护群体中稳定关系的角色，这一改变，如斯塔斯和特纳（Stauth/Turner 1988）所示，带有怀旧色彩。世界末日式的大众文化理论带着怀旧的渴望，这一理论寻求共同体、真实、面对面的交流，并在技术传播的背景下将它们理想化。

被严格区分开来，专家具备不同的心理稳定性、理性和教育背景，这使他们能够避免做出过激行为。[1]"不管研究者关注的是媒体使用和愉悦，还是意识形态的流转，抑或是成为粉丝的原因，'他们'（观看者、消费者、粉丝）总被认为是一股力量的牺牲者，而这股力量不会影响'我们'"（Jensen 1992：25）。

因此，在当代话语中，粉丝总是被表述为他者，不理智甚至危险的他者。粉丝，尤其是恐怖电影粉丝总被看作"文化另类"，这和他们的审美表现有关，也就是所谓"低劣"的不被接受的审美。

6.2.4 粉丝的非正统品味

如果某人深入研究了莎士比亚、欧里庇得斯、埃斯库罗斯，那么他一定知道他们的作品中血腥场面和恐怖行为也层出不穷，但是没有人会把这位研究者称为"粉丝"并认为他是危险的，因为此人的行为已经通过他关注的对象高贵化了，即使他们的个别作品并不见得就比邦德系列或者德古拉系列更加出色。莎士比亚等人的作品预先就被赋予了知识性和理性，而邦德之类的作品则被预设为情感化和不成熟。这种对粉丝实践的贬低化起源于它们对文学等级的伤害，是对文学等级正统性的威胁（参见Jenkins 1992：18）。

一方面，粉丝喜爱那些所谓不正统、没有价值的文化物品，他们对这类作品投入极大关注。艺术人士在"意大利空心

---

1 这也是联邦审查机构的专家们评判的前提。

粉式西部片"[1]、来自香港的动作片，或者恐怖片中只能发现暴力流血，但在较为深刻的作品，比如电视剧《星际迷航》中，人们不会觉得它平凡，而会从中看到超验的意义。

另一方面，粉丝使艺术品的审美距离消失了，他们努力缩小和好品味艺术品之间的距离，将媒体融入日常生活。他们不在乎知名批评家或者学院派的看法，他们通过自身的解读，去组合自己心仪的文本。

因此，对粉丝的各种隔离和污名化可以被看作对界限伤害的反应。詹森（Jensen 1992：24ff.）写道：

> 将粉丝定义为离经叛道，可以让人们对自己采取一种重新肯定和自我提升的立场。这种立场也可以支持特定的价值观，比如，理性的高于情感的，受教育的高于未受教育的，温和的高于狂热的，精英的高于大众的，主流的高于边缘的，现存的高于另类的。

一方面，的确存在精英对粉丝的贬低，以及简单地将粉丝归类为满足需求或效果的牺牲品的做法；另一方面，当今社会对粉丝的重视又有所提高，并开始认真对待粉丝和他们的观点。接下来，我们将从民族志的角度去分析恐怖电影粉丝的社会现实和文化现实。

我们需要对粉丝的实践、经验、经历和观点进行描述性分析，通过这些民族志手段，我们可以找出粉丝和普通媒体的消费者之间的共同之处和不同之处，以此来比较当今话语

174

1　意大利空心粉式西部片是对1960年代意大利出品的晚期西部片的称谓（参见Frayling 1981）。

对"粉丝/普通人"进行区分的一些普遍看法。詹森（1992：27）写道：

> 入迷是我们联系大众媒体，联系我们的历史、社会和文化位置，以便理解世界的一种方法。仔细考虑粉丝和他们的行为可以帮助我们更加全面、更加充满敬意地理解活在当今的意义。

接下来，我们将分析深受暴力电影粉丝欢迎的电影《录影带谋杀案》，以此作为分析电影粉丝的台阶。

6.3 《录影带谋杀案》

马克斯·瑞恩，一名30岁左右头脑机灵、看上去很酷的经理，在多伦多管理着一家私人有线电视台，这家电视台专门播放软色情电影和恐怖暴力的影像片段。他总是在寻找适合主题的电影材料，以提高收视率。他找到了一个名为"影视场"的节目，这是一场秀，在某地下折磨室里进行，该节目不断地播放着魔鬼式的暴力和谋杀场景，这些场景看起来非常真实且完全没有情节。

在寻找《影视场》的制片人的时候，马克斯发现了《影视场》的创始人布莱恩教授，但是这个教授已经死亡，他的音容只存在于录影带之中。但是，不管是容貌还是言论，他都与著名的媒体理论家麦克卢汉非常相似。在一个录影中，布莱恩宣称，他在研究《影视场》的时候产生了强烈的幻觉，最终导

175

致了脑瘤。

马克斯也很快感受到《影视场》所带来的效果，他开始产生幻觉，一盒录影带在他手里变成了跳动的活生生的物体，电视机的屏幕成为会呼吸的生物。他观看《影视场》越多，产生的幻觉就越丰富。最后，这些幻觉控制了他的生活。因为电影完全是从马克斯的视角出发拍摄的，他出现在每一个场景当中，所以很多时候不管是马克斯还是观众，都无法区分这些场景究竟是疯狂的想象还是现实的事件。甚至，马克斯的肚子在很短时间内长出了一个类似阴道的开口，他的枪和手都消失在这个开口之中。制作《影视场》的公司总裁还将一盒录影带塞了进去。突然马克斯又把枪拿在手里，而且枪和手长成了一体，他变成了一台专职杀人的人肉录影机。他要杀了电视台的其他两个生意伙伴，并把电视台交给那位渴望权力的总裁，这位总裁想通过这个电视台播出《影视场》，以实现自己极端的政治目的。事实上，《影视场》节目不停地播出编码的信息，在观众接受的过程中会让观看者产生脑瘤，让他们产生幻想、变得疯狂。

马克斯用类似阴茎的肉制武器杀死了两个生意伙伴，最后也杀了那位总裁。总裁的身体爆炸，变成了一个恶心的肿瘤喷发而出。最后，马克斯在一个视频影像的引导下自杀了。他的最后一句话是："新肉长命！"

大卫·柯南伯格导演的末世恐怖电影《录影带谋杀案》将图像、现实、幻想和心理疾病全部融合在一起，他通过图像去描述可怕的诱惑，暗中传递了幻想即现实这一信息，这让人想起麦克卢汉（McLuhan 1964）的研究和鲍德里亚的仿真理论。

176　　　这部电影遵循麦克卢汉的著名理论："媒介即讯息"，并且强调了媒体并不仅仅在传递信息，媒体本身和现实以一种模糊的超现实方式交织在一起。布莱恩在电影中呼唤："电视就是现实，现实没有电视丰富。"马克斯观看《影视场》越多，他对现实的判断依据就变得越少。他的现实体验更多来自视频幻觉，这让他最终变成了录影的牵线木偶。柯南伯格展现的媒体不再是人的延伸，相反，人成了媒体的附庸。布莱恩教授希望出现一种"新技术生物"，他用科幻小说预言了未来，我们在媒体社会"不再是编剧或者演员，而是以一种终端的形式存在，无数的网络最终汇聚到这个终端"（Baudrillard 1987：14）。

　　当电影剧情发展到马克斯的身体打开一道口子吞噬录影带的时候，身体和图像已经融为一体。主体变成了一台录影机，录影带成了新的肉体。对马克斯而言，他的身体也不再有归属。他体现了鲍德里亚所描述的新的人格分裂："[……]一切都太接近，一切都被淫乱传染，被它包围和渗透——没有反抗，没有任何保护区，没有任何精神力量，甚至连自己的身体也无法提供任何保护"（Baudrillard 1987：23）。

　　柯南伯格试图用这部电影来说明，在我们的媒体文明中图像和现实之间存在的问题。视频图像就像病毒一样制造着肿瘤，而肿瘤又会带来疯狂的幻想。现实和再现之间、内在和外在之间的界限由此消失了。

　　柯南伯格和鲍德里亚的阴暗预言以夸张的方式展现了电子媒体的威胁，这是否会在今天或明日成为现实？那些和马克斯一样成瘾的恐怖电影粉丝和暴力电影粉丝会不会成为媒体的牵线木偶，被困在传播大网之中，无法再保存自身的独立性？有没有反抗的形式（生产性的或创造性的形式）存在？接下来，我们将回答这些问题。

首先，我们来研究新派恐怖电影的主要特征，即它们作为文本建构的特殊方式。我们要在后现代审美的框架下去理解它们，找到那些为多种接受方式打开大门的特征。我们的目标不是对个别电影或者电影类型做出完善的分析，[1]而是去分析观众自己是如何解读和消费这些电影的。处于中心位置的是对各种各样的接受实践的描述和分析。

6.4 后现代恐怖电影的特征

新派恐怖电影的主要特征是对摧毁人类肉体的狂热，并用超现实的手法来展现碎裂的肢体、残疾和身体变态。这些"特效"在文本组织的层面上是符号的过度。尤其是电影在表现飞溅效果时，大量的血液从人体内喷射出来，远远超过了生理的真实性。

从图像学角度来看，大卫·柯南伯格或达里奥·阿基多这样的导演借鉴了从耶罗尼米斯·博斯到超现实主义者[2]马克斯·恩斯特和萨尔瓦多·达利，再到弗兰西斯·培根和西比

---

1 博伊曼（Baumann 1989）、卡罗尔（Carroll 1990）和克洛弗（Clover 1992）对类型进行了分析。

2 通过电脑技术，未来会越来越靠近超现实主义。阿根托（Argento 1993：11）说道："我觉得，特效会越来越具有超现实性。直到今天，超现实的效果很难在电影中被表现出来。头颅、身体的爆炸——这些已经太简单了。通过电脑图像，梦和噩梦都能被实现。你的想象将毫无边界。"

178 尔·鲁珀特的绘画传统，其主题是表现身体的变态、毁灭和衰亡。[1]比如，培根在他的画中不像克利（Klee）或者康定斯基（Kandinsky）那样以一般理性原则为努力方向，他在画布平面上表现的是渴望、毁灭和死亡（参见Deleuze 1981）。他的画作用变形和燃烧的身体来表现暴力。许多新画派也开始采用更多没有器官的身体，它不符合生理学、解剖学上的人体，而是一种伸展的、碎裂的、重新组建的想象性人体。哈特维希（1986：50）将绘画界和电影界同步出现的新形式和戏剧化做了如下概括："画家暂停了科幻电影和恐怖电影中的图像；电影人让绘制的图像流动起来，为角色创设了空间和行动。"

从内容而言，恐怖电影用毁灭性的图像来表现对疾病和死亡的恐惧，对失去身体控制的恐惧，以及对自身消失的恐惧。将恐惧视觉化，让展现主宰讲述，一种视觉至上、音效至上的震撼效果打破了好莱坞电影的经典叙事模式。导演乔·丹特（1993：8）就此写道："但是，我想这一切始于电影《破胆三次》，寻找震撼成为电影存在的理由。"根据拉什关于后现代文化的理论，我们可以把它们称为形象电影，对这些电影而言，文本的形象重于表达的内容，后现代主流电影都具有这个特质。

这之前的电影或多或少也会展现身体的痛苦，但是在后现代电影中，这些特征又被渲染上心理恐惧的色彩[2]，这是这一电影类型的主要特征。广受欢迎的电影《沉默的羔羊》（1989）成功地将两种威胁结合起来。

---

1 H. R. 吉格尔的恐怖场景也值得一提，他的生物机械设计为外星人的塑造提供了丰富的资源。

2 参见查尔斯·德里（Charles Derry）的著作《黑暗的梦》（*Dark Dreams*，1977）。

　　后现代恐怖电影的另一个主要特征是文本的开放性。《录影带谋杀案》没有区分什么是马克斯的幻觉，什么是现实。如罗兰·巴特（1974：26）所说，文本是我们自己身体的变位，因此《录影带谋杀案》的文本是分裂身体的变位（参见Modleski 1986）。文本有着裂缝和缺口，无论是形式还是内容都缺少连贯性和完整性，这也适用于大部分新派恐怖电影。相当多的电影具有开放式结局，而非团圆式结局。在《万圣节》（1978）这部非常成功的电影中，那个最终被射死的杀手的尸体却在结尾处莫名消失了。

179

　　英国社会学家安德鲁·都铎对此专门展开了研究，我们将在下一个"篇外"中介绍。作为民族志研究的补充，都铎试图通过分析这一电影类型去揭示观众解读策略的改变，他将新派恐怖电影看作后现代文化的一部分。

6.5　篇外：恐怖电影类型的文化史

　　安德鲁·都铎的著作《怪兽和疯狂科学家：恐怖电影文化史》（1989）是第一个对电影类型进行社会学研究的重要成果，作者通过对电影的研究展示了解读的多样可能性。在他看来，电影类型并非一成不变的神话库，而是一种社会建构，存在于电影和观众的想象当中。如果想要理解一种类型的发展，我们不能仅局限于对个别电影的分析和归类，还需要从电影的潜在解读方式出发，因为这些解读方式使电影成为历史上各种各样的文化物品。"类型具有弹性，开放给不同的使用者，这些使用者在不同的时间和背景下做出不同的解读"（Tudor 1989：6）。只有通过观众的接受行为，一部电影才能成为具有某种特殊意义的被建构出来的文化物品。为了能够体现出观众一方尽可能多样的解读方式，都铎在做恐怖电影文化史研究时，避免采用简化论的分析方法。他认为，人们对恐怖电影进行精神分析式解读，把它当作一个集体的梦幻世界或者被压抑本性的爆发，这并不足以匹配它的复杂性，而且对社会学研究来说也太过轻浮，社会学研究的目标是揭示接受群体的解读策略。精神分析的方法总是忽略观众在建构和维系这一电影类型的意义时所起的积极作用。

180　　　都铎结合吉登斯（1988）的结构理论来完善"积极观众"的概念，以期建立一个没有简化论色彩的模型来表现社会行为和社会结构的关系。吉登斯从三个层面出发来理解人类行为，除了"无意识驱力"以外，还有"话语意识"和"实践意识"。话语意识是指，行为者针对社会关系的言说，或者是那些可以用言语表达的部分；实践意识则指，行为者关于那些并没有隐藏但一般而言又无法用话语来表述的事物的知识。在一般的模型中，有一些方法可以被用于研究对电影的接受，以及观众、文本和解读方式之间的关系。

　　关于无意识过程的研究会从接收者本身并没有意识到的角度出发；关于话语意识的研究则关注接收者对恐怖电影及其特征和惯例的具体说辞。都铎认为，精神分析式解读太过简化，[1]也无法确定恐怖电影粉丝在过去对这类电影的看法，因

1　精神分析式的解读主宰了电影理论和批判（参见Britton et al. 1979）。

此他指出，如果我们要研究类型史，最合适的方法是从实践意识的层面和实际理解的层面出发进行考察。"从效果来看，研究实践意识就是考察观众对类型语言的潜在观念"（Tudor 1989：4）。正是那些容易被探知的熟悉的类型特征，对人们理解它的意义来说尤其重要。恐怖电影类型的规则是，"在平淡无奇之处，首先加入那些我们的实践意识认为会产生恐惧的惯例组合"（Tudor 1989：5）。在我们的社会中，恐怖电影作为民众文化的一部分，对恐惧的社会建构起到了不可低估的作用。在懂得恐怖电影"语言"的接收者的实践意识中，类型作为一系列惯例集合而存在，这些惯例包括叙事、设定、图像等。

都铎的研究并不只是局限于大获成功的商业电影，而是基于对1931—1984年在英国上映的990部电影的详细分析。这其中并非所有电影都是恐怖电影，大约20%的电影与惊悚电影类型和科幻电影类型有重叠。[1]

都铎试图从接收者角度出发来重建电影类型，因此他主要关注所有恐怖电影都具备的典型特征：威胁。他使用一系列类别来归纳不同的形式，但是并没有触及结构主义意义上的深层次结构，而是对类型展开了现象学分析，并且假设接收者也会赞同：超自然的/世俗的、外部的/内部的、自主的/非独立的。参见表2。

1　《异形》（1979）这样的电影会被粉丝和电影学家归类为恐怖电影和科幻电影，这两者都可以被理解为奇幻电影的子集（参见Nicholls 1984）。

表 2　恐怖电影中威胁的可能性

	超自然的		世俗的	
	非独立的	自主的	非独立的	自主的
外部的	魔法的	经典的	医学的	空间
	女巫力量	吸血鬼	怪物	入侵者
	诸如此类	木乃伊	生态恐怖	巨型物
内部的	魔法的	某些	某些	某些
	僵尸	狼人	可解释的	寄生虫
	附体	鬼魂	心理恐怖	疾病

都铎利用由此得到的八个类别，对恐怖电影中的威胁进行了分类，然后他还研究了恐怖电影的叙事结构及其历史变化。

所有恐怖片都是传统的"搜寻—消灭"模式的变体（Tudor 1989：81）。它的一般模式是，一个怪物将稳定的状态变得不稳定。人们开始和它战斗，它不停地反抗。最后，怪物被消灭，秩序重新建立。到了1960年代，这一模式出现了决定性改变（Tudor 1989：102ff.），1960年以前的恐怖电影中的威胁往往来自科学，比如弗兰肯斯坦类型的电影，而在1960年以后，心理恐怖电影则占据了上风，比如《惊魂记》（1960）和《偷窥狂》（1960）。[1]另外一个显著的改变是叙事结构。消灭威胁并重建稳定秩序不再是必然因素。封闭世界中的安全式恐怖已经变成了开放世界中的偏执式恐怖。

在1960年以前的恐怖电影中，威胁可以通过专家/英雄来消解，他们的干预也往往是有效的；恐惧或多或少是可以被控制的，经过人们的一系列努力后，正常状态又得以重建，电影具备封闭的叙事形式。而在偏执式恐怖的电影世界中，一切都变得更加不确定且具有危险性：

1　麦卡蒂（McCarty 1986）为心理电影这一子类专门撰写了著作。

在这里，不管是威胁的性质还是过程都超越了人类的控制，在极度变态的情形中，混乱往往来自人类内部，潜在地破坏了整个世界的秩序。专业技能已经无法保证有效，事实上，专家和学院派代表在面对迫在眉睫的末日威胁时往往显得很无能。来自疾病或心理层面的威胁毫无预警地出现，占据了我们，并毁灭了我们的人性。（Tudor 1989：103）

都铎构建的"安全式恐怖"类型主要涉及生存和死亡、世俗和超自然、正常和病态、人类和异物之间的区别，但在"偏执式恐怖"中，这些界限都被打破了。在这里，构建这个世界的差异本质上与心理有关，真正的威胁来自内部，而非外部。都铎（1989：215）提出了有意识自我和无意识自我、正常性交和变态性交、心理健康和疯狂、集体秩序和集体失序、身体健康和疾病之间的对立。由于人为的干预常常没有成功，秩序很少被重建，这些电影会有一个开放式结局。都铎将偏执式恐怖的叙事结构描述为"开放的变态叙事"（Tudor 1989：216）。每个人都可能变成怪物，这自然会导致混乱关系。如同《僵尸》（1979）一样，在这些电影的结尾，距离人类秩序的完全毁灭只有咫尺之遥，或者电影的主角，如同《鬼面公仆》（1987）和《沉默的羔羊》一样，是一个心理变态者或杀手，他们要么存活下来，要么根本不会被抓到。

从"安全式恐怖"到"偏执式恐怖"的过渡并非一朝一夕，而是从1950年代末到1970年代初逐步形成的。在这个过渡时期，我们很难找出恐怖电影的共同特征。

那么，这种变化应该如何被解释呢？在都铎的理论中，电影类型不仅是文本，还取决于接收者的建构和想象，那么，在何种日常社会之下，"安全式恐怖"或"偏执式恐怖"会有其存在的意义呢？他认为，在"安全式恐怖"的世界中，这个世界自身的力量和能力足以战胜潜在的威胁，传统的价值（比如家庭、道德、科学等）还在起作用。

> 本质上稳定的社会等级秩序；对传统家庭单位之重要性持毫不质疑的忠诚；对边缘化女性的角色分类；关于"正当"性生活的观念限制，尤其是对女性而言；将可以挽回的个体失败看作社会异常；广泛的反智立场；以及对既有国家当局的合法性的普遍承诺。（Tudor 1989：220ff.）

安全式恐怖电影是稳定社会秩序和文化秩序的一部分。而偏执式恐怖电影则提出了对秩序价值和秩序机构的质疑。已经不再有值得人们去捍卫的社会秩序或道德秩序，或者说人们根本无力再去捍卫它们。

> 在这些方面，偏执式恐怖带来了广泛的不知所措，就像我们被放入了一个没有可靠地图的世界当中，那些曾经的地标建筑不再有参考意义，我们知道我们必须寻找新的庇护，抑或毁灭。（Tudor 1989：222）

偏执式恐怖在一个社会变迁尚未完成的世界中有其存在意义。在书的结尾处，都铎结合后现代主义，提出了如何表现未完成的文化和社会变迁这一课题。

184

我们对都铎的分析做了补充，提出了文本的开放性会通过与其他电影暗含的联系而被加强的观点。如果我们将后现代恐怖电影割裂开来看，会很难理解它，因为它处于一个充满了关系和实践的活动的网络之中。它不断地重复并加工这一类型的惯例，引用其他电影，并为能力强的接收者附加额外的意义层面。比如，汤姆·萨维亚所重拍的乔治·罗梅罗的经典电影《活死人之夜》（1968）。人们要理解这部重拍片的某些意义层面，就必须对原作了如指掌（参见Newman 1992）。比如，在电影开头，女主角联想起给母亲扫墓的场景，即原作的起始场景，并提问道："我们为什么要让自己经历这谜一般的游戏？"对熟识原作的观众而言，这仿佛打开了一扇大门；而对没有看过原作的观众来说，这扇大门从头到尾都是关着的。[1]

柯南伯格的电影《变蝇人》（1985）和卡朋特的翻拍片《怪形》（1982）都是在商业上大获成功的作品，它们展示了老电影如何成为故事和想法的蓄水库。如果将柯南伯格的电影和库尔特·纽曼的原作《变蝇人》（1958）相比，那么除了互文现象以外，我们可以清晰地看到经典好莱坞类型电影和后现代主义电影之间的不同。

6.5.1 《变蝇人》

在1958年的《变蝇人》中，核心人物安德烈是一个满脑子只有工作的科学家，一直在研发远距传物。这时，另一只苍蝇身上出现了人头。他没能成功地把那只苍蝇抓住，导致了实

---

[1] 在电影接下来的情节中，一个广播员宣布："那个东西之前没有任何人听过或见过。"

验逆转，于是，他将自己的实验毁掉，并请求他的妻子将他杀死。

185　　这部电影会唤醒人们对安德烈的好感，他与起源于弗兰肯斯坦的"疯狂科学家"[1]传统中的人物不同，他并不疯狂。他和妻子有着和谐的婚姻，两人遵循着传统的角色划分。他在和妻子的对话中向她解释到，他如何相信科学进步及其对人类的帮助。当他发现自己的发明会带来威胁时，则会毫不犹豫地将它毁灭。在电影最后，安德烈的妻子遵循他的意愿将他杀死，那个带着人头的苍蝇则被警督打死，这个对人类有威胁的发明也彻底消失了，秩序被重新建立起来。后来，安德烈的弟弟供养着他的妻子和儿子，这个小家庭也拥有了一个美好的结局。这是一部典型的"安全式恐怖"电影。

　　然而，柯南伯格在他1985年的翻拍版之中则采用了"开放式变态故事"的题材，布伦德尔是一个野心勃勃、一心想要拿诺贝尔奖的科学家，他满心嫉妒，在技术还没有完全成熟的情况下，强行进行远距传物。一只苍蝇偶然出现在传送舱内，这导致了他的身体基因和苍蝇的基因搅在一起。

　　在1958年的原作中，以延时特效表现的苍蝇脑袋和苍蝇腿的出现成为电影的高潮，而柯南伯格的翻拍版则充满细节地展示了科学家是如何变形为怪物般的苍蝇人——一个从未有过的超自然生物。布伦德尔自己感受到身体的四分五裂和混合生物的诞生，他用一个科学家冷静和好奇的眼光来打量陌生物

1　武尔夫（1995：139ff.）分析了"疯狂科学家"中的角色及其作为大众电影的矛盾评价。

种产生的过程。[1]

人们对这部电影的接受与1958年的原作有所不同，因为它的文本构成是多义的，人们可以在很多不同的亚文本框架中去理解它。比如，某些影评将它看作对艾滋病、癌症或者衰老带来的身体衰败的一种隐喻。[2]而且它不仅是恐怖片，也包含了爱情片的元素，其中有着动人的爱情故事和场景，比如，当已经严重异化的布伦德尔拥抱怀孕的记者女友维罗妮卡的时候。电影的结局是开放式的，尽管最后变蝇人死了，但是它对世界的威胁并没有消除。与1958年的原作相比，柯南伯格的翻拍版对"科学进步"这一亚文本的表现没有那么强烈。异化的科学家甚至千方百计想活下来，完全没有考虑过对其他人类的潜在威胁。因此，我们可以说，柯南伯格的《变蝇人》是一部后现代主义恐怖电影，它具有多重意义和开放式结局。[3]

并非只有柯南伯格那些艺术性的恐怖电影才具备很高程度的多义性，不少纯粹的娱乐电影，作为对旧作的戏仿或模仿，也具备多义性。比如，非常受欢迎但因特效广受批评的电影《鬼玩人》（1983）或《活死人归来》（1985），它们都是独立制作，其续作则戏仿式地将素材以喜剧方式呈现，从而赋

186

1　这些电影是根据乔治·朗格莱恩（George Langelaan）在《花花公子》上发表的故事改编的。

2　克里斯·罗德雷（Rodley 1992：127）写道："《变蝇人》成为1980年代后期一部被广泛传播、大受欢迎的恐怖电影，它为柯南伯格的其他作品带来了新的观众，一些影评家和电影观众倾向于将这部电影的潜台词视为涉及艾滋病。"柯南伯格把自己看作艺术家，拒绝这一与当时形势相关的解读，也拒绝承认电影与绝症的关联，并从根本上指出了电影的多义性："我认为，每一个好的艺术作品都是复杂的、高密度的，这样，不管人们用何种方法去分析它，都必然会带来有趣的认识"（Gaschler/Vollmar 1992：298）。

3　《变蝇人2》在1989年播出，但不是柯南伯格执导的。

予其讽刺意味。好莱坞制片公司想以此吸引更广大的受众，尤其是更年轻的观众群。

另一个例子是山姆·雷米的《鬼玩人3：魔界英豪》（1992），该影片一开始就援引《鬼玩人1》和《鬼玩人2》[1]，而核心人物是两部电影的主角扮演者布鲁斯·坎贝尔。雷米是一位翻拍其他电影场景的专家。"比如，邪恶的阿什（Ash）首先作为一只眼睛出现在主角的脖子当中，这是对1961年的日本电影《分裂》（*The Split*）的精准效仿"（Newman 1993：46）。坎贝尔在和黑暗大军对抗时，使用的主要武器是一把电锯，这是对《德州电锯杀人狂》（1974）的讽刺性引用；而黑暗大军则来源于动画专家雷·哈利豪森的奇幻冒险作品。[2]除此之外，这部电影还有对僵尸和德古拉电影的戏仿和模仿。

187　除了恐怖电影、喜剧电影的组合之外，有些电影还融合了更多元素，比如，1987年的《血尸夜》将吸血鬼电影、公路电影、爱情电影和西部电影统统汇聚到一起。引用、戏仿、混接和其他互文性形式成为后现代文化的主要特点。

在互文性中，我们也能看到民众文化的自我反思维度。柯南伯格的《录影带谋杀案》就是很明显的例子，它有一层意义是揭示通过电视和视频传播的民众文化的可怕之处，因为这种文化会让观众"女性化"。被《影视场》迷住的马克斯被一盒录影带"强暴"了。电影给我们上了两堂课：如果观众能够

1　但是之前的故事情节不同。

2　针对这部电影的深度分析显示，它的场景是一个互文的交织体。对于这部百万级投资的作品，为了降低风险，好莱坞会将曾经成功过的一切元素都结合起来。那些成功的欧洲电影也会被效仿。

将其适用的比喻和暗示解读出来，那么他们可以将其看作对媒体文明的批评；或者看作一个具有出色特效的混乱故事。像《录影带谋杀案》这样的电影，通过隐藏的哲学化情节，向接收者传递了媒体文明带来的危险，以此消解了高雅文化和大众文化之间的区别。这也适用于在德国被长期禁播，但在法国大受欢迎的电影《德州电锯杀人狂》，它也有批判性的第二层意义，如果观众具有所需的文化资本和足够的忍受力，就可以发现这一点。卖座片《活死人黎明》可以被看作枪战大片，也能被理解为对消费资本主义的微妙批评（参见Wood 1979；Faulstich 1985）。观众可以像游牧者一样，在这些不同的意义层面自由移动。邓津对《蓝丝绒》（1986）做出了如下分析：

> 情色片、罪恶与救赎的寓言、类似宗教艺术、邪典电影、哥特式电影、成长电影、垃圾、无脑的垃圾、黑色电影、谋杀之谜、小城电影、梦幻电影、喜剧、超现实主义。1986年最重要的电影。这部电影的无数解读完美支持了格罗斯伯格关于"文本的意义永远是翻滚的骰子"这一立场。

因此，许多后现代恐怖电影都很适合多次观赏和接受。观众可能要观看《录影带谋杀案》几遍后，才能明白影片所展现的事件可能只是马克斯的幻觉，主导电影开头阶段的现实主义叙事手法在电影后面的进程中被完全放弃了。柯南伯格关注图像、能指、被呈现出来的现实与接收者之间的关系。当马克斯成为录影机，或者录影带有了生命，成了有机体之后，指涉物和能指不再能够被区分开来，去异质化是后现代文化产品的

188

共同特征。

大卫·林奇在电影《橡皮头》（1977）和《蓝丝绒》（1986）中对现实本身提出了挑战，他用超现实的手法让现实现形为能指。比如，他在《蓝丝绒》的开头和结尾处都让情节看上去回归到正常，花园里郁金香盛开，作为一种弱不禁风的植物，它象征着人类对自然的干预；但是如果我们走近了细看，却会觉得这些花像纸做的。这样一来，被呈现出来的现实就明显具有了人工意味，这符合在当今社会成长起来的观众的视觉经验，因为这个社会的外观就是由图像和再现构成的。因此，当代恐怖电影也可以被看作对以图像和事件为中心的轰动效应社会的延续。

无论是形式还是内容，大部分新派恐怖电影都不符合很多大众文化批评家的观点，他们强调大众文化的同质化和水平化。我们对这类电影接受的分析，一方面要关注恐怖电影粉丝作为观众在意义层面的创造性；另一方面则要关注他们各式各样的愉悦。

6.6　恐怖电影粉丝的社会网络

6.6.1　导　言

如果恐怖电影粉丝的社会关系对我们这些外人而言是"不可见的"，那么对民族志学家来说，至少在他们第一次看到电影粉丝杂志[1]，或者第一次参加电影粉丝俱乐部活动的时

189

---

[1]　电影粉丝杂志是由粉丝自己制作的杂志，自费经营，现在主要以在线形式出版。

候，就应该意识到这种社会关系的存在了。这表明恐怖电影粉丝并非具有奇怪爱好的特立独行之人，而是以各种不同的方式存在于一个共享的、超越地域的、世界范围的社会网络[1]之中。对恐怖电影的偏爱导致了一个群体的形成，它与"非粉丝"群体及其他周边[2]的区别在于，这个群体有着共同的文化文本、实践和经验。[3]

首先，他们充满激情、渴望和能量，其不断重返的实践显示了他们对恐怖电影的独特兴趣。[4]

电影的"媒体原材料"提供了各种"意义积木"（Eckert/Winter 1987），被用于建设电影粉丝文化，为电影粉丝的情感联系提供了基础。对恐怖电影的接受包含了大量的实践和经验。接受的方式多种多样，并通过嵌在多样的社会网络实践中而得以补充，我们将进一步观察它们。

首先，我们需要再次强调，公众话语中常见的两个关于

190

1　"社会圈子"的概念最初由芝加哥学派提出。克雷西（Cressey 1932）曾在一项著名的研究中对出租车司机舞厅进行了描述，仿佛它与世界其他部分的社会生活相脱离，有着自己特殊的逻辑、大量典型的活动、与众不同的词汇，以及更多内部共享的文化元素。社会生活被划分为很多不同的"小生活圈子"，这让两位学者（Shibutani 1955；Strauss 1978）将这一概念引入符号互动论之中。因为在一个复杂的社会当中，个人已经无法从一个社会圈子中，而是从各种不同的圈子中找到属于自己的意义，因此，我们更需要用社会学的方式去研究这些微观的进程（参见Hitzler 1988）。

2　对麦考尔和西蒙斯（McCall/Simmons 1978：50）而言，围绕社会客体的生产、发明、传播和评价，各种社会圈子随之产生。恐怖电影粉丝的社会圈子建基于恐怖电影制作人之上，他们的分析非常吸引人，而且所有的导演都是或者至少曾经是恐怖电影粉丝（参见Gaschler/Vollmar 1992）。

3　虽然因其主题的相似性，恐怖电影粉丝与科幻电影粉丝和奇幻电影粉丝之间的界限很模糊，但是摇滚音乐粉丝则非常坚定地彼此鄙视，当然他们也鄙视其他音乐类型的粉丝（参见Grossberg 1992）。

4　在我们的研究著作《恐怖与兴趣》中，我们使用了"特殊文化"这一概念（参见Eckert et al. 1991a），将兴趣的特殊性作为主旨。

恐怖电影粉丝的议题不会影响我们的研究，因为我们的研究在效果研究的范围之外。[1]我们既不讨论人们是否会因为恐怖电影而变得暴力，也不讨论为什么人们会对暴力和打斗着迷。从古希腊时代至今，关于这些议题的讨论已经汗牛充栋。[2]我们关心的并非这些电影对人产生了何种影响，而是试图对不同的接受过程进行民族志式的研究，尤其是观众赋予自己的实践哪些意义。

我们的民族志研究基于长达五年的田野调查，针对恐怖电影粉丝对待恐怖电影的文化实践进行了分析。为了实现对电影粉丝文化的密集描述，我们将不同的方法结合到一起：参与式观察、以问题为中心的访谈和自传式访谈、小组讨论、电影分析、杂志分析、对田野笔记和日记的评估等。所有类型的文本（初级文本、二级文本和三级文本）都得到了分析。从方法论角度而言，我们主要采用了三角检验法[3]这一研究策略，在我们看来，从民族志[4]角度出发，这是最适宜的方式。

以各种方式获得的资料在评估阶段被叠加使用（参见Eckert et al. 1991a：42ff.；Eckert et al. 1991b：89ff.）。遵循格拉斯尔和施特劳斯（1979：98ff.），不同类别的形成涉及在对比组检验的背景下，电影粉丝对他们所处的社会世界的参

---

1 巴克对迄今为止恐怖电影效果的研究做出了如下总结："直至今日，我们都没有完全证明，除了偶尔引发噩梦，或者略长的恐怖效应，恐怖电影会让世界充满恐惧，或者让年轻人模仿看到的暴力场景"（Baacke 1991b：15）。

2 只有当恐怖电影粉丝自己提出这个问题时，它才会对我们很重要。他们如何处理这个问题？他们如何使用"话语"？

3 关于三角检验法，参见Denzin（1970a，1970b），Flick（1991）。

4 参见Girtler（1984）；Eckert et al.（1991a，1991b）；Knoblauch（1991）；Reichertz（1991）；Winter（1991，1993b）；Berg/Fuchs（1993）；Honer（1993a，1993b）；Wetzstein et al.（1993）。

与。这种资料使用的形式旨在发展一种基于对象的粉丝文化
理论。

6.6.2　接　受

　　与其他的社会网络相同，人们对"被偏好的文化物品"
进行消费，是切入群体成员的情感和认知的第一步，这些信
息一般都是隐藏的。[1]民族志学家总想找到迈入这个世界的大
门，因此他们必须要么独自要么与其他电影粉丝一起观看大量
该类型的电影。以这种方式，他们才会慢慢成为一个拥有大量
信息和经验、在这个社会网络被看重的消费者。

　　首先，我们可以观察到的是，德国的电影粉丝一般会在
录影带、DVD或蓝光碟上观看这些电影，因为这些电影往往
不在电影院上映或者只有剪辑版本。[2]在观影的时候，很多观
众会关上窗户，放下窗帘，哪怕是在夏天[3]，并把灯关上，其
中一些观众在观影时完全不与其他人交流。通过这种对电影院
气氛[4]的模拟，观众创建了一个框架，让电影的效果更加深入
人心，增加了观影的趣味。父亲们总是等孩子们上床了才开始

1　安鲁（Unruh 1983: 15）写道："不可见的生活这一概念被提出。社会圈子和传播
　　的角色作为社会的桥梁还没有得到广泛认可，这种社会形式中人们的生活的确不被
　　外界所见。"

2　即使是在私人频道播出，电影也往往会被删减得很厉害，有时会导致观众无法真正
　　地理解情节。在此背景之下，那些来自政客和记者的批评就有些难以被理解。这些
　　批评家看起来根本就没有看过电影，也没有努力观察观众如何接受电影。每一个懂
　　电影的人，都不会拿删减过的版本说事。如果粉丝看了删减版，那也是为了与自己
　　收藏的DVD版本做对比，并为自己看到了那些未被删减的场景而高兴。

3　这也给许多局外人的揣测提供了佐证，认为恐怖电影粉丝是一群有社交问题的独
　　行客。

4　别的电影类型的粉丝自然也会这么做，但是恐怖电影的效果由此可以得到更多
　　提升。

看这类电影，这样才能达到恐怖的效果。观看电影就像有意识的短暂的"逃避"，因为它也使观影者可以从家庭生活中抽身出来。

192 　　除此之外，人们还会相约一起观看恐怖电影，大家会一起经历害怕和恐惧的体验所带来的愉悦和团结。福格桑（1991：213ff.）指出，对年轻观众而言，在家观看电影就像是一场群体盛宴。在超越日常生活的框架中进行观影暗示着年轻人特有的接受活动。

> [……]表面上看是关于社交、集体体验、轻松自然、作为电影小圈子一员的愉悦。成员们不仅年龄相仿，更是在精神层面上相似，与大家一起经历毛骨悚然的恐惧，并尝试各种保持距离的策略和自我表现的策略，这一切都发生在完全没有日常生活惯例特性的盛宴气氛当中。（Vogelsang 1991：217）

威利斯等人（1991：62ff.）通过民族志研究得出结论，对年轻人而言，一起看电影首先是一种群体体验。那些被访问的年轻人都喜爱恐怖片。恐怖片需要观影者有很高程度的投入、具备相关知识并参与其中，它还会带动年轻人在观看时彼此互动。

　　我们的研究也表明，在集体观看恐怖电影时，恐怖电影粉丝之间会因为怪兽的威胁而产生一种团结。震惊、害怕、拯救——他们所共同经历的这些意味非凡。《僵尸》在影院上映时，每当有僵尸的头颅被打碎，观众们都会爆发叫好声。这与在电影粉丝俱乐部中出现的现象类似。[1]

　　偶尔，人们也会因害怕而实现与攻击者的认同。让人印象深刻的是，1989年的巴黎奇幻电影节，这一电影节始于1972年，每年举办。我们在现场的观察尤其具有启发性，从以下记录中可见一斑：

> [……]充满攻击性和强烈节奏的音乐，从我们进入会场那一刻起，就不间断地在耳边轰炸，而且越来越响。我们可以从媒体席看到观众大厅，人们慢慢涌进来，将观众席变成了某种舞台。很多在场的观众都是年轻人，他们彼此嬉戏；有一些人乔装而来。有时，现场甚至会出现某部电影中的角色，他们扮成电影中的样子，受到众人的欢呼喝彩。观众们互相打闹、叫喊、大笑。人们还互相扔面粉包，喷射水枪，时不时还点个爆竹。我庆幸自己跟着有媒体证的伙伴一起入场，不需要被卷入这狂欢节般的现场。因为在媒体席上的观众的行为，与平时在受人尊敬的老派巴黎剧院中观众的行为没有什么差别。当一个60多岁的白发男子和一个20多岁的青年男子在我们前面落座后，全场爆发出热烈的掌声。大声呼喊、帽子横飞、一部分观众做出威胁的手势。托尼·柯蒂斯，他的女儿参演了邪典电影《万圣节》（1978），他自己也开始制作恐怖片；达里奥·阿基多，知名导演、这次电影节的获奖者，并没有对现场的混乱动容，而只对观众短暂示意。随后，阿基多的《恐

¹⁹³

1　这是恐怖电影节的典型场景："两三年前，我在某个一年一度彻夜恐怖的节日上，观众们一直在为头颅爆炸或内脏崩出的场景而欢呼"（Campbell 1993：10）。

怖歌剧》（1988）开始放映，这是对《歌剧魅影》的改编。观众的叫喊声是如此之大，以至于我们只能断断续续听到电影的声音。当幽灵第一次出现时，全场爆发出整齐的口号。伴随着威尔第的音乐，谋杀的场景被表现得淋漓尽致，我终于明白，这是未删节版。我的同行第一次看新派恐怖片，早已闭上了眼睛。当我们离开剧场时，她向我承认，这充满着威尔第音乐和呼喊的两个小时定会终生难忘[……]。（节选自1989年10月巴黎现场的记录）

剧场里发生的超越日常生活的震撼场面，让人想起巴赫金（1969：47ff.）所描述的作为民间欢乐形式的狂欢节。它的特征是大笑、各种身体感受、嬉闹和戏仿、古怪和夸张。因此，它实实在在是一种反抗的表现，它反抗的是意义、权威和责任。对电影粉丝而言，通过语言表达的意义其实无足轻重，更重要的是形象性和图像的震撼带来的威胁。观众席上没有人能从这狂欢节般的涌动中全身而退。"狂欢节是没有聚光灯的表演，没有观众和演员之分的全情参与，所有参与者都积极投入，每个人都行动起来"（Bachtin 1969：48）。这些完全暴露于狂欢的噪音和图像之中的参与者往往已经被投掷了满脸的面粉，全身湿透，成为集体实践的一部分，在这个过程中，先前存在的彼此之间的距离被拉近，以此来建造一个不同于日常生活、不同于一般节日的另类世界。观众们尝试参与到电影之中，将暴力场景，尤其是出现怪兽或杀手的场景，作为自身行为的触发点，比如他们会大喊、跺脚、起哄等。在颁奖的时候，全场爆发出震耳欲聋的呼喊声，大声咒骂组织者和荣誉嘉宾。只有当一等奖获奖者，导演阿基多上台时，台下才安静下来。

在人们观赏一些经典影片时，也会出现我们今天描述的狂欢节一样的盛况（参见Austin 1981；Baacke 1988：28ff.；Telotte 1991）。威利斯（1991：38ff.）将这种形式理解为基本审美。在共同的欢笑、鼓掌、嘘叫中，在对某些对话的模仿中，观众通过观赏创造了日常生活的戏剧性和诗意，观众和演出之间的距离被缩短了。

这些例子表明，观看恐怖电影和观看其他电影是不同的。恐怖电影粉丝不是被动的消费者，而是主动地去接受电影，并且参与其中。那些在电影粉丝群中被公认为重要和有价值的电影总会被反反复复地观看。很多人认为，一部电影必须有让人看第二遍的欲望，才能称得上是好电影。

我们之后会详细讨论这种"再次观看"的实践对获取知识而言所具备的深层次意义。电影粉丝当中不乏狂热分子，他们是"再次观看"的专家，有些电影他们甚至看过三四十遍。有些人在业余时间一直播放恐怖片，把它当作背景音，只有在音效或音乐的提醒下，他们才会对关键镜头给予关注。

6.6.3 电影的获取

因为恐怖电影在德国往往会被删减和修改，甚至被禁映，因此对电影粉丝而言，如何获取片源就成了一个大问题。[1]比较容易的方式是，去邻国观看，如果邻国还没有上

---

1 与此同时，这种做法已经被放宽了。很多在1980年代或1990年代被禁映的电影，至今已经无法被找到，甚至依然被禁。超现实主义暴力镜头在主流电影中站稳脚跟，已经给接受方式带来了改变。

映，则向英国、美国或亚洲的卖家购买。这让他们的爱好往往价格不菲，因此他们会联合起来一起购买电影。这些粉丝非常团结，比如他们经常将自己花大价钱收集来的电影提供给其他粉丝观看，但是不会借给圈外人，对于圈外人，他们天然就不信任。[1] 通过拷贝、交换和出借，粉丝们之间长期保持联系，甚至成为好友。

建立联系的一个重要形式是网络论坛或者电影粉丝杂志中的小广告。电影粉丝杂志的出版商会免费提供这样的版面，比如，"出售：某某恐怖电影的海报、照片等"、"寻找：《僵尸城市》；出售：《鬼玩人》"。这两部电影都曾在德国遭到禁映。

电影粉丝俱乐部的交流也有助于粉丝们互相出借影片。很多人甚至会订阅德国电影审查机构的刊物，因为这里面会定期告知哪些电影会被禁映。《拼接的影像》（*Splatting Image*）杂志每一季度出版一次，里面有一个名为"删减一览"的专栏，专门由电影粉丝来讲述电影中被删减的片段。比如：

> 《公园边缘的房子》（*La Casa Sperduta Nel Parco /*
> *Der Schlitzer / House by the Edge of the Park*）：《杀人不分左右》的仿作，虽然这部电影被准许在德国播出，但是被删减过。与荷兰版相比，德国版缺少以下镜头：
>
> ·杰克在一名女子的车里将她强奸并掐死（在德国版中仅仅暗示了强奸）；
>
> ·杰克用一名男子的剃须刀划破他的脸（在德国版

---

1 我花了很长时间才得以享受这一特权。

中仅仅有暗示）；

·［……］杰克连砍数刀将女孩的身体切得支离破碎（在德国版中只能看到手臂那一部分）。（*Splatting Image* 6/91：51）

如上所示，电影粉丝们通过将影片的某个版本与其他国家的版本进行比较，来获取电影的相关知识。[1]

福格桑（1991：232ff.）在恐怖电影和动作电影的青少年粉丝中也发现，随着1985年4月1日《公共场所青少年保护法》和《针对青少年的有害出版物发行法》的修订，尽管这些法律限制了影像店租借电影的条件，但是这一举措非但没有阻止青少年粉丝对恐怖电影的消费，反而更加强了他们对恐怖电影的需求，这些粉丝还用自己的方式去获取片源。除了找年长的同好者租借之外，他们也开始自己拷贝电影，完全不受市场或者成年人的束缚。

> 这明确表明了青少年电影粉丝对法律上的限制和禁令不屑一顾，他们用尽各种方式逃避法规的约束，获得片源。这种与成年人世界有意识的对抗并与之划清界限，去观看不被允许的电影，为他们的实践带来了自己的风格，因为这种"新的道路"代表了自治的电影粉丝群体的特殊行为模式。（Vogelsang 1991：234）

青少年电影粉丝也好，成年电影粉丝也罢，他们的各种活动和联系很大一部分是为了获得被禁的片源。国家的审片机

1　这些往往不完整，所以很多粉丝会购买自己喜爱的电影的各种版本。比如，《鬼玩人3：魔界英豪》的中国香港版与德国版的结局不同。

构从社会学意义，而非法律意义上，审查那些可能对青少年造成危害的影片。

根据福柯的理论，我们可以把审查看作是可预见的，[1] "一个彻底的非均质的集合，由话语、机构、建筑形态、监管机构、法律、行政措施、科学观点、哲学、道德、慈善事业等构成"（Foucault 1980：194）。这一定义较为普遍，可以被进一步细化，比如汉恩（1987a：30）所提议的，将审查形式"根据排除规则使用的方法"进行归类。[2] 关于恐怖电影，我们主要考虑的是针对欲念的审查，这是培养审美趣味的一种措施。

> 针对欲念的审查主要是为了将那些被认为是丑陋的、可笑的、可鄙视的或者恶心的东西排除在外。驳回并非针对其存在与否，而是否定被驳回事物的吸引力[……]它不是简单地禁止或阻止某种类型的艺术作品，但是它一定不会引起那些通过审查规则去认同之人的愉悦。两者的区别就在于不同的愉悦。（Hahn 1987a：31）

除了审美之外，对恐怖电影的审查还会增添上道德色彩，因为道德仅凭自己的力量很难让恐怖电影消失。

审查是"权力的游戏"，这样的权力不是被拥有的，而是被使用的。在一个关系不断改变的网络当中，"反抗点"始终与权力相伴。因此，电影粉丝们的实践是针对审美审查和道

德审查实践的反抗。仅仅出于这个原因，反抗的行为就已经充满乐趣了。"被禁止之物不仅存在，而且好玩，这是常见的状态，尽管从意识形态上它被否定了"（Hahn 1987a：31）。从某种意义上说，电影粉丝的社会世界是"反公共领域"的，如果没有审查制度，它可能完全是另一番面貌，或者根本就不会存在。

6.6.4 收集电影和其他物品

汉恩在他的《收集者社会学》中将收集分为两种类型：一种是为了储备而收集；另一种是为了自身目的而收集。这两种类型在恐怖电影粉丝中都存在。他们收集电影，是因为一些电影随时可能因禁映而消失，即使这些电影日后重现，也可能是删减版。[1]

因此，许多人在国外时会购买很多电影。在收集了这些电影后，也便于他们将其借给其他朋友，或者通过交换获得自己想看的电影。除了出于现实目的的收集之外，也有出于审美目的的收集。他如此形容这类收集者："最初的使用背景对他们而言已经不再重要[……]我们现在讨论的收集与拆分有关，其中包括将内容从它最初的背景中分离出来"（Hahn 1991a：60）。

在电影粉丝圈子以外，一般人对恐怖电影的消费仅限一次，最多观赏两次，因为恐怖的效果会减退。但是，粉丝们会以特殊的方式使用恐怖电影，让手段成为目的。"收集者将物品从'手段—目的'这一关系链条中拆分出来。将一个使用品

198

1　例如，前面提到的《鬼玩人》在很长一段时间内都是如此。

变成一个观赏品"（Hahn 1991a：60）。在这些恐怖电影审美家中，有一部分人专门关注很小范围的最心爱的电影，光是拥有这些电影，对他们而言就已经是一种审美享受，尤其是当这些电影不再流通之时。另外一些人则求全，希望收集得越多越好。他们关注某一类子集、某些导演或者某个国家的作品。他们还收集电影包装、电影粉丝杂志、书籍、海报、T恤、原声带、玩具、恐怖艺术品[1]等。我们在收集资料的时候，还发现了一个"怪兽俱乐部"，即"哥斯拉家族"，他们是专门研究日本怪兽的组织，收集所有与此相关的东西，不管是原声带还是积木、海报、照片，以此来完善他们的日本怪兽电影集和科幻恐怖电影集。[2]

199　　　对电影粉丝来说，电影从原来让人害怕和恐惧的物品，变成了一个知识物品，它脱离了原来的使用目的。收集是多次接受的前提，只有这样才能实现"再次解读"，并将电影建构成知识体。与其他的收集相比，恐怖电影粉丝的收集行为给电影赋予了新的实践意义。收集者会变成制作者，"收集者和制作者自是不同的，制作者也会收集无数的物品，但是他们始终想着该如何使用这些物品，不管是直接使用还是改变其功能"（Hahn 1991a：60）。

　　许多恐怖电影粉丝都会将出于审美目的的收集与实践联

1　在盛会上，比如在巴黎的奇幻电影节上；以及在专业商店里，比如在位于纽约、格拉斯哥、伦敦和爱丁堡的"禁忌星球"商店里，很多恐怖艺术品会被展出。这其中有一些是电影粉丝自己制作的，并且不对外出售。这些物品往往展示凶杀电影中的怪物或身体上的畸形。恐怖面具和断裂的身体部位也非常受欢迎，人们可以在非商业的电影粉丝杂志中找到它们。此外，还有专门的邮寄商店，比如德国的"录影带邮购"。

2　哥斯拉家族是来自日本的怪兽，它们甚至有自己的检索表，在社会圈子里广为流行。

系起来，他们会根据自己的兴趣，自己对恐怖电影情节的设计等一系列实践，去重新利用这些收集到的恐怖电影，并改变它们的功能。

6.6.5　电影粉丝杂志的生产和接受

在电影粉丝的反公共领域中，电影粉丝杂志和实时通信装置起到了重要作用。它们使跨越地域的沟通和组织得以实现。电影杂志可以在报刊亭买到，但往往并不真的受恐怖电影粉丝的欢迎，因为这些杂志往往很少报道恐怖电影，在这些恐怖电影粉丝看来，即使其中有涉及，也不专业、不中立。德语区的大多数关于恐怖电影的书籍亦是如此。

而电影粉丝杂志则被认为是专门给懂行的粉丝制作的。[1]这些杂志一般在报刊亭买不到，必须要预订后通过邮寄才能获得，或者从电影节和俱乐部活动中得到。我们在研究过程中发现了将近40种印刷版的电影粉丝杂志，[2]其中包括来自德国的《观察者》、《幻想荧幕》、《TNT》、《吸血鬼》、《晨昏》；来自瑞士的《黑暗狂欢节》；来自意大利的《恐怖和星系》；来自比利时的《生存杂志》；来自瑞典的《黑》；来自美国的《黑暗旧屋》、《媒体视角》和《午夜华盖》。

200

1　当然也有例外，比如粉丝杂志《邪恶的艾德》（*Evil Ed* No. 13/14：60ff.）就有一篇关于其他粉丝杂志的评论。它对"独眼龙医生恐怖俱乐部"进行了如此描述："愚蠢的顶点——那篇名为'汤姆·萨维尼：令人难以置信的布洛特玛之王'的文章，我还从来没有在一篇文章里读到过那么多的事实错误。我相信，警告的话已经说得够多了。如果有人无论如何想订这本杂志来看，这本将《荒诞》（*Absurd*）称为在西德被禁映的第二部好电影的杂志，那么地址在这里[……]"（*Evil Ed* No. 13/14：63）。

2　在网络上，人们可以找到全世界各种各样的免费的电影粉丝杂志。

有些杂志还包含了关于科幻电影或情色电影的文章。除此之外，还有商业化运作的电影粉丝杂志：《方格利亚》、《知名怪兽》、《影星》、《神奇电影》、《贝蒂页》、《血腥的方格》、《深红》、《戈尔兹》、《肉身之中》、《疯狂电影》、《恐怖小店》、《神奇荧幕》，以及之前提到过的《拼接的影像》。[1]

电影粉丝杂志会报道新电影、老电影、电影明星、导演、电视剧、被删减或禁映的电影，此外，还会告知粉丝们俱乐部聚会的消息、其他电影粉丝杂志、读者来信和小广告。如果某个粉丝会订阅电影粉丝杂志，甚至在杂志里发表作品，那么他无疑已经深深融入了这一社会群体，是一位名副其实的局内人。通过订阅一本杂志，粉丝们已经能够找到进入这个世界的入口[2]，杂志中有其他粉丝的地址、编辑部的地址。这对粉丝之间建构共同的观点非常重要，是社会文化经济的重要一环。

6.6.6 谈话和八卦

恐怖电影粉丝和其他电影粉丝一样，也非常喜欢谈论自己的爱好，在各个论坛里交流意见。他们谈论电影、事件和相关人物。比如，他们会详细讨论剧中人物在遭受威胁时的行为，自己在这样的情况下会如何表现。另一个重要话题是对相

201

---

1 纽曼在他的著作《恶梦电影》（1988）中列出了27种期刊。

2 根据我的观察，这也适用于德国和法国的嘻哈运动。劳对朋克一族也有类似的总结："[……]对那些感兴趣的读者来说，买一本杂志就能进入这个系统，因为几乎每一本粉丝杂志都会提到其他杂志，而且还载明了价格、内容和来源"（Lau 1992：103）。

关电影与恐怖电影类型之间的关系的讨论。

关于电影制作的内部消息更是广受欢迎。诸如谁写了剧本、谁对这部电影施加了影响这类信息，为理解电影提供了新的可能性。此外，对电影主题的讨论也为粉丝提供了阐述自己对电影的理解的机会，尤其是那些开放式结局的电影。有时候，粉丝也会各自扮演怪兽或者受害者的角色，再现电影情节。对那些成为朋友的粉丝而言，对电影主题进行深入讨论，也给他们提供了谈论自身问题的机会。通过各种信息和秘密的交流，粉丝文化的"谈话机器"（Berger/Luckmann 1969）被开动，他们之间的社会联系也变得更加紧密。根据欧恩（1987）的理论，我们研究的是"次级口头形态"（参见 Holly 1994）。

另一种重要的形式是八卦。八卦的对象不仅有电影粉丝，还包括知名人士。伯格曼将此描述为一种"八卦的对象众所周知，但是他与八卦者之间并不需要互相认识的关系"（Bergmann 1987：69）。除了粉丝之间日常的闲谈，各种商业或非商业的电影粉丝杂志也在助长这种闲言碎语。不管是导演、摄像师、化妆师还是演员，都逃不过被八卦的命运。

有的时候，粉丝也会获得认识明星的机会。比如，在一次俱乐部活动中，一个认识克里斯托弗·李且拜访过他的粉丝展示了很多他的照片，以及关于他家、他在伦敦最爱的地点等信息。通过这个展示，其他粉丝能够获得并交换关于李的私人生活的各种信息。这样的活动会达到何种热烈程度，取决于以下因素：

只有当知识被传递，秘密被揭露，拥有这些信息的人才能够把这些信息转化为切切实实的社会价值，比如社会认同、声望、被他人需要[……]。那些针对明星和老板的八卦尤其受欢迎，那些传播闲言碎语的人相信，作为被八卦者的"亲近的人"，被八卦者的名声多少也会转移到他们的身上。（Bergmann 1987：207ff.）

恐怖电影粉丝们还喜欢针对电影中的人物闲聊（参见Seiter et al. 1989；Jenkins 1992），比如，为什么麦克·迈耶斯要去谋杀？他疯了吗？抑或他是超自然生物？罗梅罗电影中那些幸存下来的人会如何对待僵尸？坎贝尔在《鬼玩人》之后还会经历哪些冒险？这些猜测和假设往往很容易转变为具有创造性的产品。闲聊八卦的审美维度显现了出来："八卦并非幻想，但它作为口头传统，在书面传递中是作为构成幻想的记忆和字母集合的"（Spacks 1983：15）。

6.6.7 知识的获取和展现

我们的访问表明，在社会圈子中，人们对电影和事件等信息的渴望非常强烈。很多电影情节充满了疑惑，呈现出开放性格局，技术特效让人物的维度大大提升，人们对这些事物的额外信息非常欢迎。许多粉丝都谈到，杂志、书籍、其他粉丝的文章常常像打开了一扇新的大门，让他们重新认识恐怖电影，获得更加清晰的感受和解读。人们会给特效的技术实现赋予特殊意义，不管这个特效在电影情节中的实际作用如何。他们不会把恐怖电影仅仅看作血腥的盛宴，而是对这个电影类型的审美价值做出判断。总体而言，通过媒体，人们融入了这个社会圈子，在里面建立起联系。

对电影了如指掌在粉丝当中意义非凡，知识的等级制度由此建立。[1]

这与人们对电影不同的使用，以及如何使用社会圈子里的传播媒体有关，比如并非所有人都知道影片中哪些部分被删减了。[2]

尽管知识的差距不可避免，但是粉丝们总是努力缩小这个差距，他们通过各种讨论、展览和文章扩展自己的知识。当然，通过这种展现，他们也要巩固自己在这个圈子里的地位。俱乐部内的交谈为这种圈子内的知识流通起到了很大的促进作用。

通过对种种融入行为的描述，我们可以看出，粉丝的社会联系并非由文化工业主导，而是来自他们自身的主动建构。贝克尔（1976：703）将这样的社会圈子定义为"由这些人或者组织构成，只有通过他们的活动才能够生产出那个圈子所特有的事件和物品"。这一近乎自圆其说的定义强调了社会圈子基于其成员步调一致的实践，这些实践创造了这个圈子，创造了圈子内社会物品和事件的意义，而传播网络则对创造共同的愿景起到了决定性作用。

1　埃克特等人（1991b：115ff.）指出，这在电脑粉丝的特殊文化中也有重要意义。

2　有时候，专家也很难确认一部电影是否完整。很多电影在不同的国家拥有不同的剪辑版本。比如，《活死人的地狱》（1980）的德语版的有些镜头在英语版中就没有出现，但是在德语版中，原版的结局却被删减了。

6.6.8　传播网络和大会

关系需要建立和维护，媒体的传播使社会圈子能够与圈外区分开来，也带来了有效的沟通（Shibutani 1955）。电影粉丝杂志、在线论坛、网络中的各种讨论（Wetzstein et al. 1994）、电影的主页、影院杂志、预告片，以及其他各种二级和三级文本，都在不停地传播关于电影、与电影相关的行为，以及社会圈子里的各种事件（比如电影节、俱乐部活动等）。这些都使每一个能够获得信息的人成为一个潜在的粉丝，他们可以积极地参与到圈子里的活动之中。

除了恐怖电影粉丝的定期聚会、俱乐部活动，还有分主题的地方性或国际性大会。比如，1991年在田纳西举行的第一届世界恐怖电影大会，各种电影粉丝杂志和新闻都预报并报道了这一活动；第二十届大会于2010年在布莱顿举办，组织者是"世界恐怖电影协会"（World Horror Society [worldhorrorconvention.com]）。

恐怖电影粉丝组成的社会圈子是一个广泛却松散的社会组织。比如，我们研究的恐怖和奇幻电影粉丝俱乐部就是由来自德国各地的成员组成的。我们访问的粉丝们往往与全世界的同好者都有来往，他们遍布欧洲、美国，甚至秘鲁，比如，瑞典和意大利的粉丝保持着联系。[1]在互联网流行之前一直以纸质形式发行、如今在网络中活跃的《电影粉丝辞典》（fandata.com）收集了来自全世界电影粉丝的地址，他们关于自己特殊兴趣的描述，他们在圈子里的主要工作等。这里面有

1　格兰·波林（Göran Bolin；斯德哥尔摩大学）告诉我，他正在对斯堪的纳维亚的恐怖电影粉丝的社会圈子进行研究。

许多恐怖电影粉丝。这些例子说明了，正是由于粉丝们不断地沟通、积极地参与，才有了社会圈子的形成和延续。

许多处于边缘的粉丝没有什么人脉，也无法详细描述自己的兴趣，对圈子的认识仅仅局限于常见的图片和报纸。但是，他们越融入这个圈子，就越能感受到这个亚社会的广阔。[1]总的来说，粉丝的人脉多寡表明了他们在这个圈子的融入程度和参与形式。[2]

6.6.9 社会圈子的结构

恐怖电影粉丝的社会圈子必然有赖于各种基于媒体的互动，因为面对面的互动只能在很小范围内实现，比如粉丝俱乐部、电影圈子，以及通过相同爱好建立起来的个人友谊。大多数电影粉丝通过网络、杂志、信件、电话、脸书等来保持社会圈子内部的互动。

因此，进入圈子、深深融入或者退出圈子都很容易，这对圈内其他成员来说几乎感觉不到。圈子的结构也保证了人们能够"以不可见的方式"参与，一直匿名存在。我们可以将恐怖电影粉丝的社会圈子看作一个"文化舞台"（Shibutani

---

1　电影粉丝俱乐部"奇幻电影之乐"的主席和其他的粉丝俱乐部有联系，他会阅读它们的杂志，获得新电影的新闻简报，甚至也与国外的俱乐部有联系。而特里尔的某个恐怖电影粉丝，多年来独自观看所有电影，但他会在我们举办的小组讨论上与其他粉丝建立联系，寻找谈话和交流的伙伴。这些例子都说明，这些角色具有高度的非正式性特征。这两者都认同这个社会圈子里的兴趣、前景和问题，但彼此也许并不认识。对他们而言，联邦审查机构是一个令人激愤的名字，正如一个前主席所言，是一个"可笑的所在"。

2　安鲁（1983：15）的理论再次得到了证实，对社会圈子的融入往往不可见，因为这些活动、流程和行为都不会出现在公共场合。人们阅读新闻推送、看电视、听广播、看录像带、写信、打电话，这些事情都倾向于独自完成，或者与志趣相同的人一起完成。

1955），它的界限并非通过空间领地或正式成员来标定，而是通过成功的交流。

加入这个圈子是自愿的选择，但是电影粉丝俱乐部和电影粉丝杂志等案例也表明，圈子成员尚有一些需要遵循的义务，每一个人都会被要求积极参与进来。比如，如果某人答应给电影粉丝杂志投稿却没有完成，就会被警告。但是，这些角色都不是正式给定的，而是根据情况和主题在随时改变。然而，通过传播网络联系在一起的各类人群，必然有着不同的参与形式和融入程度。

在圈子中，电影粉丝可以通过不同的参与形式实现在地化，比如其特殊的兴趣、特别的现实建构，或者特定的实践。通过对参与形式的分析，我们就能将恐怖电影粉丝圈中那些不为圈外人所知的特点展现出来。

在这之前，我们将揭示社会圈子的历史源头，以此来说明这一后现代审美所带来的改变其实源自人类社会对恐怖的欲望的一贯态度。

6.6.10　篇外：令人舒适的恐怖如何诞生

"你相信有鬼魂吗？""我不相信，但是我害怕它。"[1]
德芳侯爵夫人——伏尔泰的好友、恐怖小说的疯狂追随者——针对她是否相信鬼魂的问题，曾做出如此回答。之后，这个回答广为流传，因为它将这一问题的复杂性表现得淋漓尽致，即使在启蒙运动的时代，人们对超自然和非理性事物的害怕从未消失，这些事物只是具备了另一种形式，接下来我

1　引自《世界报》（1976.10.1：25）。

们将仔细辨析。

　　尽管受过良好教育的侯爵夫人知道没有鬼魂，但是她应该不会午夜去拜访墓地，或者穿梭于森林和山脉之中。文学家理查德·阿勒温（1965）指出，理性知识和非理性迷信的组合，是18世纪和19世纪人类集体思想的体现。尽管知识渊博、受过良好教育的阶层能够解释各种自然事件，比如他们知道雷电是大气中的放电现象，但是他们还是会在雷电天气带着些许恐惧关上窗户。他们清楚地知道，他们的情绪并非外界情况所带来的可以被理解的后果，而是他们内心假想的结果。

　　我们从一些来自启蒙运动之前的歌曲或祈祷文中可以看到，对他们而言，害怕是一种主导的存在感。那是一个充满着众神、阴暗力量、鬼魂和魔鬼的世界（参见Delumeau 1985）。人们害怕过去、害怕雷电、害怕自然，阿尔卑斯山不是美丽的自然风光，而是陡峭的山崖、无底的深渊、可怕的峡谷（Alewyn 1978：311）。启蒙运动带来了理性的世界观，这伴随着各种数学计算和对自然的解释（笛卡尔："我们为自然制定法则。"），以此实现"祛魅"（韦伯语）。同时，内心世界却"被施了魔法"，一些概念，比如"性格"、"脾气"、"下意识"，表明了人们在内心寻找情感，以此认定"灵魂的内部大陆"的存在。

　　德芳侯爵夫人知道，理性告诉我们没有鬼魂，但是那个时代的人也明白恐惧来自想象，因此他们可以用有意思的方式来感受恐惧。阅读恐怖小说可以把恐惧转变为享受，因为我们无须再去争辩有关鬼魂是否存在的话题，并且我们的理性也不会受到侵害。那个时代还有很多以这种方式来处理情

207

感的例子。

埃德蒙德·伯克在《关于我们崇高与美观念之根源的哲学探讨》（1757，1958：39）中提出，害怕和痛苦也可以以舒适的方式来体验：

> 凡是能以任何方式激发痛苦和危险观念的东西，也就是说，凡是有任何可怕的东西，或关于可怕物体的谈话，或以类似于恐怖的方式运作，这些都是崇高的来源；也就是说，它能产生心灵所能感受到的最强烈的情感[……]当危险或痛苦逼近时，它们无法给予任何快乐，而只能让人恐惧；但是如果能够与其保持距离，并且对其进行适当修改，它们或许是，而且确实是令人愉悦的[……]

类似的想法在康德的《判断力批判》（1790/1968：26）和卢梭的《忏悔录》中也可以被找到。卢梭描述自己最喜爱的地方是，萨瓦的阿尔卑斯山脉峡谷边的一条小路，在这条小路上行走，他发现自己是安全的，还可以久久地观察一条奔流的小溪，也就是说，在极其舒适的情况下，他产生了眩晕的感觉。他写道："我非常喜欢这种眩晕，只要我是安全的"（引自Alewyn 1978：316）。卢梭的经历也表明了人们对待害怕的不同方式。害怕不再像中世纪时那样由极端因素引发，而是可以为了满足愉悦的目的而自己制造。

科林·坎贝尔（1987）在他的历史研究中探讨了消费伦理的诞生，根据他的研究，愉悦并不能简单地通过满足欲望而获得，它取决于是否有能力将自身的感官感受作为潜在的刺激来使用。因为并没有什么真正的危险，卢梭便可以自己去调节害怕，用它来实现享乐主义的目的。

这一改变促成了恐怖小说的诞生。中世纪时期，人们对地狱、魔鬼等的迷信经由神职人员把控的宗教符号与强烈的情感紧密联系在一起。启蒙运动的怀疑主义和理性主义使这些信仰在17世纪晚期和18世纪早期逐渐瓦解。但是，这些符号及与其相关的恐惧和害怕却留到了现在，尤其是在哥特小说、恐怖小说和人们对它们的接受过程中占据一席之地。随着恐怖小说这一类型的诞生，人们对恐怖的欲望也逐渐被制度化。哲学家和文学家认为，这是一种"欢愉的恐怖"（Dennis）、"舒适的疼痛"（Fontenelle）、"享受的恐惧"（Batteux）（Zelle 1987：xvii）。

哥特小说的诞生带来了相应的社会圈子的建立，这些圈子就是今天恐怖电影粉丝圈的鼻祖。1765—1840年，哥特小说在英国和很多欧洲国家是最受欢迎、被阅读次数最多的文学形式（参见Haining 1973：10）。当时，哥特小说的出版风头强劲，但是它也如当今的恐怖电影一般，备受争议：

> 这一类型，尽管大受欢迎，但是并没有得到广大公众的认可，那些作家往往为自己写了这些作品而公开致歉，而读者常常要寻找各种托辞才能阅读这些小说；有时，他们不得不对好不容易得来的小说假装蔑视。
> （Campbell 1987：175）

尽管当时的浪漫主义情绪煽动了人们对想象所带来的情感愉悦的渴望，但是如坎贝尔所言，这种渴望从未被公开认可过。

如果我们仔细考察恐怖小说的情节，就会发现它与我们熟悉的市民的日常生活没有半分相似。现实显得不再可靠、含糊不清，未知的力量、幽灵、怪物和魔鬼四处行事，威胁着人类。瓦尔特耶（1991：58）将不同的恐惧总结如下：

> 一方面，恐惧来自各种描述，魔鬼如何将无助的受害者拆骨割肉，宗教法庭如何焚烧无辜者或者实施其他残酷的身体折磨，正如我们可以在《曼克》、《流浪者梅莫斯》，以及其他大量当时的哥特小说中读到的；另一方面，我们自己的故事[1]也唤起了恐惧。这不是一种对身体损害的恐惧，而是心理恐惧。主角往往深陷危机而无法逃脱，他们没有机会与迫害者对抗。

此外，在哥特小说中也常有情色描写，这与犯罪和虐待狂紧密相关。"可见的被不可见的掩盖、熟知的被不熟知的淹没"（Alewyn 1978：322）。恐怖小说的取胜秘诀在于紧张。害怕是对不确定场景的情感反应，尤其是当人们知道危险的存在，却无法获知什么危险会从哪里来的时候。洛夫克拉夫特解释道：

> 要检验是否真的令人生怖，只有一种方法，即是否能在读者心中唤起深深的情感，接触到未知空间和力量的感受，一种微妙的令人汗毛直立的聆听，竖起耳朵听黑色羽毛拍打的声音，听未知宇宙和未知生物挠爪的声

1　瓦尔特杰（Waltje 1991）的研究主要涉及迫害这一主题。

音。（Lovecraft 1927/1987：12）

在18世纪和19世纪，人们对恐怖小说的极度喜爱并非因为小说所表现的残酷和残忍，这些残酷和残忍必须在小说情节中才能获得意义，这里的关键在于，要以想象的方式激发起读者对害怕的体验。

洛夫克拉夫特强调，读者在看恐怖小说的时候，必须具备一定的想象力，并且能够将自己从日常生活中抽离出来（Lovecraft 1927/1987：7）。读者在阅读的时候，需要为符号注入想象力，并对情节始终充满好奇。"暂停怀疑的意愿"（Coleridge）才能使充满愉悦的体验成为可能，包括对情感的体验，以自己可以接受的广度对这个想象性世界的深入探索。他们与当今的恐怖电影粉丝的共通之处是显而易见的，罗兰·艾肯（1992）指出，今天，除了印刷媒体以外，作为技术前提条件的电影和其他电子媒体，也加入了情感的制造和获得的行列。

6.7 粉丝的类型

210

6.7.1 导　言

尽管休闲世界的社会角色具有高度的非正式性，因为人们参与其中往往不需要获得其他成员的社会认可，但是我们可以以此确定不同的参与形式，这自然而然导致了某种休闲职业[1]的产生，它标志着通往社会圈子核心的道路。就恐怖电影粉丝的社会圈子而言，我们将他们区分为各种类型[2]，包括新手、游客、爱好者和狂热者。[3]这些分类暗示着，在"粉丝文化"的背景中存在着不同的接受实践，这些实践带来了相同抑或不同的经历、经验、知识形态和关系。新手往往停留在社会圈子的边缘地带，事实上我们还不能以"粉丝"来称呼他们；而游客则是那些对恐怖电影感兴趣的普通观众，他们后来可能会逐步成为（临时的）电影粉丝。

6.7.2 新 手

6.7.2.1 第一次相遇的震撼

在被研究的对象中，一般来说，新手是那些出于兴趣去接触恐怖电影的人，但是由于这是他们的第一次接触，尤其是当他们观看凶杀电影时，其体验是不妙的。人们要想彻底看

---

1 埃克特等人（1990：35）认为："即使在休闲领域也可以看到职场攀升的场景。在这个模式下，它与客观结构化的一般职场攀升无关[……]，它与行为者的意识发展和特定的行动相关。"

2 戈夫曼认为，新手和游客这两个类型具有比喻意义，他们探索社会圈子，并对实证材料做出归类。布朗在《社会学的诗意》（*A Poetic for Sociology*）一书中尝试证明社会学的历史就是对一些比喻的研究，他对比喻做出如下定义："（1）比喻涉及将一个意义系统或意义级别中的概念传递到另外一个概念上[……]；（2）从字面上来讲，比喻是荒谬的[……]；（3）比喻是期待被理解的；（4）比喻仿佛是有自我意识的"（Brown 1977：80-85）。虽然缺乏系统性，但是在社会圈子里，爱好者和狂热者都被公认为是粉丝。

3 以此，我们与现象社会学和符号互动论联系起来。重要的相关作品包括，阿尔弗雷德·舒茨关于陌生人的文章（1932/1981），迪恩·麦克康内尔关于游客的著作（1976），威廉·F.怀特的《街角社会》（1955），赫伯特·甘斯的《都市乡下人》（1962），以及大卫·安鲁（1980）的系统化尝试，他将社会圈子里的人分为"陌生人"、"游客"、"常客"和"圈内人"。在电影研究领域，布鲁斯·奥斯汀（1981）将洛基恐怖秀的爱好者分为"初识者"、"老手"和"常客"，他根据这些人参观的次数来进行区分。

懂今天的恐怖电影，必须对恐怖电影这个类别有一定程度的了解，因为这里面涉及的形象和主题，从1970年代的民众文化开始就一直延续至今。瑞恩和凯尔纳在他们的分析中写道："恐怖电影是1970年代和1980年代早期最受欢迎的电影类别。神秘学圈子、魔鬼附体、暴力砍杀、心理变态杀手、狼人和吸血鬼——各种类型的影片层出不穷"（Ryan/Kellner 1988：168）。此外，大多数观众都是看着电视里的童话故事、恐怖故事、漫画和恐怖片长大的。尽管如此，第一次与新型恐怖电影接触，对大多数观众来说仍然不是一个愉快的经历，这些电影中的暴力场景充满了超现实主义色彩，给观众带来了视觉冲击，让他们产生了害怕和恶心的情绪。很多观众无法坚持到最后。[1]除此之外，人们在接受这类电影的时候，需要代入感[2]，而新手往往不具备这个能力。

　　凶杀电影的艺术恐怖性唤起了大木偶剧场的效果，它有意识地打破禁忌，违背观众对情节发展的一般期待。暴力、折磨、谋杀等场景只会被部分展现，甚至只是被暗示，但凶杀电影的导演还是尝试打破电影审查的界限，将暗示尽量明示出来。因此，凶杀电影的特征是它能够显露的程度。柏林的某个凶杀电影节发布过以下公告：

　　　　那些所谓的电影爱好者在听闻硬核恐怖电影的时 212

1　比如，我在特里尔大学上研讨课时播放《僵尸》这部电影，73名学生中有62人提前离场，超过一半的人在僵尸第一次以血腥的方式收场的时候就离开了。同样的结果也出现在我在特里尔成人教育中心组织的"经典恐怖片专场"中，当时播放的是《活死人之夜》。我们可以认为，当时观看的人原本都打算严肃地研究这个课题。

2　戈夫曼（1963：43）如此定义：代入感是指每个个体可以给予的能量，或者说他对手头某个活动的毫无保留的专注力。

候也会脸色发白，好像他们在血肠里看到一只老鼠。他们最多能接受的也只是像布莱恩·德·帕尔玛式的准恐怖片，凶杀电影是一个属于自己的、非常特殊的电影类型，带有不同寻常的生命深度——闪着寒光的尖刀不停地插入腹中，斧头不会错过位于两眼之间的目标。而温柔的恐怖片有意隐藏或删减的部分、那些鲜血淋漓的细节，在凶杀电影中却成就了对肉休残忍的深刻的爱[……]你一定可以在里面找到你想要的：审美者找到自己的审美观、血腥爱好者找到血液、热爱邪恶女之人找到邪恶女、性爱爱好者找到性场景。（引自Hartwig 1986：127ff.）

就算是观影经验丰富的观众也难免会有"负面的经历"，因为他们对这种赤裸裸的具体的暴力呈现颇不习惯。他们一开始往往不能和那些带有角色色彩的呈现保持距离，因为他们从特效的技术实现来看待这些场景。戈夫曼（1977）认为，他们无法看透这些电影的现实层面，暴力、恐惧和恶心只是呈现那些非常规的审美现实和心理现实时必然出现的现象而已。因为新手是在大的背景下去理解这些电影，所以他们体验到的主要是负面情感。[1]对于那种本能的体验，新手往往很难做到。威廉姆森曾对某个电影评论家的经历如此描述：[2]

---

[1] 至此，我们离得出"观众是受虐狂，导演是虐待狂"的结论也不远了。

[2] 即使是一个对恐怖电影熟知的老手，对其社会学背景和特效了如指掌之人，比如罗尔夫·吉森，看起来也无法将银幕上的暴力与现实中的暴力区分开来。凶杀电影中的效果看起来太真实了。在影评中，他将国际范围内备受好评的具有艺术家称谓的导演大卫·柯南伯格和希姆莱做比较。"但是，柯南伯格在《变蝇人》中所展现的，在我看来是更高程度的病态想象。它的恶心程度终于让我不得不呼吁禁止这类反人性的作品"（Giessen 1990：308）。

两个礼拜之后，那个评论家又去了电影院。这次他看的恐怖电影是《13号星期五》，他在报纸专栏里将其评价为"用特效泯灭人性的讽刺剧"[……]"甚至连转头不看的仁慈都不再施舍给观众"。但是，这位评论家恰恰给了自己这种仁慈。他关于这部电影所给出的大部分信息都是错误的，如果他是一个手工业者，那么他早就因为危害公共安全而被吊销执照了。（Willemsen 1985：104）

6.7.2.2 特定背景下的误解和迷失

这个例子体现了新手对恐怖电影的感受：暴力和血腥的盛宴。[1]他们会把凶杀的场面和情节分离开来，将其解读为单纯的暴力，从而忘记它的功能性特征。[2]他们心里充满了厌恶和恶心，无法再愉悦地观看电影。就算他们把电影看完，也无法接受这种"人工"的恐怖。[3]观众尝试用他们在其他背景下（传统恐怖电影或者恐怖故事、恐怖漫画等）得来的知识和相关框架，去解读他们观看凶杀电影的经验。作为民族志学家[4]的舒茨出于职业原因观看这些电影，也做出了同样的尝试。

新手和其他人相比，无法了解恐怖电影粉丝的社会圈子中相关的活动、事件和进程，没有一个合适的关联系统。比如，废弃古堡中的恐怖电影粉丝的集会上会发生什么？怎样且

---

1 青少年保护工作者非常喜欢在家长会上播放剪辑出来的暴力镜头合集，这些暴力镜头从电影背景中被分类，并被单独呈现。通过这样的剪辑，他们很容易说服家长同意他们的做法。

2 迄今为止，联邦审查机构的实践也给人类似的印象。

3 当然也无人提出此要求。在情感和智力上对恐怖电影不加区分的抗拒，并不代表对电影的理解能力存在障碍。

4 然而，他需要以此做研究，比一般人具备更强的坚持能力。

为何要成为恐怖电影粉丝俱乐部的主席？在弗莱迪·克鲁格的粉丝集会上会发生什么？舒茨认为，一个外人[1]会对此感到困惑，他们需要重新定义这些情况。要想在这个新世界里找到方向，他们必须拥有关于"那些事物"的知识，而且还得知道"为什么"（Schütz 1944/1972：67）。

新手普遍会感受到的迷失往往会带来负面体验[2]，这将导致他们很快把注意力从电影上转移开来，不再和电影粉丝有进一步接触，[3]如果他们真的认识一些粉丝的话。这些新手没有共同的兴趣或感知，他们的知识也是边缘化且没有系统性的。他们不认识其他导演，不了解凶杀电影的背景。他们把这类电影一律归入"屠杀"范畴，认为其血腥且永远只有一种镜头：杀人的情景、残忍的场面、分裂的身体等。他们无法在恐怖电影类别的背景之下去理解这些电影，因此也就无法区分纯粹的劣质仿作[4]与充满艺术性的复杂电影，比如《鬼玩人》，这些电影用反思的、讽刺的、保持距离的方式来表现暴力。

曼尼[5]，19岁："《鬼玩人》不应该成为一部经典影片[……]在我看来，这里面没有太多的情节，只有纯粹的屠

---

1 关于陌生人社会学，参见Hahn（1992）。
2 戈夫曼（1977：410）如此定义负面的经历："现实在道德沦丧间彷徨摇摆，他有了一个负面的体验，负面的意义是，它取决于它不是什么。那么，它不是什么呢：一个有组织的、由组织来确认的反应。"
3 就算继续与电影粉丝有私人接触，那也往往与电影无关。
4 纯粹的劣质仿作是对现存成功的恐怖片或情色片的剥削。从制作角度而言，它纯粹依靠效果，情节只是性场景或暴力场景的"遮羞布"。在凶杀电影的领域中，尤其是意大利导演出品了很多这类电影。诚然，对一个专家而言，即使是这样的电影，也可以从审美角度去观看（参见Stresau 1987：156ff.）。
5 所有电影粉丝的名字和提到的地点均有改动。

杀。"

罗伊，21岁："我觉得，恐怖电影根本毫无意义，它只供娱乐。但是人们又能从中发现什么意义呢？当一个人用电锯把另一个人的头锯开，这又有什么意义呢？也许是告诫那些要用电锯工作的人，工作的时候头部尽量离电锯远点？"

弗雷德，42岁（音像店主）："有一定的客户圈子，他们只看恐怖片。我夸张一点说，他们就是狂热者，人类的渣滓才会喜欢看这种电影。失业者和'垃圾'，当然他们也给店里带来收入。是啊，没办法，靠他们店才能活着，所以我也必须购入这样的片子。这就是问题所在了[……]《鬼玩人》最近每天都被借走。我自己没看过其中任何一部，特别讨厌这样的电影。我爱看像《第一滴血》这样的影片，但恐怖片不行，可是恐怖片的行情好。"

新手没法以合适的方式去理解凶杀电影的情节和效果的意义，更别提它的内在互文性，以及很多独立制作的影片的社会批判性和文明批判性。自我引用是这一电影类型的主要构成模块，它要求观众通过电影以外的经验对情节发展和所期待的效果有所了解，并且知道接下来将会发生什么，[1]只有这样，他们才可能真正享受这部电影。

6.7.2.3 代际之间的接受鸿沟

此外，我们还能识别出代际之间的接受鸿沟（参见Eckert et al. 1991；Vogelgesang 1991；Willis 1991）。成年人很难理解这样的电影，因为他们对待视觉现实的态度与年轻一代是不同

---

1 通过以往的媒体经验已经对恐怖电影有所准备的观众，可以更快、更容易地专注于享受恐怖中令人愉悦的部分。

的[1]。凶杀电影充斥着感官刺激，哈特维希用一个例子很好地展现了一个愿意观看且有足够代入感、愿意理解电影吸引人之处的成年人，在观看《夺宝奇兵2之魔宫传奇》（1984）时的感受：[2]

> 突然之间，我无法再开怀观影，没有什么桥段能让我舒服，换言之，我感觉非常不妙。电影的中段，当一个人被"献祭"的时候[……]我在第一次看这部电影时差点吐了。我说差点，是因为虽然没吐，但是整个人都无力了，被一种混杂着害怕、恶心、愤怒、误解和无意识反抗的情绪完全占据。我完全失去了距离感，我的那些关于感官、目的、审美手段、入侵性和空虚性的知识在很长一段时间内完全消失，无法使用。（Hartwig 1986：7）

而在年轻人当中，恐怖电影非常受欢迎。[3]我们几乎可以用"接受鸿沟"来描述这种差异[4]（Rogge 1985a；Eckert et al.

1　哈特维希（Hartwig 1986：105）写道："与那些从漫画或电视及视频中学习想象的人相比，那些从阅读中学习想象的读者对现实的组成有着完全不同的感知。"格林菲尔德（Greenfield 1988）和霍奇/特里普（Hodge/Tripp 1986）将实证材料组织在一起，令人印象深刻，以此支持哈特维希的观点。塞纳特等人（Theunert et al. 1992）指出，儿童已经能够很好地掌握电视，能够有目标地选择他们需要的节目（参见 Rogge 1990；Bachmair 1993）。

2　斯皮尔伯格的这部电影属于奇幻类，但不是恐怖电影，它具有一些凶杀电影的元素。根据拉什的理论，它属于后现代主流电影。哈特维希的经历描述了成年人在接受这些电影时的典型感受。

3　在很多电影中，年轻人也是主角，比如《13号星期五》（1979）和《猛鬼街》，虽然很多好莱坞主流电影都是如此，但并非所有恐怖电影都是为年轻人拍摄的。

4　罗格写道："恐怖电影的吸引力在于，过去十年，人们通过各种动作片已经为这类恐怖体验做好了准备。'海蒂'和'金刚狼'对应的是相似的动机、需求和期望。年长者对这些电影往往表现出无助感，因为他们以往的经历不能帮助他们掌控对这些电影的接受"（Rogge 1985a：97）。

1991a：70；Vogelgesang 1991），因为年轻人享受与恐怖电影的符号互动，并创造出属于他们自己的"惊吓审美"（Willis et al. 1991：64）。

　　罗纳德，19岁："我们有一次组团看了一部恐怖片，名字已经忘记了。我记得我坐在家里的沙发上，四周一片漆黑，我是如此紧张，甚至没留意到香烟上的烟灰已经直往下掉[……]当有人从后面碰到我的肩膀时，我都快吓死了。我完全融入了电影，这种奇妙的感受在其他电影类型中还没有体验过。"

　　年轻人更容易对这一电影类型[1]感兴趣，想通过它深入体验害怕和紧张。这是具备足够代入感的前提条件，只有这样，他们才能从新手发展成游客，并进一步深入这个社会圈子。

6.7.3 游 客

6.7.3.1 体验饥渴

　　我们所理解的游客是指那些在旅途中的人，他们想要体验愉悦和新鲜事物，认识不同的地域、国家和文化。概括地说，他们是在寻找文化体验，这种体验具备非日常的特征。[2]迪恩·麦克卡耐尔（Dean MacCannell）在他的专著《游客》（*The Tourist*，1976：23ff.）中，将文化体验[3]分为两个部分：

217

1　孩童当中也有喜欢恐怖体验的，他们可以成功地将负面情感转化为愉悦。对恐怖电影粉丝而言，只要那些激烈的暴力场景在该电影类型的特殊框架中存在，与现实和日常生活保持距离，就是可以接受的（Theunert et al. 1992：113）。

2　科恩和泰勒（Cohen/Taylor 1977）在一个专题论文中讨论了非日常的追求。

3　作为戈夫曼的学生，他引用了戈夫曼的论著。

（1）文化体验的"数据"是假想的、理想化的、密集化的社会生活模型，它主要通过媒体传播；（2）通过这个模型，想象和情感被制造、创造和深化。

当我们谈论恐怖电影时，一开始我们比较容易把连环杀手[1]，或者因环境污染产生的怪兽理解为"社会生活模型"，却很难把它套用到德古拉公爵或者撒旦身上。但是，社会想象物也属于社会生活，它们通过宗教或文化进行传播[2]，在社会生活中扮演着重要角色，因此，德古拉和撒旦也是社会生活模型。一个游客进入恐怖电影粉丝的社会圈子，其目的是通过消费这种"模型"来体验深刻的紧张、害怕、恐惧和恶心。

这些游客想要更进一步了解电影粉丝的活动和事件（比如电影节），想要知道这些电影是如何被制作出来的，以及其他粉丝是如何接受和评价这些电影的。

218 6.7.3.2　探索性活动

作为游客，他们主要还是在消费恐怖电影和杂志，他们往往有一张拷贝影碟，可以随时随地体验恐惧。他们也可能有一张小小的电影收藏清单，可以不定时拿出来重温。

威利，30岁："我有的时候两周看一部恐怖电影，有的时候一周一部，平均来说一个月两到三部吧。有的时候，我也

1　报纸中关于连环杀手和未破解的谋杀案的报道往往成为恐怖电影的主题，比如《德州电锯杀人狂》就是以威斯康辛的杀人狂艾德·盖恩为原型的（参见McCarty 1984：68ff.）。

2　一些恐怖电影类型的解读者认为，它们可以传递宗教体验。比如，洛夫克拉夫特认为，艺术恐怖所带来的混合恐惧感可以增强宗教观。"对奇怪事物的尝试可以进行这样简单的解释——是否可以激发观众深刻的恐惧感，是否让观众接触到未知的空间和力量；带着惊恐的态度聆听，仿佛可以听到黑色翅膀的振动，以及无限广大的空间中某个物体发出的抓划声"（Lovecraft 1927/1973：16）。

会很长一段时间都不看，因为那会儿我可能对其他事物产生了兴趣。"

科沙夫，39岁："我一般在周末看电影。周中的时候我没兴趣，因为晚上总是太累了，没法真正观赏电影[……]一般一个月左右，我就会借一次动作片、三次恐怖片来看。"

游客对恐怖电影的消费没有规律，这也是因为他们可能对其他电影类型感兴趣，[1]始终在寻找类型电影的典型体验。

威利，30岁："我也喜欢看查尔斯·布朗森的电影，[……]或者《比佛利山超级警探》之类的电影，因为艾迪·墨菲总能演得轻松自如[……]我也看《留校察看》这样的喜剧电影。总之，各种类型都混合在一起，并不是说我从早到晚就只看恐怖电影。"

科沙文，39岁："是的，我挺喜欢看科幻电影，应该说所有不同寻常的电影我都喜欢。"

我们已经清楚地了解到，游客的主要特征是好奇，这种好奇并不仅仅局限于恐怖电影类型。当他们想体验恐怖时，熟人或电影评论人可以给他们提供可供选择的电影。他们努力学习与社会圈子和电影相关的内容，慢慢地便熟悉了导演的名字（比如托比·霍柏、乔治·罗梅罗、弗兰克·亨南洛特、威廉·拉斯蒂格），并掌握了各种子类型。

杰哈德，22岁："有时候我也会问音像店的老板，有什么

219

1　恐怖电影的游客一般都是电影粉丝或者电视粉丝，他们愿意尝试这些媒体所提供的所有类型的节目。

好的电影推荐。一般而言，看导演就能知道电影的水平了。比如，达里奥·阿基多或者斯蒂芬·金[……]"

让，20岁："当卡朋特或阿基多拍了新电影，我都会看。听名字就知道是好电影，不是什么便宜的粗制滥造。"

改编自奇幻类文学作品的电影也是人们选择的依据。

约娜，24岁："我特别喜欢斯蒂芬·金的小说。我几乎读了他的所有作品。如果某本书有了电影版，我肯定会看。我想知道书里的描述如何被转变成电影里的场景。"

另外一个选择影片的方式是预告片。人们在网上经常能够看到预告片和电影海报。

威利，30岁："音像店里通常会有一些介绍电影的专业小册子。只要读一读，便知道电影的大概情节，并能够判断出到底是否值得一看[……]我偶尔也会读《电影院》之类的杂志，朋友也会推荐某些必看电影。我自然很熟悉朋友的品味，这样我就大概能够想象该电影是否值得一看。"

科沙文，39岁："我从来不读电影杂志。我一般直接去音像店，看看电影名称，读一下印在盒子后面的介绍，便能决定是否要看。往往通过熟人的介绍，我就已经知道要看什么了。"

220 看恐怖电影的游客会使用各种信息源，包括来自其他粉丝或发行商的信息。他们还没有那么深入这个社会圈子，因此可能还没有接触到像《方格利亚》[1]这样的商业杂志，也没有

---

1 《方格利亚》在德国很难被买到（www.fangoria.com）。该杂志在1994—1995年曾经出过德语版，但是八期之后就停刊了。

参加俱乐部的活动。他们的兴趣主要在于对电影的接受，偶尔会参加电影节。这里的关键在于，他们参加的是由他人制造的"事件"，而他们自己只是去"消费"而已。

6.7.3.3 表面的接触

游客与其他粉丝之间只保持着松散的联系，他们会向后者询问影片的优劣，偶尔还会彼此交换影片观看。他们一般独自或与伴侣一同观看。

威利，30岁："我喜欢独自观看恐怖电影。有时候我太太也会加入[……]但是她更喜欢《丹弗》或《达拉斯》这样的剧。"

科沙文，39岁："周六和周日晚上，我往往一个人看电影。我的女儿一般不爱看，我太太直接说，'要看你就自己看，我不爱看这些'。"

这些游客偶尔也会在小圈子里集体观影，但是这种情况极少出现。因此，他们和其他粉丝的关系总是浅表的、随意的，因为正如其定义，游客只是"在旅途中"，如果他们不进一步深入这个社会圈子，就会离开，寻找新的体验。

6.7.3.4 寻找超越日常之物

游客不是恐怖电影类型及其内容的真正专家，因此他们无法完全理解那些浸淫已久的恐怖电影粉丝或评论家的语言。但是，通过他们的观影经验，他们至少能够大致对这些电影进行归类，并且知晓了导演、演员和电影名。

米歇尔，29岁："我觉得有两种类型，有一些恐怖电

221

影，比如那些有僵尸的电影，你可以看到很多血；还有一些电影，类似于《闪灵》，更多的是在制造悬念。"

维克多，24岁："在我看来，恐怖电影分为两类：一类是血腥的，另一类是心理恐怖。在第二类中，你看不到很多暴力场景，但会经历紧张的情节，比如《噩梦》或者《13号星期五》。我个人更喜欢看那些凶杀电影，当然也知道哪些导演的片子不错。如果电影是罗梅罗或弗尔兹执导的，想想就知道肯定很好。"

他们也对电影的技术实现感兴趣。

德特勒弗，22岁："我会借那些展示电影拍摄技巧的片子来看，比如阿基多的《恐怖世界》。这里面对拍摄技巧有详细的说明，非常有意思。"

德特勒弗和很多其他粉丝一样，对凶杀电影中的特效非常感兴趣。除了那些炫酷的后现代暴力场景以外，还有怪兽。很多游客和资深粉丝都很喜欢的一部恐怖片是柯南伯格的《变蝇人》，电影所展示的身体的变态，一方面令人觉得恶心，另一方面又很吸引人，因为它展现的是一个与众不同的生物，超越了我们自身的想象力。特效保证了此类场景的真实性，对德特勒弗和其他粉丝而言，其关键在于，他们都知道这是在演戏。

德特勒弗，22岁："对于每部电影，我都想看到其中的血腥场景，因为我对他们如何制作这些场景很感兴趣。每次看到这些细节，我都觉得很开心[……]我特别喜欢《猛鬼翻生

2》，因为血腥场景很多。不是那种一上来就直接断手的，而是有慢慢的转变，比如牙齿如何长出来又掉落[……]我是因为特效才借《蛞蝓之灾》来看的。但是，如果有虐待动物的场景，我就看不下去了。因为你不知道这是真的虐待，还是表演的[……]《死亡姐妹》的开头就有屠杀动物的场景，我马上就关电视了。"

有意思的是，所有粉丝都拒绝观看《死亡姐妹》（1979），因为这部影片用真实的屠杀场景来做宣传。其原因在于，人们之所以可以心安理得地享受恐怖场景，是因为他们了解框架条件。戈夫曼所说的"框架"，是指粉丝在接受电影时所使用的框架，[1]电影特效所制造的就是"代入感"[2]，它带来了对真实的映像，它用"这样做就仿佛"的感官信息使想象变成所谓的现实。当粉丝觉得这些特效场景作为现实太过了，就会用"电影幻想"的框架与这些场景拉开距离，新手比较难做到这一点。但是，像《死亡姐妹》这样的电影从一开始就消除了这种可能性，因为它的框架不同。对恐怖电影框架结构掌握程度的高低，便是新手和游客之间的重要区别，游客能够很好地使用规则去区分想象和现实。

施特雷绍（1987：160ff.）也强调了，人们在观看凶杀电影时关注幕后的重要性："说到底，像《怪形》这样的电影，人们必须知道外星人的恶心嘴巴是用哪种橡胶材料制作的，从嘴里冒出来的黏液又是用哪种水溶性纤维素构成的，这

---

1 对戈夫曼而言，电影虚构本身已经是对原始框架的改变了。

2 "我理解为常规的系统，某个特定的行为由此获得某种改变，因为这个行为被模仿，但是对参与者来说，看起来却与起初的完全不同"（Goffman 1977：55）。

样才能够享受这部电影。"

恐怖电影的游客已经熟悉了假想的暴力、血腥和恐惧，能够发展出合适的解读框架。他了解电影的现实层面，但是他的电影知识还没有达到很深入的水平。他所知道的内容，刚好够他用来欣赏这部电影。他的首要目的是体验，寻找轰动效果（Zuckermann et al. 1972）[1]和愉悦效果（Campbell 1987）。他用恐怖电影来制造情感（Eckert 1992）。[2]

科沙文，39岁："我喜欢看恐怖电影。观看的时候我可以非常放松，忘记日常生活的烦恼。工作中已经有足够多的麻烦，电视节目又无聊透顶、不断重复。因此，一部好的恐怖电影是我的最佳选择。我可以静静地跟着情节走，血腥一点儿没有关系[……]我不在意，因为我知道这个不是真的，只是制作精良的特效。[……]恐怖电影和其他电影不一样。它总是会带来一些惊喜，它带给人的感受更多，因为当你在看的时候总感觉深入其中，并看到事情是如何发生的。我看普通侦探片的时候，不会那么投入，它不够令人激动。恐怖电影让我头皮发麻。也许是因为我们的日常生活太平淡了，工作啊，开车啊，需要恐怖电影来刺激一下。开车的时候，我需要正常驾驶，没法做什么激动的事情。但是，看恐怖电影的时候，我可以真正激动起来，再怎么激动都没有关系。一个半小时的时间沉浸其中，忘却其他，只关注电影。"

贝蒂娜，21岁："我想，这就是它的吸引力所在，就

1　"追求大场面的人似乎需要各式各样复杂的炫酷场景和体验来维系刺激的强度"（Zuckerman et al. 1972：308）。

2　埃克特（1992）强调，在我们的社会中，情感需要技术的支撑，并且可以选择。

像蚂蚁爬上身，你永远不知道之后会有什么。这真是紧张。
[……]电影越血腥越精彩，这才是顶尖电影。如果电影的情节
太过无聊，死了几个人，还是被枪打死的，那就没意思了。这
就属于劣质的恐怖电影。"

菲力克斯，19岁："如果我害怕一部恐怖电影，那么它
就是一部好电影。[……]如果它真的能让人神经紧绷，那才
是令人向往的。会害怕是美好的感觉，所以我爱看这类电影
[……]虽然我不是魔鬼主义者，但是我觉得成功的电影就应该
制造害怕这样的情感。"

恐怖电影的游客在电影中寻找深入的体验和经历，只有
当他把情感带入观影过程时，这种体验才会最强烈。他将观影
的过程作为一种自由空间，短暂地将自己从日常生活的一成不
变和各种压迫中解放出来（Cohen/Taylor 1977）。恐怖片中紧
张的情节、凶杀的仪式、幻想的世界，都可以让他实现短暂的
自我放飞。恐怖片的诱惑在于，这些情景都发生在我们文化框
架的想象之外，而粉丝的认知兴趣则明显偏爱未知和不可能的
事物。

菲力克斯，19岁："我并不是太在意效果，而是比较看
重内容。我喜欢的电影会展示那些我们日常生活中看不到的东
西。我自己可能很难想象某个地方有个壶，壶里坐着一个魔鬼
（暗指《暗夜公爵》——作者注），但是当我看到这样的情节
时，就觉得很有意思。[……]那些在现实中不可能出现、还未
被研究透[……]无法解释的现象。"

马丁，29岁："恐怖电影吸引人之处在于，我们永远没

法断言，这些事情在现实中绝对不可能发生，也没法断言，它一定会发生。这是幻想的游戏，让想象比谋杀再往里走一步。"

6.7.3.5　闯入新世界

让游客流连于恐怖电影世界的另一个动力，是它满足了人们对幻想世界的好奇心，甚至还会让他们成为幻想世界的一员。超现实的暴力场景和与此相关的边界体验会慢慢地减弱恐怖电影的效果。

225　　约翰，21岁："我已经不会感到恐惧了，因为我看过太多恐怖电影。如果一直看着尸骸堆积的场景，那也太无脑了，紧张和害怕都不存在了。"

维克多，24岁："没有毛骨悚然的感觉了，去电影院看《暗夜公爵》这样的电影，我都快睡着了。我真的打了个盹，然后被某个叫喊声吵醒了。没有那种体验了，我去之前就知道了。"

弗雷德，27岁："那种紧张和震撼都不会再有了，我变得越来越冷静、冷血，觉得很多场景都很无聊，因为已经看过，或者看穿了电影特技。"

托尼是某电影粉丝俱乐部的主席，他也认为对凶杀电影的喜爱一般很短暂。

托尼，33岁："我们俱乐部有一些凶杀电影粉丝，但是慢慢地，他们就不会再那么入迷[……]英格和乌尔里希是凶杀电影粉丝，但是慢慢地也不再那么感兴趣了。因为这些电影并不能给你什么，也没法再升级了[……]它们已经到了极限，不可能有比它们更出界的电影了，所以这些电影自然就无聊起来。"

托尼认为，凶杀电影的魅力很快就被耗尽了，尤其是人们在某一个阶段会大量观看，故而恐怖的刺激和审美体验便慢慢减弱、变得平常，很多游客觉得不再有新鲜感和兴奋感，没法再体验那种超越日常的感觉，因此他们当中很多人会暂时离开恐怖电影圈子，甚至永远也不会回来了。

另外一些游客尝试在这个新世界中停留更久。他们会学习这个电影类型中幻想的层面，怪兽、被它们伤害过的人，以及制造这些的特效，虽然这只是这些层面中的一部分，但却是重要的一部分。仅仅寻求体验已经没法满足他们，他们想更进一步了解电影和这个类型。他们的好奇心驱使他们继续往前，和其他粉丝见面，跨越"单纯消费"的台阶，成为真正的恐怖电影爱好者。

6.7.4 爱好者

6.7.4.1 社会圈子的中心

与恐怖电影新手和游客不同，爱好者[1]已经位于电影粉丝的社会圈子的中心地带，是组成圈子的重要人物。他们发展了对恐怖电影的长期兴趣，长期参与社会圈子的活动，[2]而游客

---

[1] 在英美国家，爱好者（buff）是指会经常深入观看电影的人。我们下面提到的许多爱好者的特征也适用于之后会涉及的狂热者。狂热者的特征在于他们具有更大的生产力，并且有为他人制造什么的强烈愿望。

[2] 有一些奇幻电影爱好者提到，他们在二三十年前就开始深入接触这一主题。

往往浅尝辄止。长此以往，爱好者自然就积累了关于电影和圈子内活动的丰富知识。俱乐部聚会、电影节、电影粉丝杂志就是为这些人设计的，它们并非来自文化工业，而是来自那些狂热者。爱好者通过他们持续的兴趣和活动将他们喜欢的电影变成经典之作，并且还对恐怖电影的再生产做出了贡献。[1]这是因为他们主要根据社会圈子的需求来安排自己的业余活动。[2]

6.7.4.2 "真正的粉丝"

我们如何用社会圈子的经验来区分爱好者、新手和游客呢？"真正的粉丝"有哪些特征呢？

伯德，34岁："电影节总会放映一些经典片子，一般有很多人会去参加，至少我们都会去。那些为了赶时髦而去的人是不会看这些电影的。每次上映这样的电影，我们就很容易分辨出谁是真正的粉丝。那些真正的粉丝会安静地坐着观看，而那些之前只看过一两部知名电影的人不属于这个圈子。每次放映怀旧经典片，我们都坐着观看，真的只有我们几个，这才是真正合适的气氛。"

这一描述表明，爱好者会界限分明地区分社会圈子里的同类和那些暂时的参与者，也就是我们提到的新手和游客。因其特效和巨大的成功，《猛鬼追魂》（1986）在美国被视为终

1　某个类型的延续不仅取决于文化工业，更取决于观众，因为观众让它获得成功和流行。因此，文化工业和观众之间的接触也慢慢地增多（参见Schatz 1981: viiff.）。一个流行文本既能满足制片人的商业兴趣，又能满足观众的观看愿望。

2　他们把很大一部分业余时间都贡献给了恐怖电影，当被问到他们是否对除了奇幻电影以外的其他类型电影也感兴趣时，他们几乎都回答的是"不感兴趣"。但是对于自己的爱好，他们随时准备做出牺牲。比如，德国各地的电影粉丝全部出席了"奇幻电影之友"这一粉丝聚会，尽管有些人需要长途跋涉赶来。有一个新粉丝甚至把预定的度假都取消了，其他粉丝对此给予了高度赞赏。

极恐怖电影，因此吸引了大量好奇者进入电影院。对伯德这样的爱好者来说，《猛鬼追魂》只是众多出色的电影中的一部。它在普罗大众中所获得的巨大成功，甚至让他们想对其敬而远之。

霍斯特，29岁："是的，我也看了这部电影，但是并没有觉得怎么样。这个故事的有些部分是借鉴而来的。"

彼特，31岁："典型的大众口味。这部电影就靠效果取胜，对我而言，它没有那么出色。"

就算爱好者对所有类型的恐怖电影都感兴趣，但他们也会区分所谓的"大众产品"和他们所喜爱的电影。

伯德，34岁："刚开始流行僵尸电影的时候，我也看过一些，但是都太无聊了。之后我就不再看这些大同小异、罗梅罗所执导电影的仿作了。"

弗朗克，27岁："所以俱乐部的很多粉丝都会寻找那些经典之作，常常会重新观赏。"

爱好者对好莱坞经典恐怖片和出自汉默工作室的恐怖片的喜爱程度相同，汉默工作室出品了一系列由克里斯托弗·李主演的德古拉伯爵的电影。同样，他们也对新出品的恐怖片充满好奇，但是非常看重电影是否原汁原味。

伯德，34岁："《活死人之夜》现在出了彩色版，我觉得这简直是对电影的污蔑！绿头的僵尸，太荒谬了。"

这些表述表明，粉丝们从自身角度出发，把自己和伪粉丝区分开来。[1]他们充满了怀疑精神，对电影节上那些"赶时髦的观众"或者普通的电影粉丝的容忍程度特别低。对文本的偏好常常伴随着社会性偏好。费斯克的论点再次得到验证："文本歧视和社会歧视是同一个文化活动的一部分"（Fiske 1992c：35）。

还有很多我们所记录的其他对话显示，爱好者通过他们的文化活动寻求社会性层面上的与众不同。在他们的审美共同体中，粉丝和非粉丝之间界限分明，粉丝们结成了有效同盟（参见Maffesoli 1988；Grossberg 1992；Wulff 1993）。

6.7.4.3 知 识

爱好者与新手或游客之间的另一个重要区别是，他们是否具备详尽的知识。爱好者把每一部电影都放到恐怖电影的类型框架中去解读，而不是像新手那样，常常把这类电影看作对现实的再现。从社会学角度来看，一个电影类型并不仅仅由电影本身组成。"观众会带着特定的期望系统和假设系统走进电影院，他们会在观影过程中和电影互动，这些都是组成某一电影类型的要素"（Neale 1990：46）。戈夫曼（1977）认为，这些期望标定了框架，它们为爱好者提供了电影中的事件的定义，让他们以这种方式去组织对电影现实的经验。这个"框架"包括"关于各种逼真事物的制造，各种关于可信度、动机、公正和信仰的系统"（Neale 1990：46）。以这种方式，电影的进程和组成电影的元素可以被预见、理解和解释。都铎（1989）指出，这些知识存在于实践意识层面。

1　反过来也适用，没有一个人会因为出于好奇看了一部恐怖电影，就认为自己是粉丝。在下文中提及的音像店老板也与他的顾客严格区分开来，这证明，恐怖电影圈子中存在文本歧视和社会歧视。

以此为基础，爱好者可以识别出电影中的互文关系（比如引用、戏仿、讽刺性模仿）。我们常常成为激烈争论的见证者，这些争论者经常就电影有多少地方借鉴了其他类型电影的话题争执不休。这些知识对电影粉丝证实自己的专家身份有何意义，我们在一个粉丝俱乐部聚会上见识了一番。我们之所以有幸参加这个聚会，是因为我们参与了一次关于罗梅罗的新型恐怖片的奠基之作《活死人之夜》与希区柯克的《群鸟》（1962）之间关系的讨论，这也证明了我们作为电影粉丝所具备的能力。[1]大量关于恐怖电影的细节性知识是联结"真正的粉丝"的纽带，同时也成全了他们彼此间的心照不宣，促进了团体的形成（参见Hahn 1991b）。[2]

爱好者并非通过特效来赋予恐怖电影意义和价值，而是通过他与恐怖电影之间的关系。他与游客不同，游客根据电影的感官价值来排序，而他则使用基于反省、知识和经验的审美准则。

230

从《猛鬼追魂》与汉默工作室出品的其他电影的比较中，我们可以看出，爱好者倾向于将老电影归为经典之作，而对新电影则较为苛刻。其原因可能是，老电影大多以录影带或DVD的形式存在，就像这些粉丝的"独有财产"，而绝大多数新电影要么会在电影院放映要么能在音像店借到，所以不具有那种独占性。在这种"类型框架"下所使用的归类或评价，或多或少与电影粉丝群体对其的建构有关，它与电影共存于一个互文的大网络之中。因此，电影粉丝们犹如一个解读式

1 俱乐部主席在讨论过程中说服我们，罗梅罗多次引用了《群鸟》的内容。
2 汉恩（1991b：94）如此描述这些秘密的社会维度："特定的信息本身并非不可描述，但当它面对分享共同秘密的他人时，会形成一个对外隔离的小集体。"

的群体（参见Fish 1980）。

爱好者通过深度的电影接受、获取电影粉丝杂志、阅读特定的外国电影文学作品等方式来积累知识，[1]他们熟知导演、演员、文学原著。粉丝俱乐部的聚会常常有猜谜[2]环节，一等奖的奖品则是一部来自国外的罕见影片。为了回答这些问题，偶尔看一下恐怖电影或者读一点相关文章是不够的。

比如，部分关于恐怖电影的问题：吉昂尼·嘉科所饰演的斯坦尼斯洛斯·德古拉在哪里为非作歹？恐怖小商店里的花商叫什么名字？说出三个拍摄过《歌剧魅影》的导演，是哪年拍摄的？男主角是谁？哪位成名较晚的影星仿效过莱斯利·班克斯1932年在《最危险的游戏》中所饰演的邪恶天才？

猜谜游戏的高潮是一道视频题，视频展现了大约40个关于饮料的场景，参与者需要猜出它们出自哪部电影。答题试卷发下去以后，整个房间都安静了，每个人都集中注意力思考；在答案公布后，我们可以从很多人的脸上看到他们对自己的成绩排名感到失望。[3]类似的猜谜活动对粉丝来说非常重要，因为电影粉丝杂志也会对此进行深入报道。

与主流文化相同，在电影粉丝文化中，知识的积累也可以确立文化资本（Bourdieus 1982），它基于审美评价，以及与作品、演员、事件等相关的知识。费斯克在此提出了"民众文化资本"这一概念："民众文化资本由意义和愉悦构建，

1　通过商业化、国际化推广的电影粉丝杂志，文化工业对粉丝的兴趣做出回应，同时又通过这些杂志将自己生产的知识带入流通领域。

2　我们的研究结果表明，这类实践广受粉丝欢迎。

3　不出所料，当时还所知甚少的民族志学者获得了最后一名，但他还是拿到了安慰奖：某部不怎么知名的电影的海报。

让所属者可以用其来表达并提高他们的兴趣"（Fiske 1987：314）。

6.7.4.4 收藏和"再解读"

每一种文化（参见Eckert/Winter 1987，1988）都有层级制度，在恐怖电影粉丝文化中也不例外，这一方面与粉丝们不同的知识储备相关，另一方面则涉及他们对电影和粉丝资料的收藏。是否收藏恐怖电影并长期保存是区分爱好者和游客的标志之一，俱乐部的所有成员都有相当数量的收藏品，毕竟，因为租借有限制，他们要想随时观看并"再解读"，就必须拥有这些电影。这对爱好者的观影实践来说非常重要，而对游客而言则不然。爱好者和狂热者在业余时间会观看大量电影，几乎所有电影都会重复观看，像《群鸟》和《活死人之夜》这样的电影更是被奉为经典。新的技术使重复观看的实践得以实现，人们也可以让某一个场景不断重复，或快进或慢放，这使粉丝获得了对电影剧情和特效的控制权。粉丝的每一次重新观看都拓展了他们的能力，因为他们总是会发现新的细节和关联。对粉丝团体内部的沟通而言，知识是一种重要资源，每个成员都会观看重要电影数次，只有这样，才能让他们拥有敏锐的眼力，积累丰富的知识和文化资本。

6.7.4.5 特定背景下的经验

爱好者的丰富经验也体现在，他们会根据自身经验对恐怖电影进行不同的加工。针对为什么有人会如此喜欢看这类电影的问题，库特如此作答：

232

库特，27岁："这些年来，我早就发展出一个防惊吓系统。在所有类型电影中，我能凭借音乐和摄像机位置判断出将要发生什么，而此时普通观众往往会被吓得不行[……]我已经根本不去看大银幕，只是观察电影院里的其他观众，然后看着他们惊恐的样子笑个不停。"

通过他的讲述，我们可以得知，"真正的粉丝"想要把自己从其他人中区分开来的愿望是非常明显的。与新手或游客相比，库特没有那么容易被吓到，这也适用于其他爱好者。有些人甚至还会告诉我们，上一次是哪部电影让他们感到毛骨悚然，他们又是如何因其恐怖桥段而喜欢上这些电影的。恐怖电影粉丝已经很难经历害怕和恶心的感受了。

伯德，34岁："凶杀电影已经黔驴技穷，再也没办法硬核了，这个主题迟早会让人无聊。"

例外越来越少：

波特，35岁："那种吓得从椅子上跳起来，断定这就是一部恐怖电影的时刻，在过去的三年中，只发生过一两次，那个时候我还没有准备好。那才是真正的完全的心理恐怖。"

凶杀电影的情节往往退居其次，惊险的场面才是关键，但是时间一久，这样的场面便不再惊险刺激，如前所述，这将使很多游客放弃观看恐怖类型电影。爱好者的特征是他们能以不同的方式去感知恐怖电影：

库特，27岁："我不是非得看内容，而是更关注它是如何被制作出来的，因为我已经看过成百上千部电影了。我关注演员的表演、面具如何精致、灯光效果如何，或者哪里有穿帮镜头[……]哪里在剪辑的时候被遗漏了。"

库特观看电影的方式类似于电影评论家。对他来说，电影里的每一个细节都很重要，这些东西具有变成他自身"经验"的潜力。比如，他可以很快识别出某个导演是否在电影里扮演了一个小角色[1]、知晓关于克鲁格命运的一切。[2]同时，他也很享受在接受电影的过程中去体验情感，但这种体验只会到某一个程度。他为自己拥有高于大多数观众的自制能力而感到骄傲，并且可以将情感很好地控制住。如德芳侯爵夫人所言，她成功地将害怕转变为愉悦。在观看电影的过程当中，这些爱好者始终明白他所看到的均为假象，并在保持距离与深入剧情之间徘徊，他的这种能力是游客或新手不可能具备的。

彼特，29岁："如果我能感受到汗毛直立，那说明这是一部好电影。它成功地吸引了我[……]好的电影总让人记忆深刻。"

霍斯特，31岁："这些血肉模糊的电影往往很快就被遗忘了，一点都不让人紧张，不会给人一种头皮发麻的感觉。"

---

1 恐怖片导演热衷于此，比如在克莱夫·巴克的影片《夜行骇传》中，大卫·柯南伯格扮演了一个疯狂医生的角色。这也加强了这一网络的互文性。

2 弗雷迪·克鲁格是《噩梦》（1—6部）中的杀手，住在埃尔姆街的年轻人做噩梦时都会梦见他。他的形象在粉丝中被奉为经典，人们可以买到他的面具、以刀为手指的手，还有关于他的粉丝聚会。胖男孩乐队还有一首歌曲，名叫"你准备好迎接弗雷迪了吗？"。

彼特和霍斯特的观赏品味都比较文明。他们明确表示并不追寻血腥和恶心的场景，而是喜欢那种心理上的紧张感、一种毛骨悚然的感觉。[1]新手和游客所体验到的恐怖电影带来的负面情感，就像是进入这个幻想世界的门票，而爱好者可以将这种情感最小化。这样，他们就可以将注意力集中到恐怖的"舒适"一面。他们的乐趣来自怪物跟随情节的发展而出现，怪物在日常生活的想象之外，[2]因此能够激发他们的好奇心和兴趣，但它一定是在类型电影的框架范畴之内的。

6.7.4.6　电影粉丝杂志对怪物感兴趣的意义

我们也可以从怪物在电影粉丝杂志中所占据的版面看出它的巨大吸引力。比如，《方格利亚》就是一本详尽报道后现代恐怖电影，尤其是凶杀电影的发展和成就的杂志，它会非常详细地描述怪物及其制作过程。通过这种方式，电影粉丝杂志使观众的眼光更加敏锐，为他们与怪兽的相遇做好了准备。这也是一种互文性的形式，即作为初级文本的电影与作为二级文本的杂志之间的垂直互文（参见Fiske 1987：117ff.）。

通过对怪物详细的视觉呈现及其制作过程的具体描述，《方格利亚》将联系在一起的意义和愉悦流转起来，而粉丝会很乐意感受这种愉悦。在这里，我们需要将两种"阅读欲望"加以区分：

一方面，怪物的象征意义被首先关注。恐怖电影的基本

1　足球粉丝满心希望自己心爱的球队不是险胜，而是以绝对优势获胜。一位体育记者写道："正如一个正宗的足球粉丝所言，紧张一点都不好玩儿"（Kaiser 1993：28）。

2　紧张当然是非常重要的元素。但是，西部片和侦探片之间的区别在于那些超出我们想象力的元素，按照戈夫曼（1977）的说法就是超越我们文化的"初始框架"。

配方是：正常生活受到了怪物的威胁（Wood 1979：14）。由于怪物的外形或行为，它不仅威胁了电影中的主角，也侵害或逾越了"好品味"的审美规范和界限。玛丽·道格拉斯（1988）指出，超越文化秩序和想象的物品或生物，比如它们跨越种属、自相矛盾或者根本没有形态，会被认为是肮脏和恶心的，这尤其适用于恐怖电影中的怪物：僵尸（活死人）不符合我们对人要么活着要么死亡的认知；柯南伯格导演的《变蝇人》中的男主角慢慢变成了超自然的生物，越来越没有人的特征；《克里斯汀魅力》中的汽车却"活得"越来越像人。通过场景中的"特效"，一种狂欢化的效果产生了（Bachtins 1987）。那些肮脏、恶心、反胃、被日常生活排斥、被审美规范压制的事物成为事件的中心。粉丝们对怪物身体的过度关注也许恰恰制造了愉悦，因为它可以让人短暂地回避社会性的身体规范和规训社会，并做出反抗，甚至改变。[1]通过狂欢式的欢愉，粉丝们逃避了符号的控制，建立了反规训网络。

"特效"造就了怪物，而怪物也使观众获得了让"特效"栩栩如生的可能性。爱好者和狂热者的观影经验丰富，他们掌握了大量关于情节发展的知识，这些"特效"可能很难再令他们动容，但如果某种特效依然能够让他们感受到情感上的触动，那么这样的体验会很好地留存在他们的记忆之中。粉丝们在描述这些体验的时候会强调当时的心醉神迷和身体被征服的感觉。在罗兰·巴特（1974）关于"文本愉悦"的理论中，除了有精神欢愉，还有肉体欢愉，比如欲望和感官快乐。肉体

1　福柯（1976）和德·塞托（1990）阐明了规则如何被写入身体，身体又是如何成为规则的符号。

236　欢愉由符号、文本和读者身体之间的互动制造而成，符号的物质性决定了文本的内容和意义。但是，欲望或情欲并非媒体接受的必然事件，也无法被长期制造，它是阅读的一部分，阅读这一行为创造了文本和伴随文本的情感。

另一方面，粉丝的符号工作也有助于展现怪物场景的技术层面。对特效的揭秘成就了粉丝的特殊愉悦，[1]福格桑（1991：194ff.）和威利斯等人（1991：66）如此描述：

> 观察者的欢愉来自他们的观察行为，以及他们尝试理解图像如何尽可能逼真，而非把它们当真。制作过程成了关注的焦点，观众在享受的同时也进行着解构，这是一种在长期观影过程中慢慢积累起来的既观看图像又解读图像的能力。（Willis et al. 1991：66）

怪物、血肉横飞和屠杀的镜头并不会被认为是对现实的展现，而是被认为是由特效所展示的场面。新怪物的图像会唤醒人们对电影和故事的兴趣，这个怪物将如何发展？故事会作出何种解释？人们能够战胜它吗？这个时候，好奇心成了主要的驱动力，人们总是对奇怪的、谜一样的、未知的事物充满热情。

狂欢节游行可以带来很多感官刺激，比如在《方格利亚》杂志和"禁忌星球"（Forbidden Planet）[2]商店中，我们

1　游客已经可以感受到愉悦，当然，他的愉悦没有爱好者或狂热者来得那么得心应手。

2　我们在探索的过程中拜访了位于纽约、伦敦和格拉斯哥的"禁忌星球"商店。在纽约，我们也尝试寻找一个面具制作人的商店，但是我们发现他没有开实体店，最后只能选择邮寄。

随处可见各式各样的恐怖面具，分离的头部、大腿，[1]解开后可以看到内脏的衬衫，为初学者和精通者提供的各种化妆课程。广受欢迎的电影中那些尤为引人注目的怪物，会被粉丝当中的艺术家制作成雕像，被摆放到节日会场，或者在相关商店售卖。[2]"变态"在这里起到了关键作用，比如在"禁忌星球"商店售卖的一个雕塑展现了电影《怪形》中某个特别恶心的场景，即一条被炸开的狗的身体里露出了一个异形物。在此，我们也可以看出，在揭露那些可怕事物的同时，恶心是一种必需的情感。

6.7.4.7 现实和幻想之间的摇摆

爱好者明白，他们必须准备好去接受恶心、害怕和恐惧的感受，才能满足自己的好奇心。展现事件的想象力并在情节中嵌入恐怖场景，是获得文本愉悦的前提条件。

海兹，35岁："恐怖电影里的场景都是夸张的，是想象出来的。[……]对我来说，如果有人在交通事故中受伤，那么这带给我的震撼要比恐怖电影多得多。"

海瑞波特，38岁："电影是幻想的产品，是被捕捉于胶片上的梦幻。你往往会陷入这些梦幻编织的漩涡中。[……]但是，这与在新闻里看到一场事故，或者自己经历某次事故，还是有很大不同。这些真实的事故要可怕得多，因为它是真的，不像电影中那样是人造的。"

丽莎，29岁："恐怖电影和现实完全不一样。[……]日常

1　骷髅头在大城市的大众工艺品店也可以被买到，这也证明了对恐怖的审美并不仅仅局限于粉丝的特殊文化圈。

2　在恐怖电影粉丝里，这些艺术家几乎是唯一能把文化资本转化为经济收入的人群，从他们的地位而言，他们应该已经算是艺术家圈子了（参见Becker 1982）。

生活中肯定也有一些很血腥的事件，比如有人被杀了，或者被揍了，但是这和电影中的恐怖场景又有何关系？就算有一个角色被大卸八块，那也只是某种效果，是做得好的特效而已。[……]特效的制作不正是有意思的部分吗？"

从丽莎的采访节选中，我们可以看出，对特效的理解可以给人带来享受。这些特效一方面是技巧，另一方面也加强了恐怖效果。丽莎可以清晰地区分现实和幻想，这种区分电影经验和日常经验的能力在年轻的爱好者中尤为突出。[1]

238 6.7.4.8 私人关系的意义

爱好者一般都与社会圈子维持着稳定的联系。电影俱乐部里的成员彼此相识多年，在某种程度上了解对方的职业情况、家庭情况和生活伴侣。总体而言，爱好者之间的私人关系在亚文化圈和面对面互动中起到了重要作用，具有信任和亲密的特征。很多粉丝都在寻找理想的友情。他们对恐怖电影的共同兴趣使他们能够更好地克服陌生感[2]，在私人层面上更加亲近，并通过一同观影而享受愉悦和乐趣，这使粉丝文化在日益匿名化的世界中成了一个另类的共同体。

但是有一些爱好者，尽管他们也有同样的兴趣，但却想在社会圈子中过"隐形的生活"[3]。接下来，我们将研究这些粉丝的接受实践，他们往往比其他粉丝拥有更多的文化资本。

---

1 杰林斯基（Zielinski 1984）写道："值得注意的是，当年轻人被要求对他们的视频消费做出反省的时候，他们会强调他们对一些表面刺激并没有当真，能够有意识地区分电影里展现的人造的场景与现实中的这些场景，比如在电视新闻中所看到的真实场景"（Zielinski 1984：13）。同时，沃格尔格桑（Vogelgesang 1991）和威利斯等人（1991）也在实证研究中证明，年轻的恐怖电影粉丝能够驾轻就熟地穿梭于日常生活与电影世界之间。

2 关于陌生感的社会学，参见汉恩（1992）。

3 安鲁将他关于老年人社会圈子的著作命名为"不可见的生活"（1983）。

6.7.4.9　艺术爱好者

这些粉丝是真正的艺术爱好者，他们对艺术有着很深的理解力，对媒体的使用也得心应手。他们对恐怖电影的喜爱并非源自特效，而是恐怖电影的审美质量。

艺术爱好者不会定时阅读电影粉丝杂志，也不会加入粉丝俱乐部。他们对建立群体和保持联系的需求非常弱，而其他爱好者则会努力建立或加入粉丝俱乐部。艺术爱好者可以和朋友一起观看恐怖电影，也可以独享。

他们很少会在观影之后谈及观影时所体验到的情感。暴力场景、特效必须具备审美功能，才有存在的理由，他们拒绝劣质的电影和图像。比如，罗梅罗的《活死人黎明》（1979）具有多层意义的结构，是当之无愧的好电影，而以它为榜样去模仿的那些意大利电影则首要表现各种血腥场景，情节也不连贯且没有得到充分发展，这将导致人们在观影过程中感到无聊和乏味。艺术爱好者拒斥这样的电影。

艺术爱好者一般都有高等学历，他们会运用文学和电影理论去观看电影。他们尤其对新式的后现代恐怖电影感兴趣，但是他们的态度更多的是保持距离和不参与。根据波德莱尔（1982：761ff.）的说法，艺术爱好者已经发展出一种反思的审美品味。

在进一步提升品味的过程中，他们对电影的接受主要涉及二级文本，比如高水准的文化期刊、书籍等。他们常常根据新潮的电影理论，把导演看作具有个人风格和想象力、创造力的大师。他们用导演来判断电影，试图解读导演在电影中的风格特征。此外，他们不仅会将之前看过的电影与这次所看的电

239

影联系起来，而且也会让其同其他文化文本和实践建立起大量的互文联系。他们会在各种不同的亚文本框架内对电影进行理解和解读。

从僵尸电影中，他们看出了对当今文明的批判；在《月光光心慌慌》（1978）中，他们发现了一个关于邪恶的微妙且虚无主义的论述；在《鬼玩人》（1983）中，他们体会到德里达的解构主义。他们可以明确地感受到导演对哲学问题和社会问题的立场。

桑塔格（1980c：281）认为，他们的特殊经历使他们成为"大众文化时代身着华服的人"：

240 　　真正的内行体验到更多愉悦，不是来自拉丁文诗歌，或稀罕的葡萄酒，或三件套西装，而是来自最朴实、最粗俗的大众文化艺术。简单的消费并不会给他的愉悦蒙尘，因为他知道该以哪种与众不同的方式去拥有。

一些艺术爱好者自愿选择了与世隔绝，而其他一些过着隐士生活的爱好者却缺乏进入社会圈子的通道。因此，当我们邀请他们参与讨论的时候，他们特别想和其他粉丝建立联系，并且获得电影粉丝杂志。因为只有通过这些交际网络，他们才能获得一些罕见影片，这是粉丝之间保持联系的重要功能之一。

6.7.4.10　与社会圈子的联系

一般而言，爱好者与社会圈子的联系很紧密。[1]他们当中

1　粉丝对社会圈子的认同有多强烈可以在以下细节中体现出来。解密游戏的题目是："奇幻电影成员第二次聚会，1989年复活节，在某地的某城堡。"正确的题目应该是："奇幻电影之友成员的第二次聚会……"这个错误在俱乐部之夜没有被任何一个粉丝提起。在这个圈子里，他们对电影和影星有着很强的归属感，除了这个解密游戏，我们还提到了关于德古拉的扮演者克里斯托弗·李的私人生活照片秀。

很多人都会撰写文章，参与论坛讨论，他们所从事的实践需要社会化、认同和个人承诺。因此，他们使社会圈子的文化经济中的愉悦和意义得以流通，支撑起了国内甚至国际的恐怖电影粉丝的交流网络。

总体来说，爱好者会在社会圈子内开展大多数业余活动，并融入这个群体。他们熟知那些元素——电影、电影节、俱乐部聚会、电影粉丝杂志等，也明白这些元素共同构成了一个整体。在认同的背景之下，他们之间存在着高度的信任关系。

6.7.5　狂热者

241

恐怖电影粉丝的最后一步是成为狂热者。[1]狂热者和爱好者有很多相同之处，他们的区别在于，狂热者把自我创造和电影接受看得同等重要。他们是真正的场景制造者。

6.7.5.1　"制造者"

在恐怖电影粉丝的世界中，狂热者的数量相对最小，但却是整个圈子的核心，他们支撑起这个社会圈子的延续和运作。他们举办电影节、俱乐部聚会，撰写影评，设计电影情节并投稿给电影粉丝杂志。从积极参与的粉丝进化为恐怖小说和电影的制造者，这并非不可跨越的鸿沟，斯蒂芬·金和其他很多恐怖电影导演的经历已经证明了这一点。

对圈子中的其他成员而言，狂热者就像是圈子里的"精英"，精英们对重要的事件了如指掌，洞察电影的每个细节，熟知电影的制作背景、怪物的制作过程，以及各种各样

1　我们使用狂热者这一称谓，因为有一些粉丝会如此自称。

将死亡和暴力展现得活灵活现的方法。他们是组织者、观察者，也是粉丝的代表。

6.7.5.2 知识带来的区隔

狂热者通过深入的参与将自己与爱好者区分开来，他们往往也拥有更多的国外交流渠道。他们从媒体获得更多关于新电影的信息，与国内外电影粉丝杂志密切合作，因此也知道其他国家相关电影的进展。[1]他们对社会圈子有很广泛的了解，因此也适合对外作为社会圈子的代言人。[2]

他们积累了惊人的恐怖电影知识，往往自学成才，对恐怖电影界有百科全书式的了解。他们从一个旁观者的角度，或者说从一个电影学家的角度，全面掌握了电影中的所有细节，甚至一些丝毫不重要的细节，因为整个电影类型都属于他们的求知对象，只要有可能，他们便想事无巨细地知晓。实现这种状态的前提是不断地重看，因此狂热者几乎每天都会观看恐怖电影，甚至有些人在家时会一直播放着电影，或者不停地在网络中搜索相关信息。

我们之前提到过的猜谜游戏，已经很清楚地表明了狂热者丰富的知识储备。猜谜游戏的最终结果是，两位狂热者以很大优势占据了前两名，其中一位是某电影粉丝杂志的出版人。在关于电影的知识方面，爱好者和狂热者之间的界限是模糊的，尽管爱好者有更多的可能性去了解这些知识。对狂热者

---

1 鲁迪订阅全世界各地的粉丝杂志（法国、意大利、荷兰、阿根廷、美国等），甚至与一个来自俄罗斯的恐怖电影粉丝保持联系。这些联系来自他将自己制作的粉丝杂志送给其他粉丝，然后彼此交换。他也经常接到许多询问，因为他会在其他杂志里刊登广告。

2 "奇幻电影之友"的两位组织者和电视台也有联系，可以拿到某些电影和电视剧的信息资料。他们也努力参与一些广播节目，为自己的俱乐部做宣传。

而言，知道别人不知道的东西，就是他立足的根本。托尼在以下对话中强调了他的知识优势：

戈斯托，37岁；托尼，33岁

戈斯托："新版《天外魔花》[1]里让我觉得最好玩的地方是该片旧版的主角也在新版中短暂露面了。"

托尼："是的，那你肯定注意到另外一个人。[……]你还记得，麦肯锡对那个出租车司机很不满吗？"

戈斯托："对，是的。"

托尼："[……]大喊'是你！'你知道出租车司机是谁饰演的吗？"

戈斯托："谁？"

托尼："唐·西格尔。"[2]

戈斯托："这我真不知道。"

（其他在场的粉丝发出笑声）

狂热者想承担起思想领航者的角色，这在俱乐部聚会的过程中也显而易见。托尼作为俱乐部主席，会对所有问题给出非常详尽的解答，而且往往不让其他的俱乐部成员发言。他能够或想要对所有问题给出"专家意见"。比如，他对奇幻电影的地位做出了如下评说：

托尼，33岁："就像我之前说过的，有太多'垃圾'了，真的。如果好好回忆一下，过去三年，大概只有10部好

---

1 这是对唐·希格尔拍摄于1956年的经典电影《天外魔花》的翻拍。

2 有一些恐怖电影导演出现在其他恐怖电影中的例子，比如威廉·拉斯蒂格在山姆·雷米的《变形黑侠》（1990）和《鬼玩人3：魔界英豪》（1992）中扮演了配角。

电影可以令我难以忘怀。剩下的都是大众产品，甚至是'垃圾'。"

狂热者就像影评家一样，那些在电视里发言或者给文艺副刊写文章的人，总觉得自己的分析是正确客观的。在社会圈子中，各式各样的信息通过不同的渠道汇聚到他们那里。同时，狂热者也想通过自己的评论在一定程度上控制其他粉丝的想法和行为。其他粉丝很感激狂热者所做的贡献，但是往往对他们的电影解读不屑一顾，因为这些粉丝对电影的好坏各有看法。

244 　另外，狂热者对电影名称的英语或法语的正确发音特别执着。他们会大量使用电影语言，并且为亚类型电影发展出自己的专有名词。比如，在托尼那里，凶杀电影被称为"剁肉电影"。

6.7.5.3　自我表现带来的区隔

怎样才能成为恐怖电影狂热者呢？要成为狂热者可不像成为爱好者那么容易，爱好者只要具备坚持的品质就可以了，但是仅仅付出时间、金钱、精力，具备一定的知识并不足以让人成为狂热者。狂热者必须在面对其他电影粉丝时给人一种对万事万物了如指掌的印象，而且还需要一定的表演能力，能够将其表现出来。电影粉丝杂志的设计和出版，以及俱乐部聚会等活动的策划，可以让狂热者展现他们的付出、兴趣、知识，从而获得其他粉丝的认可。

"恐怖托尼"和"电锯霍斯特"——他们会被其他粉丝赋予这样的绰号，并且成为这个社会圈子里的精英，这是其他粉丝公认的。他们最接近电影中所展现的恐怖世界，在社会圈子中的领导地位也受到其他人的尊崇。相应地，他们也可以从中获得许多个人意义、社会声望和主体间的认可。但是，狂热者为此付出的代价也相当之大，我们从托尼和鲁迪的聊天中得知，他们几乎没有时间和金钱来参与其他活动。

6.7.5.4 收藏带来的区隔

除了组织、表现、评价以外，狂热者的另一项重要活动则是收藏，比如鲁迪拥有1952部电影，基本上都是奇幻类的，其中大约有1000部恐怖电影。每次谈到自己的藏品，鲁迪的眼睛都会发光，他的藏品甚至覆盖了某些亚类型中的所有电影。他说他常常花好几天的时间订购、分类和归置电影。他的藏品让他倍感快乐和自豪。托尼也是一个收藏者，除了电影，他还收藏电影粉丝杂志、电影海报、照片和与恐怖电影相关的玩具。

在社会圈子中，有些收藏者的藏品特别丰富，这不仅会得到其他粉丝的认可，连恐怖电影的导演也会赞叹不已。最有名的收藏者大概是福瑞斯·J. 阿克曼，他拥有超过30万件和奇幻电影相关的藏品：电影、书籍、手稿、面具、怪物玩具等（Orlin 1993：86）。他也出版过一本名为"全世界最著名的怪物"的杂志。这些活动使他的知名度大幅提升，甚至很多有名的导演都会主动让他饰演电影中的配角，他前后共参演了超过40部电影。

因此，对狂热者来说，收藏活动不仅是为了增加一些藏品，这一行为本身也具有娱乐和审美意义。汉恩（1991a）指出，收藏者就像游戏玩家或运动员一样，局外人会觉得他们非常荒谬，他们把平凡的日常元素变得意义非凡，付出了那么多热情，把藏品看得无比重要。这种意义赋予的行为使收藏活动成了快乐的源泉：

> 关键在于，藏品本身建立了一个具有意义的世界，收藏活动的目标是完整性，也有一部分是对多样性的追求。藏品对他们而言就像是这个世界的缩影，是某种意义上的一切。就这个意义而言，我们可以把藏品比作人间天堂，因为在波斯语中，人间天堂最初就是带有藏品的花园，其中所有动植物都围绕在统治者——收藏家所处的世界中心。（Hahn 1991a：72ff.）

鲁迪认为，女性"把他赶出了这个天堂"：

鲁迪，30岁："我感觉收藏这件事目前有点儿走进死胡同了，有几段关系都因此破裂。我有几次和不同女性同居的经历，但是她们或多或少都不认可我的收藏行为，没法分享和支持我的兴趣。"

鲁迪每个月大约要为自己的爱好花费1200马克，这差不多是他每个月工资的一半了。通过多次与他谈话并上门拜访，我们强烈地感受到，他所收藏的电影绝对是他的心头所爱，这些电影占据了整整一个房间。他并没有太多的设备，仅有两台录影机、一台电视机（购买了有线电视和付费电视节目），以及专门用来进行电影分类、数据库管理、制作电影粉丝杂志的电脑。在我们长达半年的接触过程中，我们一直请求他给我们播放那些在德国罕见的电影，但是他从来没有做过。他需要相当长的时间才能不把我们看作局外人，并愿意满足我们的请求。

他一般会从英国、荷兰、美国、亚洲等地订购那些没有被删减的原版电影。那些被电影审查机构禁映的电影在收藏者中颇受欢迎。当他们发现审查机构禁映了某部电影，而自己却拥有这部电影的影碟时，他们会像猎人找到猎物一样兴奋不已。他们一般会定时阅读审查机构的报告，以此评估将来哪部电影会最具收藏价值。音像店老板往往也是很好的合作伙伴，因为他们会低价出售那些可能被没收的电影。

6.7.5.5 经历带来的区隔

从经历的角度来看，爱好者和狂热者有些类似。他们都有丰富的"恐怖文学"经验，因此很难被吓到，几乎不再有害怕或者恶心的感觉。但是在寻找丢失的害怕感觉时，狂热者和爱好者的区别就显现了出来。托尼如此描述一部好的恐怖电影，以及他上一次经历的恐惧：

> 托尼，33岁："一部好的恐怖电影必须要有足够的紧张感，情节足够吸引人[……]好笑的是，我上一次不是被大制作电影，而是被美国电视台播放的电影《歼灭者》吓到了。那里面有一个场景，我已经看过两遍，但每看一次都会被吓到，这种感觉真不错。之后，我就把这部电影收藏起来了。"

在此，托尼再次强调了他与其他电影粉丝之间的区别。让他惊恐的电影可能并不出名，但是非常出色。那个场景为何如此吸引他？

247

托尼，33岁："有一个人刚刚还是女性面孔，突然转过身来却变成了机器人脸，而且有一半脸被烧焦了。这个场景太荒谬了，你完全预料不到接下来会发生什么。天呐，之前一直在营造紧张气氛，然后突然来这么一下！"

一个被误认为是人的物体，突然露出本来面目成了怪兽，托尼觉得这是这部电影的高潮。这个例子也再次表明，人造的工具吸引人的原因在于它超越了我们自然的日常框架。电影唤醒了粉丝的"感官欲望"（Hobbes），通过惊奇的方式来表现那些我们无法被归入的非寻常事物，以此来满足这种欲望。尽管那一刻非常可怕，但托尼觉得那次体验非常舒适和有趣。

托尼把恐怖电影称作"心理测试"。这也是爱好者和狂热者的区别之一。狂热者有意识地使用电影来实现自我体验。他们看重电影通过展现"理性之外"的怪物所唤起的深刻情绪。

托尼，33岁："这个被打得半死的人开始自我防卫的场景，实际上是绝对疯狂的展现。"

鲁迪也确认了与恐怖电影进行符号互动时对自我体验的需求。

鲁迪，30岁："因为我很喜欢分析自己会对不同的电影做出何种反应。尤其是在看凶杀电影的时候，我觉得自己对电影的反应比电影本身有趣多了。因此，我不拒绝观看这些血肉模糊的电影，因为虽然情节不怎么样，但是它们能够激起我的某种情绪。"

尤其是那些被禁映的凶杀电影，给了鲁迪自我观察的可能性，甚至在某种程度上能让他自我反省（参见Hahn 1982，1987c）。接受电影的过程、被激发出来的情感，来自观影者用想象力去探索对不可能事物的呈现。

鲁迪，30岁："比如《垃圾街》，这是我见过的最硬核的电影了。这部电影从头到尾都很可怕，但是它能够在观众心中唤起某种情感。一部无聊或劣质的电影不可能做到。我并不是非要夸赞这部电影，如果电影《第一滴血》让观众觉得他们必须像里面的主角一样行事，那肯定不是什么好事。我感兴趣的是这里面的科学性，我喜欢分析自己会对这样的电影做出何种反应。[……]我最强烈的一次体验是我呕吐了。"

我们与鲁迪和很多其他粉丝的谈话表明，有一种文化意义上的假设，即带有极端暴力情节的禁片可能会导致模仿效应，但正是这种假设升华了人们观看电影时的享受。尤其是像《垃圾街》（1986）、《杀人不分左右》（1972）和《我唾弃你的坟墓》（1980）这些描述连环谋杀和强奸的电影，我们可以想象这样的事情在现实中也可能会发生。威利斯等人（1991：66）也得出了相似的结论：

模仿理论的实际影响主要在于，它会象征性地提升人们对电影中的恐怖情节的体验，人们并不会真的认为，那样的恐怖会影响电影体验之外的行为。

鲁迪特别有意思，因为他试图将电影和接受过程进行独立分析。卡罗尔（1990）指出，很多恐怖电影的情节符合实证主义的知识构建原则。针对一个无法解释的现象，人们会提出许多不同的假设，通过对怪物的进一步揭秘，这些假设或被证伪或被证实。鲁迪就像科学家一样，对伴随着上述过程的他内心所产生的情感进行了分析。他将自己作为科学的研究对象，与情感保持着距离，这一实践也许是他对自身情感控制的尝试。因此，狂热者对待恐怖电影的态度充满了自我反省，我们几乎可以认为，这符合福柯（1986）所提出的自我实践。

6.7.5.6　身份认同带来的区隔

恐怖电影狂热者的整个人生几乎都在社会圈子里，他们的生活、他们的世界观都与之紧紧相连。他们具有专业性的身份认同，[1]这对他们的自我感知至关重要。他们有一些令人毛骨悚然的特征，比如他们对收藏的热情，这让他们成为对自己的"怪癖"欣喜若狂的"怪人"。

狂热者与这个社会圈子的亲密关系还体现在每次电影节或者俱乐部聚会时，他们是其中最知名的人物，他们的大名甚至传到了圈子之外。比如俱乐部成员彼得如此描述托尼：

> 彼得，34岁："托尼完完全全是个狂热者，他什么都知道。他在我们整个城里都很出名，不管谁想知道关于恐怖电影的任何事，'恐怖托尼'总是第一个被提到的名字。他创立了我们的俱乐部，而且做出了最大的贡献。你们自己就体验到他的狂热了吧。"

很多恐怖电影粉丝会对外隐瞒他们的爱好，而狂热者则

1　参见Eckert/Winter（1987）。

会大胆承认。托尼在他的城市举办过好几次恐怖电影节，他的绰号"恐怖托尼"也声名远播。霍斯特常年举办凶杀电影之夜，被他的同事们称作"电锯霍斯特"。圈外人对他们可能存有的偏见被圈内人的认可抵消了。从这些"绰号"中，我们可以看出，狂热者的自我认同与社会圈子紧密相连，他们也做好了应对外部偏见的准备。电影粉丝俱乐部的功能在这里体现出来，它使粉丝们能够彼此重视。戈夫曼写道：

> 我们观察到，当某个团体的成员被归入某一偏见范畴，他们就倾向于在一个小的社会圈子里抱团。圈子里的成员感到自己都在偏见范畴之中，而这个圈子本身又可以被归入更大的组织。（Goffman 1967：35）

全世界到处都存在的恐怖电影社会圈子也可以被看作对公众针对恐怖电影粉丝普遍存在的偏见的反应，电影粉丝的实践也成了反抗的实践。他们在社会圈子里可以和同道中人进行长期稳定的交流。那些越不被外界接受的人，在圈子里的声望越高。

6.7.5.7 电影粉丝之间私人关系的必要性

狂热者和社会圈子里的其他粉丝往往保持着紧密和亲密的关系，他们会为此投入大量的时间和精力。比如，"恐怖托尼"会经常与电影粉丝杂志的其他两位同城工作人员见面，而对那些远距离的粉丝，他则会通过信件、电话、电子邮件定时与他们联系。鲁迪亦如此：

> 鲁迪，30岁："嗯，我会有很多联系。我会开车到慕尼黑参加电影节，会去拜访其他粉丝，或者其他人也会来我这

里，我们尽情畅聊。这些是我生活中很重要的一部分。现在的我并不是一直都活在其中，但是当我和我的同好者坐一起的时候，比如阿尔伯特，我们就会一直聊恐怖电影。"

当鲁迪看了一部令他印象深刻的好电影，他就会将自己对电影的评价和解读写下来寄给朋友。对狂热者来说，与其他粉丝的联系很重要，因为他们共享了一个充满热情和创造力的世界。

251 　　鲁迪，30岁："有时候，我们也会有别的讨论话题，但是阿尔伯特和我就是因为恐怖电影才走到一起的。他有一些影片，而他正在寻找的电影我正好又有。或者他看了某部我还没有看过的电影，我们就会互相交流。"

特殊的兴趣使鲁迪和阿尔伯特走到了一起，由此诞生了一段长期的友谊，建立于共同的爱好之上，但又并不仅仅局限于此。他们也会讨论私人的、私密的话题。

游客或爱好者只是想认识同好之人，而狂热者则寻求更亲密的关系，他们希望在这一关系中能够对某部电影是"好"是"坏"拥有发言权。通过电影评论、电影粉丝杂志等所构建的解读框架，他们想把控社会圈子里与恐怖电影相关的体验和事件。狂热者并不想过"隐匿的生活"，他们致力于发展新的成员。在长年参与社会圈子活动的过程中，他们认识了很多新手、游客和爱好者。为了巩固他们作为恐怖电影狂热者这一身份认同，他们也需要其他人的赞同。通过一系列扩大队伍的努力，他们为社会圈子的再生产做出了很大的贡献。因此，狂热者是这个圈子真正的创造者和维系者。

6.7.6　愉悦和恐怖的维度——从新手到狂热者

我们看到恐怖电影粉丝建立起属于自己的社会圈子。这个圈子具备功能完整的沟通网络，拥有粉丝俱乐部、粉丝杂志、主页、通讯录、网络论坛，举办电影节和沙龙，长期从事与恐怖电影相关的实践，组织各种相关的社交活动。总体而言，粉丝积极活跃，他们有自己特殊的粉丝文化，体现在他们对恐怖电影及其周边产品的不同接受实践，以及与此相关的感受和体验方式之中，而局外人没有这些能力。

我们将恐怖电影观众分为四类：新手、游客、爱好者和狂热者，他们分别代表了不同的接受实践，这与各自特定的经历和知识结构相关，因此，他们与恐怖电影也有不同的相处之道。他们有自己的特殊兴趣和关联性系统，这些都决定了他们的知识获取和知识储备结构（参见Schütz/Luckmann 1979：224）。新手和游客只是游离于社会圈子的边缘，他们对恐怖电影相关知识的要求不高，只要能帮助他们选择电影就足够了；爱好者和狂热者则认为所有与电影相关的知识都很有意思。后两类人都喜欢"反复观看"同一部电影，并且会通过大量的其他实践来扩展自己的知识，此外，狂热者还倾向于同别人分享他们的知识，成为这个圈子里的"权威"。

进入恐怖电影粉丝的社会圈子的前提条件是，观众必须具备将观影过程中产生的负面情感转化为愉悦和享受的能力。观众能够把恐惧转化为舒适的体验，就完成了迈入圈子的第一步。这并非欲望的满足，而是幻想式享乐主义的一种形式，科林·坎贝尔（1987）曾将这种古老的享乐描述得入木三分。

在与恐怖电影进行符号互动的过程中，观众会产生负面情感，比如害怕、恐惧、恶心，而粉丝则会将其作为愉悦的源泉。这要求观众具备控制和管理自己情绪的能力。

当新手认为电影中的刺激太过强烈的时候，就会停止观看。游客能够成功地将负面体验转化为愉悦，因为他学会了在接受过程中理解电影的幻想特征。但是如果电影场景一直重复，他依靠想象力无法再获得新的观感，就会开始感到无聊。

相反，爱好者和狂热者可以保持他们的好奇心。他们对恐怖电影文学性的掌握，一方面使他们可以控制自己的情绪而不会被它淹没，新手做不到这一点，甚至游客也偶有失手；另一方面也意味着，很难有什么场景可以震撼到他们，为此，他们甚至踏上了寻找害怕之路。但是，爱好者和狂热者得到了获取"次级愉悦"的能力。事实上，他们在意的不是暴力的展现，而是去发现基于想象力的、全新的、有意思的、可以体验的维度，比如在恐怖电影类型框架中去观看电影，或者去关注特效的技术实现。

对电影粉丝来说，电影的每一个方面都可能很重要，会在他们的日常生活中占据某种功能。爱好者和狂热者的生产性和创造性由此体现出来，并进一步提升了恐怖文本的意趣。

生产性具有不同的类型，其基础与人们对恐怖电影的判断力相关，我们接下来将进一步展现它们在恐怖电影社会圈子的文化经济中的意义。

6.8 恐怖电影社会圈子的文化经济

6.8.1 导 言

我们已经很清楚恐怖电影粉丝有哪些类型，它们的共同点和区别又在哪里。粉丝们都非常积极、勤奋，具有生产性和创造性。恐怖电影对他们而言是生产意义和愉悦的缘起，这已经远远超出了接受的范畴。他们对电影和社会圈子越熟悉、实践越深入，其对圈子的融入程度就越深。生产性和对群体的渴望是同一个过程的两面。

我们将意义的生产（这些意义往往与愉悦有关）及其生产的形式称作文化经济。正如德·塞托所说，文化经济隐藏在消费领域中，被文化工业的阴影所笼罩。因此，无论是在以思辨为导向的媒体理论，还是在注重效果的实证研究中，它都被忽略了。

因此，费斯克（1992c：30）建议将其称为文化影子经济。粉丝在与文化工业的产品打交道的过程中，创建了一种特殊的文化（Eckert/Winter 1987；Winter/Eckert 1990），它拥有自己的生产系统和传播系统。

尽管恐怖电影粉丝接触的是文化工业的产品，但是他们绝非像柯勒律治或阿多诺所宣称的那样，是"没文化"的大众文化的追随者；相反，他们的接受实践和其他电影粉丝一样，显示出与众不同的判断力。接下来，我们会将这种"民众

254

文化的判断力"与那些被称为正统文化[1]的经典审美判断力区
分开来,两者都是对某种文化产品的特殊感受性和体验方式的
表达。我们将系统性地展现电影粉丝不同的生产形式。

6.8.2　电影粉丝对民众文化的感受性

　　首先,消费者需要在后现代文化产品市场已经满溢出来
的供给中选出他们想要进一步深入的领域。他们必须能够区分
那些他们可以与之建立联系并可用于自己创作的媒体文本与那
些不可能与之建立联系的媒体文本。如果人们无法忍受电影
里的暴力和血腥,可能更倾向于收看肥皂剧或者从事游戏竞
赛,而不是去观看侦探电影或恐怖电影。通过这一寻找和选择
的过程,人们得以了解这些文化产品对个人生活情境和社会情
境的适合度,以及产品的生产性(参见Fiske 1991:104)。

　　这不同于人们在接受高雅文化作品时所需要的文化感受
性,人们往往会严格地按照质量和美学的要求对高雅文化进行
评价,检验艺术品的每一个元素是否组合得足够和谐,是否构
成了一个整体,是否包含了更深层次的意义。艺术接受,尤其
是对现代艺术的接受,可谓是一个辛苦和劳累的过程,因为除
了自律以外,还需要注意力和知识。专家的解读,比如艺术评
论家、文化批评家的解读,处于解读阶层的顶端。

　　与此相对,人们对后现代民众文化的感受性接近桑塔格所
描述的新体验方式,它不再执着于文本的封闭性和完整性。

　　审美文本的读者努力从术语层面解读它,让自己臣

1　费斯克(1991)将此称为"流行的判断力"和"批判的判断力"。

服于审美的规则之下——读者与文本是对立的。但是，民众文化的读者对文本没有此等敬畏之心，他们把文本看作可以按照自己意愿使用的资源。（Fiske 1991：106）

恐怖电影粉丝特别喜欢带有开放式结局，或者情节颇为神秘的电影，因为它们可以激发"幻想和好奇心"。它们带来了各种疑问、解读和进一步的发展。[1]

此外，当电影粉丝将电影里的内容作为认知对象，在对话或文章中交流特效与光影的关系[2]时，他们已经打破了电影本身的范畴。后现代恐怖电影正好能够满足他们的需求，因为这些电影中的特效和角色的特性主导了剧情，往往具有碎片化特征。

当粉丝评价电影时，恐怖电影的导演和演员并不是核心要素，而报纸文艺副刊的专业影评则很看重这些。有一部分粉丝根本就不在乎导演是谁，但另外一些粉丝则会收集大量关于恐怖电影导演的知识，这也成为他们民众文化资本的一部分，然而这些知识并不意味着他们在评价电影时必须从作者视角出发。要成为爱好者，至少需要具备大量"文化资本"（Bourdieus 1982）才可能做到从作者角度去观看电影，尝试寻找到导演的个人风格的痕迹。

256

1　温特和埃克特（1990：97ff.）与霍利（1992）以电视文本为例，研究了多义现象和开放性。在我们发起的一个研究项目中，我们还专门分析了电视在不同日常情境下的交流式接受（参见Winter/Holly 1993；Holly/Püschel 1993；Püschel 1993；Holly et al. 2001）。

2　博尔克斯等人（Borchers et al. 1989）在肥皂剧粉丝身上也发现了这一区分的能力。在民族志研究中，他们得出了以下结论："这些结论揭示出，肥皂剧观众有能力区分有吸引力与缺乏吸引力的故事线，有能力专注于他们个人认为最让人满意的文本部分"（Seiter et al. 1989：234）。

恐怖电影粉丝在评价电影时主要以"类型框架"为导向，这一框架是在他接触恐怖电影的过程中建立起来的，位于实践意识层面。粉丝群体在他们的话语中所构建的恐怖电影类型展现了一种元文本（参见Jenkins 1992：98），他们以此来解读新的电影，并做出审美判断。电影粉丝的很多讨论（比如关于凶杀电影的讨论）都显示出他们对元文本的构建，这有助于将一部电影归入某个类型，并确定它对这个类型所做出的贡献。凶杀电影要想出类拔萃，从情节上就不能比那些早期的、没有超现实暴力场景的电影更差，因为真正的粉丝对这一类型的连贯性和目的了如指掌。爱好者和狂热者将单纯的暴力电影和精彩的奇幻电影区分得非常清楚。

电影粉丝对民众文化的感受性的一个典型特征是，每一个粉丝都是判断媒体文本的"专家"，因为他们具备关于类型及其规则的大量文本知识。电影粉丝认为，每一个解读都是"主观的"，[1]包括那些知名的影评家和电影学者的解读，因此，他们拒绝接受那些试图揭示电影"真意"的影评家的解读。

这与费斯克（1991：106）对另外一个粉丝群体的观察相一致："阅读并没有层级之分，因为并没有一个普遍适用的评判标准来评价哪种阅读更好（比如，更具洞察力和广泛性、更接近作者的原意，或者更正确）。"因此，狂热者的知识和能力会得到大家的赞誉，但是这并不意味着他们对电影的解读也必须被其他粉丝接受。尽管卓越的知识储备和知识阶层的确存

1　粉丝们对此再三强调。一个粉丝编辑了一本恐怖电影手册，在导言中，他写道："这是一个所谓的评级系统，我对电影的喜爱由此一目了然。"

在，但是所有人的看法、解读和评价都会得到尊重。当然，关于电影的"事实知识"除外，也就是那些可以证实的知识。

电影粉丝非常看重自己的意见，这也可以从一些关于聚会的体验报告中窥知一二。[1]电影粉丝不像科学大会的评论者一样，会不厌其烦地描述大会上各种报告和讨论的重要性，他们通常会描述聚会上对他们而言最有意思的经历。[2]

关于电影本身及其制作方式、导演和演员的花边新闻的对话也很重要。电影粉丝群体可以被看作一个解读式群体，各式各样关于恐怖电影的解读和评价都可能被提出、流转和讨论。电影粉丝也深知这些电影并非对现实的再现，而是人为的构造。

恐怖电影粉丝所具备的后现代民众文化的感受性与很多其他的粉丝群体是共通的，与桑塔格在1960年代描述的"新体验方式"也有很多共同之处。在当时看来，这是一种极端的方式，作为话语式的现代感受性的对立面，恐怖电影粉丝拒绝对文化进行"教学法式"的理解，他们拉近了与文化对象之间的距离，看重电影的视觉和形象层面，那些弗洛伊德力比多式的展现受到认同和偏爱。电影粉丝对特效和夸张手法的喜爱，正应了桑塔格对《露营》（Camp）的评价：

> 《露营》的精髓是对超自然的热爱——特效和夸张手法。《露营》也充满了异域风情、某种秘密的符码、

---

1 除了提到的那些惯例，各种"冒险"、到场和离开、聚餐和结交的朋友等，都会被提到。

2 酒店酒吧的聚会和各种演讲一样值得一提，在《空间》这本粉丝杂志中，就有关于1989年在新泽西举办的活动的报道："延续旧习，首先介绍活动手册和酒店，尤其是酒吧——那是国际聚会的重要聚点"（Space 2/1989：30）。

258　　某个都市小群体的识别标志[……]熟悉《露营》的人吸收
了其中的品位，并以此炫耀自己坚强的神经。（Sontag
1990c：269，282）

恐怖电影粉丝希望能够沉浸在恐怖电影的世界当中，尽
管这对掌握了这个类型的粉丝来说越来越难办到。这个角度有
些激进，因为比起桑塔格的理论，电影粉丝更加把重心从生产
移到接受上。权力不仅存在于象征符号的生产之中，更存在于
接受过程之中，接受本身就成了生产的一种。这种文化上的
差别的消失，使桑塔格想象中的先锋艺术变得多余（参见Lash
1990b）。

在恐怖电影粉丝的世界中，甚至如英国文化研究所示，
在其他的电影粉丝群体中，人们完全拒绝用传统的审美评价系
统来评价恐怖电影。费斯克（1991：114）得出结论："民众
文化的辨别力必然与审美的或批判的辨别力相对立。"电影粉
丝的生产性建立在这种辨别力之上。

6.8.3　电影粉丝的生产性

为了进行更好的分析，我们接下来根据费斯克的理论
（1992c：37ff.）将生产性分为三种形式：[1]符号生产性、表现
生产性和文本生产性。与此相关的事件发生在文化工业产品的
汇聚之地（恐怖电影、书籍、商业化的电影粉丝杂志等）和电

1　需要注意的是，这些分类具有分析的特质，并不存在于社会圈子中，而是观察的类
　型。费斯克写道："粉丝非常具有生产性，我希望将他们的生产性分为三个领域，
　同时也深知，粉丝的产品完全有可能横跨所有三个领域，并且还无法将它们清晰地
　区分开来"（Fiske 1992c：37）。

影粉丝的日常体验之中。

6.8.3.1　符号生产性

259

　　媒体产品的艺术性和创造性首先通过符号生产性来展示。费斯克对此的理解是："符号生产性的构成，是将那些从文化产品这一资源中所获取的社会认同和社会经验赋予意义的过程"（Fiske 1992c：37）。媒体文本会被放到日常经验的背景下理解和接受，并且会被融入生活之中。生产出来的意义对每个人自身的生活来说可能非常重要，或者承担着某种功能。这一过程一般不会以话语的形式表达出来，所以我们必须对电影粉丝及其生活状态有很大程度的熟悉和信任，才可能发现并描述它。尤其是他们在实践意识层面对媒体的接触加工，必须要有观察者作为代言人替他们发声。

　　在恐怖电影粉丝当中，有很多例子可以说明这一形式的生产性。比如，鲁迪的童年和少年经历不堪回首，因为他的父母总在吵架，他在一个"支离破碎"的家庭中长大。

　　鲁迪，29岁："我的到来是一个意外，那时他们并没有想要孩子，简直是雪上加霜。所以，我的童年可以说是一个噩梦，我绝对不要再经历一次。奇幻的领域一直都很重要，它对当时的我来说，就像是逃避这个可怕现实的栖身之所。"

　　奇幻这个类型为他提供了另外一个世界，它不仅是逃避之所，更是对现实的补偿。

　　鲁迪，29岁："当时，我读了很多这样的书，就是为了能够看到一些别的东西，不用一直面对现实。我现在回想起来，那会儿有非常出色的恐怖漫画。很多媒体形式都有，我不像有些粉丝那样，只关注电影，我对奇幻的所有领域都感兴趣。"

260　　　鲁迪像"科学观察者"一样描述自己对待奇幻类型的态度，他没有带着情绪——比如像他的家人一样——而是从实事求是的角度出发在描述。在他的家里，他对父母带来的"威胁"感到无能为力，而在电影中也有充满威胁的怪物，它们被发现、分类、追捕，（有时）人类会通过共同的努力将它们打败或赶出这个世界。

他长期积累关于电影和怪物的类型学知识，这可以被视为他战胜危险的象征性尝试。对怪物的分类使鲁迪能够对危险做出监测和控制，这可以被看作他对其他生活领域的代偿。对他而言，对恐怖电影的研究有重要的人生意义。但是，鲁迪始终清晰地区分现实和幻想，狂热者的世界为他提供了一个"仿佛框架"（Goffman 1977），在这个框架内，他可以体验幻想和冒险。为了正确理解这些幻想和冒险的意义，他需要模糊严肃、重要的工作时间与轻松、次要的业余时间之间的界限。鲁迪在"如此世界"与"仿佛世界"之间自由转换的能力，是一种必要的技巧，也是他受家庭压抑之后所寻找的出路。费斯克（1993：35）认为，这种能力是我们在当今社会获得愉悦的重要前提：

> 这是在想象和现实之间的移动，它将两个世界之间的界限变得模糊，因为这种移动本身就是对现实阶级的反抗，同时也肯定了现实世界对幻想世界具有天然的、

根本的优势。

　　护士巴贝尔的例子再次体现了符号生产性如何在现实生活情境中伸展开来，她和她的未婚夫库特都是电影粉丝俱乐部的成员。她会经常观看恐怖电影，以此来调节她在急救中心做护士的经历。她这样做的前提是电影的虚构性。

　　巴贝尔，29岁："因为我知道，当电影结束的时候那个人又会站起来，但现实中可不是这样。作为手术护士，我得站在那里看着那个病人在手术台上流血，这真的很艰难[……]对我来说，恐怖电影就像一种缓冲，在过去几年，它们为我筑起了一个防锁死系统，让我的思想能够从日常工作中解脱出来。我必须要与那些在急救中心发生的可怕事情保持一定的距离，不能把所有的事件都放在心上，不然的话，我是承受不住、无法坚持的。[……]急救中心没有事的时候，我们会看恐怖片，那种非常硬核的恐怖片，这听起来有些疯狂，但是你是放松的，忘记了周围的一切，也许因为你知道，电影里的恐怖场景只是图像、面具、游戏，这与电影外的恐怖场景没有半点关系。"

261

　　对巴贝尔而言，恐怖电影的内容在她日常工作的背景下显得不那么恐怖，并且起到了"防锁死"的作用，它就像一个防护盾牌、一种平衡机制，帮助她缓解日常工作中的压力、负担和紧张。克拉考尔在《电影理论》（1985：396）中描述了电影的这一功能：

　　　　残忍的镜像有自己的目的。作为图像，它们出现的意义就在于吸引观众，让观众把它们记住，留在他们的记忆当中，让他们深刻地了解这些事物太过可怕，不会在现实中真的出现。

观看恐怖电影对巴贝尔是一种放松，因为人造的恐怖可以让她清醒，而且这种可怕是有界限且可控制的。在电影框架中体验到的恐怖让她能够更好地忍受医院里每天都在发生的现实恐怖。巴贝尔的例子也再次表明，人们对恐怖电影的接受并非对现实的疏远，或者以现实的去真实化作为后果。相反，她的观影经历让她能够更好地面对现实。[1]很多像巴贝尔这样的电影粉丝都能够清晰地区分现实和电影，这也是电影充满魅力的原因。

另一个符号生产性的例子我们之前已经在介绍艺术爱好者时提及了。他们将一些恐怖电影看作对社会弊端的讽喻，或者是对这些弊端在未来出现的推断。作为知识型电影粉丝，他们具备大量的文化资本，电影的次级意义对他们而言尤为重要，电影能够用活灵活现的方式去展现那些针对社会的批判理论。因此，艺术爱好者对导演特别感兴趣，因为导演用电影的手段来传递思想和理论，他们可以将这些理论与自己在大学阶段或工作阶段获得的理论进行对比。[2]通过对电影的解读来支持自己的观点和价值观，[3]有时甚至他们自己都不会意识到这

---

1 沃斯-费特曼（Voß-Fertmann 1989）以一名16岁的学生为例，恐怖电影消费在她的生活当中有其目的，被用于消化愤怒和攻击性。

2 德勒兹（Deleuze 1989）将此作为电影理论的基础。

3 拉德韦（1984）在她关于女性对爱情小说接受实践的民族志研究中指出，通过这些文字，她们在家庭主妇和母亲的有限日常生活中，创建了一个自由的空间，并由此确保了她们的自我认同和权利。拉德韦得出结论，她们的接受实践是对父权社会中日常结构的反抗。费斯克（1989b）在关于麦当娜粉丝的民族志研究中指出，麦当娜通过她挑衅的出格行为让她的粉丝觉得自己也有潜在的力量。

一过程。

总体而言，与其他电影粉丝群体一样，符号生产性对恐怖电影粉丝也起着核心作用。它与表现生产性之间的过渡是模糊的，表现生产性从本质上是通过话语表达出来的。

6.8.3.2 表现生产性

表现生产性是指在面对面的接触中，或者在一个群体中将意义表达出来，并在主体间进行交流。费斯克将此与德·塞托紧密联系起来："阐述的过程使用了符号系统（一般是指口语，但并非必然），这一系统是阐述者及其社会和时间背景所特有的"（Fiske 1992c：38ff.）。

在恐怖电影粉丝的社会圈子里，我们可以通过无数关于电影和活动的沟通交流找到大量这样的生产性的例子，这一过程发生在集体观影的过程中，或者在观影之后俱乐部聚会时，或者在远程通话和邮件中。电影被解读、比较、批评，人们关注的重点包括技术和审美的表现，以及电影的内容。新的面具或出色的摄像技术（比如《鬼玩人》中的下沉镜头）常常成为讨论的焦点。此外，电影粉丝们，尤其是其中的爱好者和狂热者总是对电影审查制度存疑，因此他们总是怀疑电影被删减过。导演韦斯·克雷文对忠实粉丝的这种行为如此评论："他们总是在寻找可能被审查人员删减过的地方，比较摄像机机位，分析各种特效。他们早就忘了害怕得不知所以的感觉了"（Craven，引自Hriksch 1993：84）。

通过各种对话，恐怖电影的意义被创建和流转，并且与日常生活联系起来。

263

马丁，29岁："[……]这绝对是一部恐怖电影，里面的想象一方面已经完全与幻想融合，另一方面你又不能断言这绝不会发生。"

鲁迪，29岁："如果我的环境中发生任何与电影类似的事情，或者有人说类似的话，我马上就会注意到。[……]有时候，我会把现实中人们的判断准则与电影中的进行比较。"

赫伯特尤其对电影中那些不寻常的角色着迷。

赫伯特，28岁："我总是被电影中与众不同的角色吸引。如果电影对角色的展示能够说服我，我就能够感受到他的魅力。[……]我甚至真的想认识这样的人。这些角色之所以这样有魅力，是因为我身边的普通人实在太无聊了。"

当然，将恐怖电影转接到日常生活中去比肥皂剧要难多了：[1]

264

鲁迪，29岁："对于那些奇幻电影，你是无法轻易将其转接到日常生活中去的，因为这些电影里的人面对的总是非常极端的情境，所以他们的行为也只能如此。"

对身体超现实主义式的摧毁会激发托尼关于"身体和灵魂关系"的哲学思考，在一次俱乐部聚会中，他谈到了这一点。

托尼，33岁："在罗梅罗的僵尸三部曲中，僵尸统治了

---

1 博尔克斯对肥皂剧粉丝的总结："除了他们所具有的共同的专业技能、判断力和批判距离之外，我们的被采访者也表现出看似矛盾地允许幻想溢出他们的真实生活和社会圈子以外。他们当中的大部分人告诉我们，他们会感受到与节目中的角色之间有着亲密的联结。有时候，他们会把这些角色看作是朋友，与他们一起说笑、哭泣、忍受痛苦"（Seiter et al. 1989：235ff.）。

世界。也就是说，人的身体还在，但其实不再是人。这正是
这些电影对我的吸引之处，因为它让我明白了，人之所以为
人，并非源自肉体。有些人看起来像人，甚至长得很好看，
但是他并不是人。僵尸电影可以将这一点发挥到极致。有时
细想，这真令人害怕，你突然发现那些外在的事物都微不足
道。这些电影关注的重点在于身份的流失，即使他还有身
体，但已经没了自我。"

这些例子都清晰地表明，表现生产性实现的前提在于电影
粉丝拥有这个电影类别的知识，并且能够保持批判的距离。

从电影粉丝让自己归属于粉丝圈子的种种努力中，我们
可以发现更多表现生产性的形式。比如，前文提到的巴黎奇幻
电影节，有些观众将自己装扮成电影中的知名角色。当他们出
现在大厅时，观众席上爆发出喝彩和掌声。有些粉丝穿戴上
印有特定电影元素的T恤、纽扣或帽子，通过这种行为，他们
将自己的特殊身份认同传递给公众，并且通过这一风格化强调
了他们对恐怖电影粉丝群体的归属感（参见Hahn 1986b）。对
青年电影粉丝而言，穿戴各种与恐怖电影相关的配件可以从另
一个角度增强他们的身份认同。在他们和成年人打交道的过程
中，一件印有《德州电锯杀人狂》或《猛鬼街》（1985）中场
景的T恤[1]，可以起到挑衅的作用。[2]

在有些电影粉丝的家里，我们可以观察到另一种对恐怖

265

1　《方格利亚》中有这件T恤的广告，人们可以邮购，或者在节日和相关实体店买
到它。

2　麦当娜的粉丝也有类似的生产性形式。他们会从外表上模仿麦当娜。通过对各种
首饰、妆容和廉价饰品的夸张使用来模仿对女性的表达。费斯克（1989b：100）写
道："麦当娜为一些年轻女孩提供了找到适合她们作为独立女性之意义的机会。"

电影意义模块的表现生产性。电影海报、粉丝聚会的照片、人物模型、面具，甚至塑像成为室内装饰品。[1]然而，除了最后一种审美表达形式之外，符号生产性并不会持续多久。费斯克对此写道：

> 表现必须发生在即时的社会关系中——它只存在于被表现出来的那个时刻，因此它所创造的大众文化资本只能在小圈子内流转，是一种非常地域化的经济。但是，在这样一个地方性的小型电影粉丝群体中，它所带来的价值也是持久并可以立马兑现的。（Fiske 1992c：39）

6.8.3.3 文本生产性

第三种生产性——文本生产性——具有长期和稳定的特征。它体现在个人对文本的创作上，尤其是那些投稿给电影粉丝杂志的作品。这种三级文本的创作一方面展示了粉丝对恐怖电影类型的敬畏之情；另一方面也是他们对电影、电影节、电影杂志等的一种批判的、反省的和审美的处理方式。电影粉丝们，尤其是其中的爱好者和狂热者会认真投入，仔细钻研那些场景，评论电影创作中各位专家的工作，并认为自己与他们处于竞争关系之中。他们会设计电影情节、图片、漫画，写恐怖故事或者从事"科学"研究。他们也会看那些他们觉得不怎么样的电影：

266 　赫伯特，28岁："只要看10分钟，我就知道一部电影是不是垃圾了，我在看的时候就开始写文章了。我对这种电影的

1　有一个粉丝甚至在家里放着一个残肢的仿制品，这些东西都可以邮购到。他还有很多不同的怪兽和可以自己组装的套装物件。

兴趣是出于研究的目的。"

鲁迪，29岁："我总是以一个编年史专家的眼光来看电影。我总是尝试将它们或多或少进行归类。我曾经写过一篇关于奇幻电影类型分类的文章，在里面我将三大主类型（奇幻、恐怖和科幻）又分成了若干子类型。"

当时，关于电影的科学文献中还没有类似的分类（参见Hahn/Jansen 1993），而且由于电影数量惊人，分类工作并不简单，鲁迪的尝试可以被看作开创之举，据说，他花了大约七八年时间才最终完成这项工作。在这个过程中，他自然也阅读了很多专业作者的文章。

鲁迪，29岁："我也研究了很多评论家的观点[……]坦率地讲，很多知名影评家，比如皮特·W.延森的观点，我完全不赞同。因为我发现，他的写作里有太多自我表现。他只想通过这种方式为自己建立一座纪念碑，但他却将电影弄得支离破碎，尤其是恐怖电影。"

鲁迪尤其不满某些评论家使用外在的标准来评价电影。

鲁迪，29岁："那时有一份电影粉丝杂志，现在已经成为专业杂志，但是当时它可以说是一份极左刊物。他们完全从共产主义的角度出发来看待整部电影[……]这样一来整部电影都被肢解了。他们真的太'左'了，我已经没再收集这些期刊，有一次实在太生气，我就把它们都卖了。"

赫伯特，28岁："有一次，迪特做了一个特别好的假设。他说，谁又能批评那些批评家呢？谁会对评论写评论呢？"

267　　　对于一个电影粉丝，重要的是守护传统，对电影保持敬
畏，当然也不是说完全不能批评，但是批评必须在电影故事的
范畴之中，与类型审美相关。而身兼恐怖电影爱好者和艺术爱
好者的人在这里则是一个例外，他们拥有大量的文化资本，可
以将恐怖电影和其他社会实践进行比较。而鲁迪自己就创办了
一份电影粉丝杂志，他把自己看作传统的守卫者，不仅是电影
传统，也包括粉丝传统。

　　鲁迪，29岁："我人生中接触的第一本电影粉丝杂志非
常古老，是我在一家旧书店找到的。有些电影粉丝杂志与我同
龄，当我看到它们的时候非常惊讶，原来那时就有这类杂志
了，而且还制作得非常精美。所以，我尝试将自己的杂志也向
这个风格靠拢。我从来没有想过要达到完美主义。"

　　很多国内外的电影粉丝杂志，尽管制作者也花费了大量
的时间和心血，但是从其外表来看并没有那么专业。[1]似乎出
版者有意识地让自己的刊物与那些商业化的电影粉丝杂志区分
开来，因此他们有意把它装扮成"外行"的样子，他们不以营
利为目的，而是出于对这个电影类型的爱。

　　鲁迪，29岁："我认为，追求完美并非关键，重要的是
如何投入，如何享受这一过程。[……]我不想让电影粉丝杂志
成为一种必然的压迫。如果我有时间也有兴趣，那么大概一个
月就能出版一期，但是我不想太过限制自己，所以我一般一个

1　劳（Lau 1992: 101ff.）表示，在朋克群体中，类似的杂志更加繁多。

季度出版一期。"

　　鲁迪和大多数其他粉丝都没有打算把爱好变为职业，但是粉丝圈子中也有一些人，以自己的特长赢利。

　　鲁迪，29岁："如果你以专业的方式经营一家杂志，然后又搞砸了，那就真的破产了。而且这些开支非常高，慕尼黑有一个人，米歇尔·格拉夫就经历过这些，他出版了一份关于奇幻作品的报纸，做得非常精美，可惜失败了。"

268

　　鲁迪并不会因为米歇尔的商业目的就不承认他的粉丝身份，[1]但是他认为这种专业化的赢利行为可能会摧毁对电影类型本身的热爱。

　　鲁迪，29岁："我觉得如果你把它变成一种职业，那么你可能很快就会失去对它原有的态度。因为如果你出于经济原因对某种事物产生了强迫行为，那么你很可能会失去这种事物带给你的愉悦。"

　　痴迷来自对恐怖电影类型的热爱和吸引，这使粉丝们产生了一种愿望，想要自己来创造些什么。巴特（1984）将爱好者和狂热者的接受实践描述为"创新的阅读"，电影粉丝的资源和可能性决定了他们创造的文本的类型。[2]粉丝的文本实践的目的在于模糊生产和消费之间的界限。

　　如果我们仔细观察电影粉丝生产的文本，并且将它们与

1　詹金斯（1992）写到，在北美，如果有粉丝想通过粉丝杂志来盈利，那么他会失去所有人的信任，并被称作"小贩"（引自Fiske 1992c：40）。

2　很多恐怖片导演的生平都表明，他们首先是恐怖电影粉丝（参见Gaschler/Vollmar 1992）。

其他粉丝的作品进行比较，则可以发现共同之处和不同点，这种不同与恐怖电影的文本结构相关。后现代恐怖电影的文本比传统电影的更加开放，但是与电视剧相比，则缺少系列性和延续性。[1]

詹金斯（1992：162ff.）为英美地区的电视剧粉丝定义了10种"重写电视剧的方式"。恐怖电影粉丝的文本的重点不在于如何重建"原始文本"，而是如何改变、加工、补充并再开发它。恐怖电影粉丝生产的文本比电视剧粉丝生产的文本更加脱离原著。原版电影往往是新创造的文本的背景或者缘由。针对电影粉丝杂志和其他三级文本（比如书籍、视频等）的分析，我们可以明显地看出，消费与改变用途这两种实践之间的区别。

解读和延续　粉丝解读并评价电影，将电影与类型联系起来。在这个过程中，各种可能性显现出来，比如从原始情节出发可能会产生其他的情节发展，或者不同的结局。他们会描写电影的续集该怎样拍，或者干脆建议制片人最好不要再出续集了。他们调动自己的知识，去解读带有开放性结局的电影或者其他神秘、隐含和隐匿的事件，并且设计出可能的延续。他们以这种方式去填满媒体文本中的空隙。

科学分析　尤其是在鲁迪的例子当中，我们看到了这一实践，它天然就存在于恐怖电影的叙事结构当中。首先，粉丝

1　詹金斯（1992：164）写到，《星际迷航》的粉丝们会在其停播以后自己写作故事，他们为里面的角色创造了一个未来。在意大利也有类似的活动。《异形帝国》的粉丝们将攀岩者作为自己拍摄续集的理由。我观察到，《双峰》在德国播出后，粉丝们展开了深入的讨论，并且开始设计自己的故事。

们会收集关于电影的"硬知识"，比如关于主角、配角、导演、内容、特效、情节发生地等信息。然后，他们会分析电影的每一帧，将每一个事件和怪物归类。

在这个过程中，知识被生产出来，用以同其他的专业人士一较高下。比如，粉丝弗朗克·特瑞宾写了一部名为"恐怖在你身边"的五卷本关于恐怖电影的检索大全，收录了1960年以来的恐怖电影，并且由自己的出版社出版。这部在法国大受欢迎的书收录了涵盖几乎所有子类、近2000部电影的大量影评、图片和数据。该书还收编了电影评价，代表了不同类型粉丝的不同兴趣，并以评分系统的形式展示出来。

> 星星的数量决定了电影的质量，比如一星代表很 270
> 差，五星代表出色。星星后面的数字代表电影的硬核程
> 度，普通观众可以根据自己的承受度作出判断。评级表
> 从1到10排列，1表示温和，10则代表硬核恐怖，内有鲜
> 血和内脏的场景。如果电影的版本存在较大差异，那么
> 评分都是针对原始版本的。（引自《恐怖在你身边》的
> 宣传页）

在电影粉丝大会上，他们会就不同的主题发表各种演讲，比如，"奇幻类型的军事应用"，或者"僵尸的社会学情境"等。

这一过程的创造性在于对文本材料的系统化、比较、分析并建立新的联系。分析是写作影评并创造自己故事的必要前提。

创造 电影粉丝自己写故事和电影情节，画漫画和插图，设计特效和面具，他们会把这些创造出来的作品同专业人士的作品进行比较，并在全世界恐怖电影粉丝的社会圈子当中交流。

比如，德国的"旋转加雷制作室"（Reel Gare Production），其幕后团队来自粉丝俱乐部"屎诗级暴力者"（Violent Shitters）[1]，他们会拍摄带有大量特效的恐怖电影，在大会或者电影节上放映，并在音像店出售。有一本电影粉丝杂志把他们制作的《僵尸1990：极端瘟疫》（1990）和《僵尸进击》（1990）归为"自制垃圾"，这是要提示观众注意影片中的错误和逻辑矛盾[2]会引起情不自禁的笑声。尽管如此，人们还是可以清晰地感受到这些批评当中的赞赏和肯定，"屎诗级暴力者"已经正式把这种"真正坏品位中的新榜样"作为一种风格。美国也有类似的由电影粉丝发起的"无预算制作"团体，比如，某本电影粉丝杂志对纳森·舍弗用Super 8摄像机拍摄出来的胶片电影所作的评论：

271

> 在特效领域，他的进步是显而易见的，电锯的几个镜头非常具有观赏性。当然，这些都不是完全由他想出来的，或多或少都是对前人的借鉴。这是一部恐怖电影狂热爱好者的作品，与这个类型的其他作品犬牙交错。
>
> （*Blemnorrhoea* 1/1990：7）

1　《屎诗级暴力》（*Violent Shit*，1989）是她的第一部电影。
2　"尽管剧情乏善可陈，但里面也有个别搞笑点，比如在一个镜头中，第一个被害者在被谋杀之前，在车里的镜头，前一秒还穿着外套，后一秒就没穿了"（*Blemnorrhoea* 1/1990：8）。

也有一些新手的作品，被粉丝们认为具有原创性。比如，简-曼努埃尔·柯斯达用"定格动画"的技巧[1]，兼具雷·哈利豪森动画片的传统，将怪物故事以及与希腊和基督教神话相关的主题以充满创意的方式变成新的故事。《被诅咒的温柔》（1980）描述了这样一个故事，全世界的核灾难之后，巴黎圣母院的一座石像被唤醒了生命，与死神展开搏斗。有一些电影粉丝杂志，比如《神奇电影》会定期刊登关于电影制作人的文章和专栏。

除了电影制作人以外，粉丝当中还有很多模型制作者，他们将电影里的怪兽或者物品作为参照来制作模型。比如，有一个粉丝花了几年时间制作了《异形》中的诺斯托洛姆号太空飞船。这些作品不会上市销售，人们只能在电影节、电影大会或者一些特殊的商店里买到。在《神奇电影》（34/1986：32ff.）中有一篇文章，专门讨论如何给怪兽打灯光和摄影。作者写道："让怪兽从模糊不清的重重迷雾中现身，是一种加强怪兽出场效果的经典方式[……]有时候，我们可以观察到怪兽从云状物体中出现——比如，在《魔眼惊魂》、《魔鬼的诅咒》、《鬼雾》中[……]就有各种各样的方式制造云雾[……]"

从奇幻电影的主题也衍生出了社会圈子中的各种亚圈，比如插图画师的圈子，《乌托邦设计概念》（*Concepts of Utopic Designs*）就是他们出版的一本杂志。

其他的圈子还包括"化妆粉丝"。《方格利亚》（参见 *Fangoria* 50/1986：35ff.）会定期提供恐怖妆容的入门课程，

1　这部电影由分镜头组成。

举办各种比赛。在这个亚圈里，最出名的是"古尔兄弟"
（Ghoul Brothers），他们后来将此转变为职业（参见*Fangoria*
45/1985：28ff.）。

272　　　**改变用途**　如纳森·舍弗所示，在电影粉丝的创作当
中，不同电影的元素会被改变和融合在一起，各种类型也由此
混合，尤其是科幻类型和恐怖类型。粉丝们也非常喜爱以漫画
和故事的形式对恐怖内容进行仿作，电影粉丝杂志有时会进行
连载。

　　此外，我们还可以观察到重心的转移，比如次要角色变
成主要角色，电影中被短暂提起甚至只是有所暗示的领域在粉
丝的文本中却成为焦点。色情化也常常出现，尤其是在漫画和
插图中，总有一些明显的色情元素，而在经典恐怖影片中，这
一部分往往只是稍加暗示。

　　这些纷繁的生产性形式明示了人们对恐怖电影的接受并
不仅仅是被动的，而是其创造力全面铺开的必要前提。它们宣
告了传统消费文化中生产和消费之间界限的消亡。

　　总体而言，不同电影粉丝的生产性之间的区别不大，通
过他们的实践，他们为恐怖电影粉丝社会圈子内部的文化经济
带来了愉悦和意义，这些愉悦和意义完全可以与文化工业制造
的愉悦和意义分庭抗礼。爱好者和狂热者展现出的丰富知识及
其对这一类型的深入研究，一方面要归功于恐怖电影的叙事结
构；另一方面则要归功于粉丝们的认知兴趣，他们对电影意义
模块的无数次分解和再利用。通过对电影的重新解读创造出
新的意义，这些新的意义不再符合文本结构本身所偏爱的意

义。因此，高雅文化（学术界、专栏中的电影评论、杂志、教育者等）的话语对恐怖电影的评价——它主要关注暴力、施虐、受虐，而没有知识性——应该被反驳。而粉丝们正是在与这一观点的对抗过程中寻找到自己的社会认同，建立起同好者的圈子，他们对电影的喜爱具有风格上的一致性[1]，并且彼此分享关于恐怖电影的知识。

他们与主流话语的对抗性并不像朋克或者其他政治活跃团体那样存在于话语意识层面，而是存在于实践意识层面。他们创造了归属感，营造了一种马费索利式的充满情感的"群体团结"，这也是恐怖电影粉丝社会圈子的文化经济中最主要的愉悦来源。

6.9 恐怖电影粉丝作为生产性观众

通过对恐怖电影粉丝展开的民族志研究，我们可以明显地看出，那些普遍存在的偏见应该得到纠正。如果人们采用还原论或精英论的视角很容易对媒体接受的文化维度视而不见，这些视角将观众建构成一个"有异域风情的他者"，要么是媒体的牺牲者，要么是看热闹的外行。但是，恐怖电影粉丝的例子表明了这两种视角都不正确。

电影粉丝——从游客到狂热者——都能够把负面情感（比如害怕和恶心）转换成愉悦，并熟练地将愉悦转换成想象

---

1 汉恩（1986b：604）写道："我们可以定义风格，作为一种行为或者行为后果的形成，对行为人或一组行为人或某个文化而言具有代表性，并且通过不同的形式体现出来，而这些形式也并非只基于'技术'"（参见Soeffner 1986）。

中的享乐主义。据我们所知，恐怖电影粉丝圈子当中没有人开暴力之先河。恐怖电影粉丝将关于暴力展示效果的话语挪为己用。当他们在电影中感知到危险和禁令时，其观影体验会得到提升。粉丝们能够感受到自己的强大或者特殊，因为他们在这一过程中与"其他人的理智"进行着正面对抗。

我们的民族志研究还表明，粉丝们不是"文化瘾君子"，相反，正因为他们大多数时间都与文化工业产品共度，所以他们掌握了很多文化内容并且"有教养"。他们对恐怖电影的兴趣尤为突出，这导致了他们充满热情地去获取一些特殊的知识，养成特殊的能力，同时也在不断地进行自我反省。他们会思考自己的爱好、与他人开展讨论，甚至用文字记录下来。

274　　尽管电影粉丝的行为是以认知为导向的，但是我们仍然无法把它算作主流文化，即便它带有一些主流文化的特点。它通过与当今社会的民众文化紧密相连、通过观众的实践，成为文化工业与日常生活之间的桥梁。电影粉丝的社会圈子以某种方式使这种影子实践成为越来越可见的形象。同时，这也是他们在后现代媒体文化背景下的过度实现。

恐怖电影类型中的后现代形象具有开放性和自我指涉的特征，它就像后现代建筑一样，有多种多样的接受形式。如同高雅文化作品一般，很多电影也是导演和艺术家的创造性表达，具有独特和强烈的个人风格及图像语言。因此，我们也可以把它们理解为对个体和社会问题的处理。

电影粉丝中主导的解读实践可以让那些在审美上认为恐怖电影粉丝缺乏深度的偏见消退。他们在类型框架的大背景中解读电影，研究这些电影的贡献和思想。这些评价为进一步生产新的意义、建构自己的意义世界提供了各式各样的意义模块。当恐怖文本的元素成为想象的一部分，或者其他文本的一部分，它才称得上完备，因此电影粉丝对文本的各种"蹂躏"也充满了创造性。他们分析、研究并非由自己生产也不属于自己的文本，寻找有意思的素材。然后，他们就像拼合爱好者一样，将那些找到的元素拼接成自己的作品（参见Hahn 1991a）。他们的创造性也体现在对文本的再解读、创作各种联想式的续作，并将其与社会现实建立起联系。总的来看，粉丝们组成了一个另类的团体，并在其中尝试和体验各种深刻的情感、友谊和创造形式。这也是个体意义形成的形式（Hahn 1974）。

在官方文化的论调中，恐怖电影一直被忽视甚至被贬低，人们对它的接受颠覆了主流思想、价值观和品位判断。按照艾柯的说法，这正是在大众文化环境下展开的符号游击战的一部分。在这场战斗中，电影粉丝是极其挑剔的，并非每一部恐怖电影都很重要，会成为他们创造的源泉。比如，那些在公共讨论中常常被视为恐怖电影类型代表的"剥削电影"，其中的暴力场景一个接着一个，但这类电影往往不受粉丝们的欢迎，因为它们的情节和内容在类型框架中并非原创，以此引发的情节也就没有什么吸引力。恐怖电影粉丝（其他粉丝也一样）对作品的评价往往取决于，该作品是否可以在粉丝文化的背景下被创造性地使用，它们是否允许粉丝的积极参与。

在尝试缩小或消除与"艺术品"之间距离的同时，粉丝文化也明显具有官方文化的特征。电影粉丝在实践中所展现出

275

来的对知识的掌握是令人惊讶的，这也是一种对恐怖电影具有群体特色的表达方式，在形式上，他们与文学、芭蕾和戏剧爱好者处于同一阶层。即使电影粉丝拒绝影评家和学者对电影的评判和解读，但是在他们的世界中也有"首席评论家"和"引领思想潮流者"，这些人掌握了更多关于恐怖电影的知识，因此更容易将其挪为己用。诚然，在外界看来，这些行为多少会被视为对艺术和科学领域的模仿或讽刺，毕竟他们感兴趣的知识对社会而言是无用的，因此，粉丝们更加在意自我表现的策略。

粉丝们拥有民众文化资本，尽管这些资本只有在粉丝文化的框架内才被认可，但是它具有全球性。恐怖电影粉丝的社会圈子是由成员们在沟通的基础上自行建立"邻里关系"的众多例子中的一个（Winter/Eckert 1990）。[1]

276　　接下来，我们将进一步研究这一具有后现代特色的文化现象，然后我们将重述理论和实证方法的要点，并总结结论。

1　需要补充的是，另一个社会圈子也将恐怖电影作为自己的标志，即神秘学圈子（Winter 1989b）。

结 论

7.1 全球化、本土性和邻里关系

通过我们所选择的民族志视角去观察媒体传播现象，我们可以明显地看出，电影粉丝如何以创造性的方式去处理文化工业所生产的文本。电影粉丝并非寻常观众，也不是观众的对立面。他们在创造性地接受媒体文本的过程中，发掘出文化与审美上的潜力，这成了当今媒体传播的特色，他们将民众对媒体文本的消费打上了自己的印记。因此，各种以民族志方式研究媒体接受的论著都得出了同一个结论，即人们在媒体接受的过程中会积极地生产意义，而不是被动地接受给定的意义。费斯克（1991：109）以概括的方式总结了盎格鲁-撒克逊地区对媒体接受的研究："但是，文本的可进入性并不代表读者的被动性，所有关于民众阅读的研究都显示出这是一个主动的、积极的过程，而这一过程的推进不一定很艰难。"生产性观众不仅存在于粉丝文化中，也存在于普通观众中，后者也许不如粉丝那样对媒体文本有着那么丰富的经验和能力，但是他们会利用文本的多义性在日常生活的框架中生产出意义。

根据自身的亚文化特征重塑它们的意义，将它们融入自己的日常生活知识之中，电子媒体已经成为民众文化和口头文化的重要组成部分。（Holly 1994：21ff.）

为了对这一复杂的过程进行研究，媒体社会学应该严肃地区分生产、媒体文本的流转和对它的接受。齐美尔（1901/1989：617ff.）已经预言，"主观文化和客观文化"的分离必将导致"物的文化的兴起"和"人的文化的停滞"。越来越多的电影和其他媒体文本通过卫星电视、有线电视、音像制品（DVD和蓝光碟）和网络的方式被私人所有，因此，这些媒体文本也相应地被制作得更加适合其所有者使用。[1]泽夫纳（1988：9）写道：

> 在这一私有化的过程中，一切都变得越来越唾手可得，集体所有变成个人所有——从主体和客体层面都可以被观察到——系列之物变成独一之物[……]，具有公有性和工具性的陌生之物变成主观上熟悉的自属之物。

特定的接受方式导致了人们在审美和情感共性的基础上形成了自己的文化。

对"后现代状况"持悲观态度的人，会低估甚至忽视这一跨国传播系统中的连接力量，在全球化的背景下，带有物的形式的文化提供了群体联合的新形态，跨越了阶级、性别、种族、地区和国家文化的界限（Eckert 1990）。

全球化[2]为我们的生活方式带来了深刻变革，一系列传统

1　参见Schulze（1992：118ff.）。

2　罗兰·罗伯逊（1990）将全球化进程划分为五个阶段。第一个阶段位于15世纪。今天我们所在的阶段始于1960年代，即所谓的不确定性阶段："强调后物质主义价值，冷战结束，核武器扩张，大量的全球机构和全球活动出现，社会面临日益增加的多文化、多民族问题，[……]全球媒体系统的统一"（Robertson 1990：27）。

消失，多样化无处不在（参见Beck 1986），但是这并非后现代时期的特殊现象，它的根源在于现代化所带来的社会生活领域的剧烈变化。鲍曼（1992b：187ff.）如此描述现代性和后现代性的关系："我们可以把后现代性解读为被完全发展的现代性，符合历史进程已经预言的结果[……]后现代性也许孕育了真正的现代意识——它是现代性本身。"因为后现代状况的主要特征，比如多样性、矛盾性、偶然性等，都是在现代化的过程中诞生的，尽管现代精神从其自身而言主要提倡理性、普遍性和同质性。卢曼在多部论著中提到，偶然性是现代社会自身的价值：

> 对偶然性的关注已经成为我们的习惯，它伴随着人们对必要性、先验有效性和不可侵犯之价值的寻找，并在这种努力（它成为一种可见的努力）的偶然性中，将结果转变成偶然性——就像弥达斯的点金术。（Luhmann 1992：94）

鲍曼将现代性和后现代性区分开来，后现代性的真实本性是对难以避免的偶然性的生产，并对无法战胜的矛盾性了然于胸。在此，不存在一个中心或者传统会让一切都围绕在它的四周，并让一切都显得有意义（Bauman 1992c）。在后现代时期，存在各种各样对世界的观察和描绘。卢曼（1990：666）将此形容为多重互文性：

> 在我们的背景中，多重互文性意味着社会构建出无数的二进制码以及由此而来的概念，背景的形成过程起

源于无数的差别[……]所有的观察和描绘都取决于之前选择的背景，而这在我们的社会当中是偶然的。

人们对影响了社会和自身的偶然性的清晰认识，必然会导致他们去寻找并建立共同体。

> 以对偶然性的认识为前提[……]我们不能放弃对一致性的追求：毕竟我们清楚地知道，一致性并不是事先商量好的，也不是事先已确定的，除了我们的论证之外，它不基于任何事物。（Bauman 1992a：305ff.）

只要掌握了这个背景，我们就能更好地理解通过媒体接受而建立起来的文化世界和文化共同体。他们的举动反映出在一个充斥着偶然性并在不断运动的世界中，人们对共同性的渴望和呐喊。

这种由个体自发选择的审美或情感共同体并不仅仅局限于影视媒体领域。在计算机领域（Eckert et al. 1991b）、流行音乐领域也有许多卓越、有趣的例子。比如，全球直播的音乐会《生命救援》（*Live Aid*）或《解放曼德拉》（*Free Mandela*）都显示出人们内心对参与的渴望，他们希望融入一群模糊的"众人"之中，并找到同盟。这一在媒体时代非常典型的运动形式却常常被错误评价：

> 不是"精神自闭症"（鲍德里亚），也不是"情感的衰退"（詹姆逊），这些现象表明，有可能出现一种主要在电波中并通过电波存在的、围绕普遍的道德问题而组织起来的新型政治。（Hebdige 1989：53）

280

马费索利（1992）认为，后现代政治转变了形态，成为一种情感的文化。

> 每个人都以自己的方式强化了共同的情感，并参与到回忆的仪式之中，总而言之，是颂扬他们所属的部落。在这一切中，没有什么非常理性的东西，有的只是或多或少粗暴地表达了他们对部落的感受、一种情感上的归属感。（Maffesoli 1992：166）

在后现代时期，"古老的"、传统的元素与最新的通信技术相碰撞，比如说唱音乐，对它的接受即表达了人们对形成个人身份的诉求，一种全新的民族身份。通过节奏、歌词以及与死去的黑人领袖相关联，音乐被赋予了一种黑人的历史和传统，[1]与涂鸦、霹雳舞、黑人执导的电影作品一起形成了一种团结感，这种团结感基于人们积极寻找身份认同的努力。这一共同体拥有属于自己的"真实"，它给予共同体成员自我表现的可能性，让他们将自身的行为风格化（参见Hahn 1986b），并给予保护。

> 共同体——民族的、宗教的、政治的或者其他的——往往被认为是差异和结伙的混合体，是一次性短暂地逃避孤独，是一种具有根源的偶然，是带着确信的自由。（Bauman 1992a：301）

---

1 对于传统的发现，埃里克·霍布斯鲍姆也持同样的观点（参见Hobsbawm/Ranger 1983）。

后现代理论认为，这种具有选择性的共同体[1]对个人意义的形成（参见Hahn 1974）有决定性的作用。正如我们在恐怖电影粉丝群体中所见，这样的群体并没有能力去执行那些形成制度的规则，而且因为其基于媒体传播，它也不具备始终让成员们能够面对面深入交流的功能。尽管如此，它依然在由媒体构成的公众空间中扮演着重要角色。

在全球化的传播系统中，选择性的共同体具有去领土化的特征。"忠诚是由在仪式上表现出来的对正向的部落象征物的支持，或者同样地，象征性地表现出来的对负向的（反部落的）象征物的敌意所组成的"（Bauman 1992b：199）。比如，我们已经展示了电影、电影粉丝杂志等对恐怖电影粉丝的意义。诚然，通过"部落仪式"，群体展现了它们的团结，以此去争夺公众的关注这一稀缺资源，[2]说唱和朋克艺人的例子都以炫酷和深入的方式展示了这一点。通过话语意识，他们与主流价值的反面产生了联结。

总的来说，粉丝们更希望通过个体的情感性和想象性投入，建立起自己的"文化归属感"，而不是一味地去追求公众的关注。根据德·塞托的理论，我们描述了观众生产性和创造性的实践，抓住了他们作为消费者唯一的可能性，即接受媒体世界的符号，然后再将它们进行个性化定制，尽管这些符号并不属于个人，而是属于文化工业。我们特别强调了费斯克

---

1 我们认为，选择性的共同体（Winter/Eckert 1990）这一概念比"新部落"之类的概念要更合适。不同于现今的休闲文化，部落这一概念更多地让人联想到没有文字的群体，成员对自己的归属既无法避免，也不可选择。因此，马费索利（1988）的新部落主义的概念很容易引起错误的联想。

2 参见Eckert（1973）。

的民众文化理论中关于民主潜力的部分，这一潜力通过文化实践形式的去阶层化而得以加强（参见Buchmann 1989；Lash 1990a），它隐藏在媒体接受的过程中，在大众文化理论和公众效果研究中往往被忽视。

我们强调了观众构建自身意义的能力，从而营造出属于自己的文化和"部落世界"，但是，我们不能因此就忽视了从1990年代开始的市场及传播系统的全球化这一具有霸权性的趋势。未来将会证明，大集团所建立的去中心化的跨国"传播帝国"会控制并操纵信息流和传播流，并给它的消费者带来潜在影响。安（1990：251）提出了一个重要的问题："换言之，观众在生产他们自己的文化时所展现出来的活力和创造力，用卡斯特尔斯的话来说，难道不就是在电子化的地球村里的'文化部落主义'微不足道的表现吗？"

因此，在接下来的研究中，我们不仅要关注"消费者的自由"，也要留意媒体全球化带来的可能危害。迄今为止，这些危害或多或少仅仅以耸人听闻的词语被表现出来，比如"文化帝国主义"、"泛美国化"、"大众文化"等。直到人们开始讨论后现代主义，才带来了新的转变。费瑟斯通（1990b：2）写道：

> 后现代主义既是一个符号，也是一个强有力的文化形象，在令人生疑的同质化过程中，实现对僵化的全球文化的远离，[……]它注重多样化、多种类，充满了民众的和地方性的话语、符码和实践，这些东西正是抵抗与反击系统化社会和秩序的力量。

有很多重要的研究问题由此产生。比如，美国文化是当今世界很多个体之经验、想象和身份认同的重要组成部分。但是，除了我们所知的同质化假设以外，我们对于人们对这种媒体符号的差异化接受的情况仍然知之甚少。

> 在特定情况下，"美国生活方式"被赋予了哪些各式各样又自相矛盾的意义？诚然，这些意义有着不同的部分，在不同的群体和人群之间也不可能相同，生活在欧洲的人和生活在拉美或南非的人自有不同的理解，但是我们对这些区别几乎一无所知。（Ang 1990：256ff.）

283

我们需要深入且批判性地研究全球化文化的形成过程，不能仅仅把它看作一种同质化的、水平化的文化威胁。相反，在这一大背景下，会形成一些与之不同的文化。人类学家马库斯和费舍尔（1986：136）指出："越来越明显的全球化并不意味着文化多样性的消逝，而是为反驳处于同一个世界中的不同的替代方案提供了机会，这样的话，我们就可以从对方的角度更好地理解每一个方案。"

全球化的趋势势不可挡，但是它究竟会带来何种影响，很大程度上取决于观众充满发明精神和创新精神的实践。埃克特（1992：173）强调了媒体技术领域的接受的新形式：

> 技术不仅使人们可以理性地追踪自己的目标，甚至还可以帮助他们设计新的目标，去追求没有预先被技术框定的形式。作为主体，他们始终生活在特定的社会关系之中，自发地生活着，以自己的方式去解读技术。

（引自德语手稿第3页）

　　无论是文化悲观主义的呼声，还是量化媒体研究的正规方法，都无法帮助我们把握不同的地方和文化背景中的具体接受过程。安（1990：257）写道："这里就体现出对观众进行民族志研究的潜力所在，这种研究方法具有全球意识和历史意识，并且关注地方的细节。"莫利（1991）认为，民族志研究正是通过考察媒体接受的微观过程，比如人们在客厅里的媒体接受，以非常有效的方法来把握全球化的过程。微观过程和宏观过程难舍难分。

　　　　在这一背景下，我们需要一种方法，它既能在实质层面上研究文化过程的全球动态，又能把握其在地方的演变；它可以表述微观维度和宏观维度，可以将我们对国内的、地方的、国家的和国际的传播活动各个方面的分析整合到一起。（Morley 1991：15）

284
7.2　总结：媒体接受的生产性

　　本书的出发点在于传播媒介的增加和视觉文化的主导性所带来的文化变迁，在此背景之下，我们探索了研究者应该如何从文化社会学的角度出发去研究媒体接受，哪些文化过程和审美过程起到了作用。

　　我们对当今与之相关的重要理论和研究方向进行了批判性讨论，这些讨论主要集中在媒体效果研究、经验和文化的媒体化。在此过程中，我们认为，对媒体接受的忽视成了这些研究的一个盲点，这将导致过于简单和夸张的研究结论。

我们还认为，由于主流的效果研究和观众研究脱离日常生活，并以社会技术的可用性为导向，这导致了这些研究常常将观众简化为"普通的机器"，忽略了他们在日常生活中具体的媒体接触实践。

类似的情况还包括霍克海默和阿多诺的文化工业理论，它是非常出色的操纵理论，但是，如果我们用该理论来研究今天的媒体文化，就会收效甚微。这一理论对改变了形态的后现代文化物品已经不再适用，也无法探究媒体接受过程中的多样性，因为在该理论中，生产和消费是对等的。

鲍德里亚和詹姆逊的后现代文化理论与法兰克福学派一脉相承，也难免会陷入这一假设的困局之中。在媒体的影响下，鲍德里亚眼中的文化逃入了拟像的王国，而尽管詹姆逊对文化物品展开了分析，但他更倾向于认为其取决于后现代资本转化的过程。他们对观众的活动和日常文化，以及解码和编码的过程关注不足，这导致他们没能真正把握媒体在日常生活中的"文化重要性"（韦伯），但是他们的研究为当代文化的媒体化及其符号形式特征提供了非常有意义的视角，尽管这些视角往往带有负面意味。

我们也分析了桑塔格、拉什、钱伯斯关于后现代文化的理论，展示了文化变迁的有形性和去特殊性，以区分艺术、媒体和日常生活，揭示了与此相关的经验审美化和日常生活审美化，为人们积极地参与文化带来了新的可能性。尽管存在结构上的压力和对文化工业产品的依赖，但是观众仍然可以积极地选择自己感兴趣的产品，以此来建造一个属于自己的文化世界。文化工业（被认为）想要主宰日常生活，并对其进行殖民

285

化，而观众在与媒体接触的过程中则越来越有能力，他们试图寻找趣味相投之人以发展自己的世界。他们将自己的审美感受性带入群体之中，共同决定了他们对媒体文本的使用。

为了能够用社会学方法来了解这一过程，我们介绍了媒体社会学的文化理论基础。在关于不同文化概念的讨论中，我们得出结论，符号人类学家格尔茨为媒体接受研究提供了一个有意义的视角，因为他将文本既作为符号形式也作为文化现象来理解。但是，格尔茨对社会文本和历史文本考虑过少，而符号形式只有在这些文本的背景下才能被创造、传递和接受。符号形式的意义并非一成不变或内在固有，而是取决于观众不同的接受，英国文化研究学派进行的理论和实证研究则深入探讨了这些关联。

英国文化研究学派不断地将研究重点从对媒体文本的潜在阅读方式的分析转移到对接受背景的分析之上，只有在接受的过程当中，文本和观众的互动才使意义得以产生。我们认为，研究者必须通过多义的概念去研究民众文化，用民族志方法去分析媒体接受过程。

接下来，我们更进一步考察了媒体接受在日常生活中的表现。根据社会现象学传统，我们倡导从消费者视角出发去分析文化产品。通过这些分析，我们更加明了，每一个消费行为都能为媒体文本带来意义，并发掘出它所提供的愉悦。日常的媒体接受既包含解读的过程，也涵盖各自生活背景下消费的过程。德·塞托认为，消费者的审美和创造性的日常实践创造了他们自己的文化，即民众文化。我们用实证案例分析证明了这一过程。

286

我们对恐怖电影的接受进行了民族志研究，展示了人们进入一个电影类型多种多样的路径，以及与此相关的接受方式、消费方式和解读方式。研究的核心是电影粉丝对恐怖电影类型的消费。

首先，我们在当代科学和新闻学话语的背景下分析了粉丝的构建，这决定了我们对"粉丝"的一般认识。一部后现代恐怖电影成为我们深入这个社会圈子、深入恐怖电影粉丝文化的契机。在具体分析粉丝的行为之前，我们针对新恐怖电影的多义性特征展开了讨论，多义性为多种接受带来了可能性。在关于这一电影类型的文化史及"令人舒适的恐怖如何诞生"这一"篇外"部分，我们从文化物品和接受两个方向展示了文化的传承。

我们对恐怖电影粉丝的社会圈子的分析主要由三个部分组成。第一，我们描述了电影粉丝如何通过不同的实践构建自我，这一构建过程并非由文化工业控制，而是一种自发的、主动的行为。第二，我们提出了一个粉丝的类型学，这是对他们的参与方式的精炼表达。从新手到狂热者，电影粉丝的发展历程就是一部人类享受恐怖的发展史，这种享受变得越来越精细，并且与其他的愉悦联系到一起。不同的电影粉丝拥有不同的知识和能力，他们对电影世界和粉丝文化也有着不同的参与程度。

第三，我们系统地分析了英国文化研究学派关于媒体接受的各种民族志研究所揭示出来的不同的生产性形式，我们将此分为符号生产性、表现生产性和文本生产性。这些生产性为恐怖电影粉丝的社会圈子中的文化经济带来了意义和愉悦的流

287

转，这可能与文化工业的意图背道而驰。

总而言之，我们对恐怖电影粉丝文化的分析显示出，粉丝们会以不同的方式去解读和消费电影，这是局外人办不到的。他们所具备的知识、解读策略、共同的经历及其与非粉丝之间的界限，为电影带去了完全不同的框架和消费方式。粉丝们用这些"工具"来建构一个属于自己的粉丝文化。作为"文本的劫掠者"，他们很好地体现了后现代民众文化的基本原则。对媒体文本的解读并非由作者，而是由观众来决定，后者在消费的过程中会遵循自己的兴趣和目的。

民众文化的文本永远不会是固定的和封闭的，它包含了多义的潜力。这些文本会获得何种意义，并非取决于偶然，而是由观众所处的文化圈子来决定。因此，只有民族志研究方法才可以充分把握，在社会、时间和空间上具有不同结构的媒体接受背景的特殊性，并对这些背景中的实践做出详细的描述和解读。通过这种方式，我们就会发现，那些认为消费者是被动的观念只是一个神话，而关于媒体文本的效果可以从其内容中被线性地推导出来的假设也是错误的。与之相反，媒体接受是一个不断寻求理解和解读的过程，在这个过程中，接受者试图将给定的和外来的东西挪为己用，并表现出不同程度的创造性和生产性。

对于以文化社会学为导向的媒体社会学而言，民族志研究的价值在于对背景化的媒体接受过程进行细致的描述，通过这种方式，我们可以理解镶嵌于日常生活中的媒体接受。

后记：当前粉丝研究的视角和问题

8.1 导　言

　　1980年代末，我在特里尔建立了关于"媒体文化和生活方式"的工作小组（Winter/Eckert 1990），主要研究恐怖电影粉丝和色情电影粉丝，当时还没有任何其他真正的关于"粉丝"的研究。粉丝的形象往往是由追求眼球效应的报纸、电视和各种"八卦"所构建的，他们被认为是狂热之徒，被迷惑了神智的独行者，或者被欲望冲昏了头脑的无端浪费生命的人。当时的实证研究者的初衷是验证恐怖电影和色情电影的深度用户是否对社会秩序造成了威胁，进而探究有无必要限制人们对这类视频、电影的消费（Eckert et al. 1991a）。粉丝们被认为是边缘人，有病态倾向的人，不停地过度消费审美和道德上低级的文化物品的人。

　　通过大范围的民族志田野调查，我们可以明确地说，这些都是偏见，并且应该立刻停止公众对粉丝群体的污名化。因为这些积极的、带有批判性的消费者在与媒体打交道的过程中，进行了不同的具有创造性的接受实践。他们还积极地寻找思想相近之人，并与他们结成情感同盟，建立起各种形式的群体，创立自己的社会圈子（Winter 1991，1999；Mikos

2005）。他们的实践充满了趣味和激情，具有野心的粉丝出版了自己的粉丝杂志，他们写评论，甚至成为艺术家。成为粉丝意味着他们积累了深厚的关于某一电影类型、某个音乐方向、某位明星的知识，并且还在不断地深化、共享和传播这些知识。这些积极的行为是对他们内心渴望的把控，而这些渴望又是他们获得快乐和愉悦的前提，同时也展现出他们的价值、道德和审美取向。对主流意义和意义结构细微而隐蔽的对抗也由此产生。比如，同性恋电影粉丝会在接受实践中发挥想象力，质疑作品中所暗示的性别角色标准（De Angelis 2001）。他们会在接受过程中，发展出自我认同的感觉，认定自己归属于某个有同样思想的群体，进而将自己与他人明显地区分开来。这一过程也是赋权的过程，是一种情感的赋权，虽然很短暂，但对粉丝们来说却是极大的动力。成为一个粉丝，意味着一段与媒体打交道的生涯，一个在很大程度上由自己决定的媒体教育过程——这也是我的研究最重要的发现之一。

一开始，这一结论让我感到非常惊讶，但是通过在美国开展的一系列研究，它得到了广泛的认可（Bacon-Smith 1992；Jenkins 1992；Mikos 1994a；Tulloch/Jenkins 1995；Harrington/Bielby 1995）。粉丝的形象也越来越分化。毕竟，我们当中的很多人曾经是或者现在仍是粉丝。粉丝们不再是他者，成为粉丝变成了一项习以为常的文化实践，很多人以此来组织自己的生活。粉丝们在消费文化物品的时候，往往非常有能力，充满了生产性和创造性。比如，电视剧粉丝能够用自己的方式来消费电视剧，获得比一般观众更多的愉悦，因为他

们具备广泛的关于类型、叙事结构和角色的知识（参见Fiske
1987；Brown 1994；Mikos 1994b，2005）。在此背景下，我将
在后记中从文化理论的角度出发，讨论和分析相关研究在当
今的重要趋势。如果我们仔细观察1990年代初和今天全世界
范围内的广泛研究，那么我们就可以发现研究的重心转移到
粉丝与文化的关系之上，与此相关的主题、问题和视角成为
重中之重。

（1）针对研究者的角色所展开的深入讨论。起初，研究
者并非粉丝，或者不愿意承认这一点，但是从1990年代起，美
国的很多研究者开始承认自己的粉丝身份，甚至在研究和分析
的时候，大量使用自己作为圈内人的知识。即使这样，粉丝圈
子还是需要勇敢地对抗来自学术界的各种批评、污名化和鄙
视。21世纪头十年，新一代研究者成长起来，由于他们在早期
的社会化过程中广泛地接触媒体，所以对他们而言成为粉丝是
自然而然之事，并不需要遮遮掩掩。这甚至成为他们科学事业
的基础。至少在美国学术圈，成为粉丝不再需要得到任何人的
认可。在此背景下，自我民族志研究成为重要的方法。

（2）自1990年代中期以来，由于互联网的逐渐普及，粉
丝文化的媒体环境和前提条件发生了决定性的变化。在此之
前，粉丝们过着隐蔽的生活，研究者很难接近他们，新式媒体
让粉丝圈子的集聚化、专业化和分化成为可能，圈外人士也可
以接近他们，甚至会被邀请去参加他们的活动。比如，粉丝们
建立了新闻小组，为有相同兴趣爱好的人提供了入口，研究者
也能更容易地接近他们。粉丝们的实践因为媒体的改变而需要
被重新描述，民族志研究在这一背景下获得了重要意义。

（3）1980年代以社会学为导向的粉丝研究起源于符号互动论和文化研究，它们之间有着紧密的联系和共通性（参见Denzin 1992）。这两种研究传统都对被研究者的经验及其日常实践的创造性很感兴趣。文化研究的重点在于对主流意义的结构和霸权秩序的（符号）反抗（Winter 2009）。他们研究权力关系的转移、赋权的时刻，指出逃逸的路线，关注民主变革的进程。粉丝们反抗占统治地位的审美等级制度和价值，并从反抗中获得愉悦。这种赋权的感觉与将自己和他人区分开来的亚文化定位相关（Grossberg 1992），但是在最新的研究中，这一政治层面不再被展现出来，我们接下来将讨论这种忽视是否合理。

8.2 学院文化和粉丝文化之间的关系

文化研究和后现代研究取向深深地影响了美国、英国和澳大利亚自1990年代以来的粉丝研究。在此背景下发展起来的科学认识，明显地区别于实证主义或后实证主义的观点，且没有太多地受到批判现实主义的束缚。对实证主义者而言，研究者对研究对象必须保持中立和客观，而在建构理论中，研究者的视角则越来越重要，他们的自我反思、对权力关系的批判、干预的可能性成为核心（参见Gergen 1999；Denzin/Lincoln 2005）。

第一代以社会学为导向的粉丝研究从民族志角度出发研究了粉丝和他们的文化。他们信奉"主动的观众"，发展出与"被动的观众"相对立的理论。粉丝们积极地用自己的思想开展创造性实践，他们在日常生活中为争取意义而开展了密集和深入的实践，这也是后现代时期，人们所进行的普遍的媒体实践和消费实践。通过接触并使用消费工业和文化工业所制造的文化产品，消费者争得了属于自己的意义和文化空间（De Certeau 1988；Winter 2001）。比如，爱情小说的粉丝（Radway 1984）、《神秘博士》的粉丝（Tulloch/Alvarado 1983）和电视剧的粉丝（Fiske 1987）都得到了研究。

292

如果我们观察这些研究者的研究方式，就可以发现他们始终与被研究者保持着民族志式的距离。他们强调粉丝和媒体产品的积极互动，但是不会在其中加入自己的情感。因此，他们与粉丝的接触，以及粉丝的热情都不在他们的讨论范围之内。即使研究者本身可能也是粉丝，但是这不会在研究中被指明。这些研究者的写作方式也充满了距离感，冷静而疏远。粉丝实践的政治意义也成为讨论的对象，比如费斯克（2001）对麦当娜的粉丝的研究，或者拉德韦（1984）对爱情小说的粉丝的研究。这些研究也遭到了一部分批评，因为研究者几乎具有了腹语者的功能，他们给定了实践的意义，认为自己比被研究者更了解这些实践的政治含义（Saukko 2003；Winter 2007）。尽管如此，初始阶段的这些研究已经开始真正重视粉丝，因为他们是后现代消费世界和媒体世界中重要的文化活动者，即使他们往往过着不为人知的生活，即使他们制造的具有意义的产品往往带着"不合法文化"（Bourdieu 1981）或者"文化影子经济"（Fiske 1992）的元素。

下一代的研究者以此为起点，比如詹金斯（1992）和贝肯－史密斯（1992）对《星际旅行》的研究，詹金斯和塔罗克（1995）对科幻出版物的研究，哈林顿和比尔拜（1995）对《每日肥皂剧》的研究。这些研究的关键在于它们对粉丝的定义，认为他们积极、主动，有时具有反抗精神，尽管粉丝文化是亚文化，却有着广泛的认知度；这些研究者看重粉丝本身及其知识、实践、经验和愉悦所具有的不同维度。他们，尤其是詹金斯（1992），想要从一个内在角度，去全方位地展示粉丝文化的复杂性和多样性，以便展开一种新的学院派的描述。比如，詹金斯确定了《星际旅行》的10种不同的接受方式（同上：162ff.）：重新建构故事背景、转移故事的焦点，或者对其进行情色化处理。詹金斯想要通过自己的努力去展示，粉丝文化是一种"不同寻常又极为日常的文化和社会现象"（Jenkins 1992：5），他想在对粉丝文化充满敌意的学院世界和媒体中为他们发出反抗之声，詹金斯在回顾这段研究时光时表示：

293

> 这证明了有多艰难——有太多阻力[……]我在撰写《文本偷猎者》（*Texual Poachers*）时，非常沮丧，因为这些粉丝们被描述得太不堪了。作为一个粉丝，我感觉自己被牵涉进这些描述之中，所以我决定挑战它。这本书里有些章节几乎纯粹就是对粉丝的捍卫，而有些章节则尝试进行冷静的描述、分析和批判。（Jenkins 2006a：12）

因此，詹金斯的研究没有遵循传统的规则。他并非从外部涉入这个领域，而是从一开始就是局内人。而贝肯－史密斯的研究《进取的女性》（1992）则更多是一项传统的民族志研究。她的目标是"跟随这一群体去寻找她们自己的答案。我强烈希望能够为我的研究群体找到她们的真相"（同上：283）。在她长达八年的研究工作中，与那些粉丝的接触常常提醒她自己作为民族志学者的局外人身份。

> 当我的研究将我与那些敏感话题的距离缩至过短，她们就会开始转移话题，会扯到其他方向上去，她们不愿意向我（一个民族志学者）暴露过多信息，没有向我敞开心扉。（Bacon-Smith 1992：283）

哈林顿和比尔拜（1995：5）在研究初期就表明了自己是资深的肥皂剧粉丝，他们明确地表示，在电视界的生物链中，肥皂剧估计与游戏秀和摔跤等一起处于底端。他们指出，公众对粉丝的理解往往充满了鄙视和偏见。那些粉丝的真正的行为、他们经历了什么感受，至今几乎没有被研究和理解过。

在文化研究背景下所展开的民族志研究有多种多样的方法，它将参与式观察、访谈技巧、文本分析、网络研究等结合在一起。同时，它也具有采用民族志方法研究粉丝群体的重要缺陷，粉丝的情感模式，即那些"狂野的区域"，很难通过观察或访谈被捕捉到。而且，那些过度的"享受"形式也可能被研究者合理化或者忽略，因为他们找不到理论词汇去表现、描述和分析它们。

> 我们一开始就应该强调，愉悦可能如此强烈，以至于那些体验者几乎没有办法用语言来表述，在采访过程中，以及与粉丝闲聊时，我们不断地感受到粉丝对所爱

事物的强烈激情，他们对此的贡献，以及他们全心全意的爱，已经超越了他们自身的理解。（Harrington/Bielby 1995：121）

我也在恐怖电影粉丝身上感受到类似的经历，一方面他们想要体验非常深刻的情感；另一方面，即使他们体验到了，也无法用语言恰如其分地将其表达出来。如果我们让他们描述自己的情感，那么一道明显的鸿沟会横在他们体验到的情感与口头表述之间，由此可见，对体验和经验进行话语表述是多么困难。[1]如果提问和观察方法的这一缺陷没有得到足够的重视，粉丝会觉得自己是透明的，可以被完全理解的，那么民族志研究方法就会出现问题。第二阶段的粉丝研究从粉丝的视角出发，认真对待他们的表述，将此理解为知识的展现，并且明确地指出了观察和提问的界限所在。

今天，我们处于粉丝研究的第三个阶段（参见Gray/Sandvoss/Harrington 2007），在这一阶段，我们更加需要扩展研究渠道，以尽可能贴近粉丝们的感受和热情，并且将其表现出来。这一阶段的很多研究者既是学者，也是粉丝，他们将这一身份定位发展成其学者生涯的基础。在英国，这一学者/粉丝的双重身份得到了认可（参见Jenkins 2006a）。他们从粉丝的角度出发去表述自己的学术问题，参加脱口秀节目，为粉丝的利益而努力。这一特别的学者角色能够获得成功，与这些国家中文化研究项目学院化的成功密不可分，这在其他文化背景

295

1　此处，我们可以使用精神分析学。哈林顿和比尔拜（Harrington/Bielby 1995：133ff.）引用了温尼科特的客体关系理论，描述了作为过渡客体的"肥皂剧"。齐泽克（1991）关于希区柯克的分析也非常值得一提。

中并不常见。在德国、法国、意大利，甚至中国，学院中人不太愿意把自己的爱好作为研究生涯的出发点。不同于詹金斯和希尔斯（2002）的观点，我们想指出的是，好的研究需要研究者不是当事人。学者和粉丝都可以使用民族志方法来描述自己的热情和情感，然而我们必须明确地提议，即使在今天，粉丝研究可以并且应该由"非粉丝"来开展。

要想解决第二阶段的问题，我们必须实现一些前提条件。首先，我们需要避免一种来自外部的窥探视角，这一视角把粉丝对象化（Denzin 1995）。其次，民族志学家应该更加深入地关注粉丝的经验世界。研究者在自己与粉丝的视角之间开展对话式研究，能够发现自己理解力的边界，从而能够更好地发展并提高自己对陌生的经验世界的感受性（参见Saukko 2003：57）。除此之外，与民众文化相关的经验也很重要，我们需要关注它的特殊性和（传记式）背景。在质性研究的转折时期（Denzin 1989；Gubrium/Holstein 2009），研究者更应该关注那些私人的隐秘故事，粉丝所描述的他们生命中的重要经历，进而去分析这些故事和经历如何与他们的爱好相连。这些东西都是开启对话的切入点，研究者可以将其与自身的人生经历联系起来，这有助于研究者抛弃那种钥匙孔式的窥探视角。"作为活生生的文本，这些个人经验的叙述和'故事'重置了意义的对话背景，将观察者放到了'钥匙孔'的两边"（Denzin 1997：47）。

在这一过程中，知识的情感形式和实体形式都能被顾及，这将导致研究者发展出一种个人化和文学化的写作形式（Richardson 2000）。除此之外，根据展演民族志（Denzin

2003；Winter/Niederer 2008）的说法，研究者应该将研究过程中体验和接收到的经历、情感、经验变为己有，以便实现研究者与公众之间深入的情感碰撞。多声性也极为重要，粉丝所经历的体验应该被各种不同的声音再现出来，以避免一个声音代表一个经验的"真相"，并以更加合适的方式去展示这些体验的特殊性（Saukko 2003：64ff.）。我们也应该在研究成果中展现研究者与被研究者的声音的互动。

另一个与之相关的层面是自我反思。文化研究和最近的美国社会研究都认为，没有一个研究可以做到毫无偏见（Denzin/Lincoln 2005），自我反思的作用就是提高研究者对自身偏见的感受性，让他们意识到自己的社会地位和偏好，并对粉丝世界中的不同观点采取开放式态度。格罗斯伯格（1997：250f.）写道：

> 批判距离的分崩离析以及权威的危机并非与认识论相关，而是一个具体的历史困境，因为作为批判性学者，我们无可避免地与民众文化的主要形式相关联，我们作为粉丝描述着自己喜爱的领域[……]我们作为粉丝的身份、经历[……]是原始材料，是批判性研究的起点。

研究者的自我，其社会义务、道德义务和观点都需要被批判性地反思，只有这样，他们才能公正地对待其他粉丝的观点。但是，这并不意味着只要研究者开展了自我反思，就能找到"真正"的知识（Haraway 1997：16）。自我反思更多是为了揭示我们世界观的局限性，我们自己的世界也好，粉丝的世界也罢，我们都可以从很多不同的角度出发进行解读和描述。在开展自我民族志的过程中进行自我反思，研究者会思考迄今为止的哪些经历和话语建构了他们的经验。学者/粉丝的双重身份自然会带来许多优势，尤其是当研究者从自我民族志的角度出发去系统地分析自己的经历、情感和愉悦之时。虽然"自我的角度"同样无法完全抹去体验与口头再现之间的区别，但是它可以被主题化和超越，例如，通过诗歌或文学的写作形式。

据我所知，首先支持在媒体研究中开展自我民族志研究的著作，是费斯克的《民族志符号学：一些个人和理论的反思》（*Ethnosemiotics: Some Personal and Theoretical Reflections*，1990）。从某种程度而言，自我民族志几乎是所有民族志研究的必要组成部分，费斯克（1990：90f.）认为，我们可以在早期的接受研究中找到它的痕迹，比如霍布森（1982）关于《十字路口》的研究，安（1986）关于《达拉斯》的研究，或者我们之前提到的拉德韦（1984）对粉丝的研究。这里的关键在于，自我民族志应该处于研究的核心位置。

> 它（理论性的自我民族志——作者注）可以考察社会文化的力量，或者关于意义、愉悦和权力从外部和内部（具有社会意识和自我意识的机构、话语组织）被体验和实现的方式（物、符号、实践）。无论是内部或外部、社会或个人，这两者之间的关系都存在类推的连续性，而不是相似或不同的孤立体。自我民族志还可以打开个人和内在的领域，展现存在于日常生活实践中、位于意识之下的事物。（Fiske 1990：90）

尽管费斯克在1990年就提出了建议，但直到近年，这一方法才越来越多地被使用（参见Bochner/Ellis 2002；Hills 2002：71ff.）。自我民族志让粉丝、具有粉丝身份的学者，能够从话语和文化的角度出发，对自己的感受、情感纽带和价值进行研究。这种持续不断地遵循一定的方法对自己爱好的反思，可以为爱好行为找到文化根基上的解释，也可以通过其他合理化的论点来将其替代。希尔斯（1992：72）解释道："它可以促进我们更好地接受自己的主张的脆弱性和不足，能够'解释'并'证明'我们关于粉丝和媒体消费的最强烈的私人或个人时刻。"话语解释和重新描述的可能性（参见Gergen 1999）被揭示出来。这些自我反思的过程，将我们带入粉丝的视角，了解他们的情感状态。自我民族志研究和传记式访谈甚至可以超越某个粉丝文化，它们将具有粉丝身份的学者或粉丝生命中与其爱好相连的部分，或者某一特殊时刻作为研究对象。

我们从对粉丝研究这三个阶段的概述中可以看出，在学院世界中巩固粉丝研究的地位是多么艰难。此外，这一概述还展示出，研究者若想解决研究实践所带来的实际问题，就必须不断开发新方法，只有这样，才能真正配得上庞大的粉丝世界。接下来，我们将讨论互联网为粉丝文化带来了哪些改变，以及为了适应这些变化，哪些研究方法成了重点。

8.3 粉丝文化的数字化

在观众研究的初始阶段，大众传播和人际传播两者之间

298

界限分明，因为在大众传播中，生产和接受在社会、经济和文化上存在制度化的区别（Press/Livingstone 2005：183f.）。生产和接受作为传播的某个时刻、作为制度化的实践形式、作为一个研究领域，它们之间的界限正在被充满互动感和参与感的新式电子媒体抹平（Fornas et al. 2000，引自Press/Livingstone 2005：184）。正如詹金斯（2006a，2006b）所言，通过技术的革新，一种参与式的文化诞生了，它简直就是以前的"被动的观众"这一刻板印象的反面，粉丝在这一文化中扮演了重要角色。越来越多不同的媒体平台开始提供内容，使媒体开始改变策略，这不仅是一个技术过程，更是一种文化变迁。消费者的积极参与成了被期待的部分，很多新的电视剧，比如《英雄》、《真爱如血》或《迷失》都充满了神秘感、谜团和多重意义，它们鼓励观众去互联网上寻找额外的、衍生的信息，并在论坛中互相交流。粉丝们将来自不同媒体的内容联系起来，在此，他们就需要发展与其他人的社会关系。团体由此而生，知识在这些团体内诞生，并被讨论和传播（Jenkins 2006b：27）。在今天，大多数粉丝不会再过隐居式的生活，他们敢于在公共场合大声发表自己的看法。比如，粉丝们可以"编选对话、总结剧情、讨论亚文本、撰写故事、录制音频、制作自己的影片等"，而这些东西都可以通过互联网在全世界范围内传播（Jenkins 2006b：16）。媒体的融合策略既包括全球性的文化工业的生产和传播策略，也包括媒体消费的实践。

因此，粉丝研究也有了新的任务和挑战。对这一新变化的研究要求网络民族志的出现，以帮助研究者运用合适的方法去研究新的社会背景。南希·贝姆在她的研究（2000）中结合了关于肥皂剧接受的民族志研究，但是她研究的核心是一个由新闻小组创建的在线文本，观众们在这里对肥皂剧《我的孩子们》（*All My Children*）展开讨论。在长达三年的时间里，她不仅要参与虚拟互动，也要与其中的某些成员建立起现实的联系。以此为基础，她成功地展现了观众群体是如何通过不断重复的实践而在线上和线下建立起来的。新闻小组可以被看作粉丝们的一次媒体化和文本化的表演。

如果贝姆只研究了新闻小组中的讨论，那么她的研究就是一次基于网络中的文本互动的参与式观察，是一个针对新的传播空间的纯粹的虚拟民族志，如同其他网络研究在初级阶段的探索。但是，研究者要对互联网开展民族志研究，必须将网络提供的文本材料与它的文化和社会背景联系起来，并从数字化技术的使用角度去考察（参见Press/Livingstone 2005：192ff.）。在研究肥皂剧的接受时，我们还要注意客厅这一背景环境，只有这样，我们才能充分地考虑社会背景和实践中那些起关键作用的力量，比如社会和文化中的不平等形式。尽管如此，对粉丝世界的虚拟民族志研究不要求物理上的参与，比起传统的研究来说省时省力，"随着虚拟世界互动的日益复杂和普及"（Bachmann/Wittel 2006：209），这种研究类型也越来越重要。同时，民族志学家的经验世界也在改变，因此我们需要重新说明如何进行"参与式观察"。

人们对互联网的使用包括对文本的书写和阅读，民族志学家的任务在于理解文本所蕴藏的意义（Hine 2000：50）。互联网不是静态的，它的内部有着千丝万缕的联系，因此，我们在研究互联网时必须重点开展针对关联性的民族志研究

300

（同上：61f.）。地理位置不再重要，文化过程才是关键。民族志研究不会问"什么是互联网，而应该问何处是互联网，怎样才是互联网"（同上：62）。比如，我们研究超链接，就会对它的工作方式产生兴趣，链接会引向何方，探索它的过程会经历哪些转变。民族志学家并不需要进行一个有距离感的文本分析，而需要积极地参与到互动中去（Hine 2000：62）。他也需要研究现实和虚拟之间的联系，这对理解粉丝世界至关重要。

除了新闻小组以外，电子版的粉丝杂志也是一个重要的研究对象。在第一和第二阶段，粉丝杂志，比如电影粉丝杂志，主要是印刷品，一般很难获取，这可以说是一种反公众化的建构（参见Winter 1995：153ff.；Duncombe 1997）。它作为一种社会组织而存在，用以交换和传播知识，使粉丝世界的交流能够超越地域的限制。比如，电影粉丝杂志会报道粉丝们的聚会、活动，甚至还会介绍这个社会圈子里的其他杂志。作为媒体，它致力于发掘自己的生产性，寻求同好者的认同（参见Winter 1993）。以这种方式，它们为粉丝们形成共同的观点做出了贡献，并在社会圈子的文化经济中起到重要作用，而知识和意义正是在这个圈子中流转的（参见Fiske 1992）。在线杂志或电子杂志很容易获取，并且可以有效地将具有相同审美的粉丝聚集起来，进而形成和延续这一文化群体。这类杂志的生产成本较低，但其受众范围却非常广泛。很多粉丝还会在网上为其建立存档，以便让新来的粉丝能够更好、更快地了解相关历史。这样，新来者就能很快从新手变为游客，甚至成为狂热者。电子杂志包含了巨大的潜在创造力，为粉丝的生产性提供了许多可能，尤其是那些艺术爱好者（参见Atton 2004：138ff.）。形形色色的信息带来了粉丝文化的进一步聚集和专业化。同时，新的粉丝文化也在源源不断地诞生，比如所谓的"高质量电视剧"（如《24》或《迷失》）从一开始就将互联网作为观众接受的一部分。有兴趣的粉丝可以在精心设计的网页上获取大量的知识、关联点和各种各样的联系。

科幻作品的粉丝所制作的杂志，从一开始就全力支持被主流文化看不起的科幻类型。我在研究恐怖电影粉丝的社会圈子之时，就发现了将近40种粉丝杂志，它们有着各自对应的小圈子，包括大屠杀电影的圈子。在电子杂志逐渐增多的趋势下，这类亚文化机构也迅速地增加，而纸质杂志几乎被完全取代了。在后现代文化的影响下，有一些另类的类型和主题逐渐从边缘走到中心，并获得了大量观众群，甚至进入电视节目，而直到今天，电子杂志仍然在关注那些边缘化的类型、主题和形式。电子杂志针对主流文化的轻视态度所采取的策略是，为某一个主题（比如针对某个音乐类型）建立起百科全书式的知识体系。阿通恩（2004：149）指出：

> 一些粉丝制作的网页可以被看作一部百科全书。它汇集了我们在纸质版音乐杂志中非常熟悉的一系列类别——唱片和音乐会述评，分析和讨论，唱片目录和其他音乐资料等——这些内容被原样地整理、保存下来，并且还在不断地更新。

粉丝们可以用这些知识来增长见识，增进他们对自己爱好的理解。"实际上，粉丝们可以对他们选择的主题发表自己

302

的评论，在一系列粉丝杂志中，对这类特殊知识的展示非常普遍，这些知识将他们的见解与任何主流的批评意见明显地区别开来"（Atton 2004：140）。而且，粉丝可以发挥自己的创造力，比如将他们的知识运用在电视剧上，自己去写关于人物角色的故事，并将其发表在网络上。在互联网时代之前，已经有一个著名的例子，即《星际旅行》的粉丝所写的同人小说（Penley 1997；Green et al. 1998），作者思维发散，颠覆原著，他转变了原著中充满男性气息的异性恋世界，将柯克和斯波克变成了同性恋人。这是对长期霸占电视屏幕的主流性别角色的文化反抗。

在讨论粉丝文化作为文化反抗的形式是否有意义之前，我们先来看看詹金斯如何将皮埃尔·乐维的"集体智慧"（Lévy 1997）应用到互联网粉丝文化之中。他认为，这是一种基于新媒体的智慧。互联网通过迅速且深入的"多对多"传播，带来了知识的去领土化，并且在此基础上造就了新的知识空间，它提倡参与、互动和共享。特殊的兴趣和情感的互通带来了新的知识共同体，这一共同体具有自愿、临时、参与性强、有策略等特征，集体智慧也来源于个体所贡献的特殊知识的集合（Jenkins 2006b：27ff.）。

在此背景下，詹金斯（2006c：136ff.）把网络粉丝团体看作这种新集体智慧的形态，但它并非自动形成的，而是来自每一位粉丝的努力和积极付出。同时，作者和读者之间的界限、制作人和观众之间的界限已变得模糊不清，这给大家带来了更多参与和建设的可能性。知识文化取代并控制了产品文化。作为一个例子，詹金斯（2006c：145）提到了过去几年，电视剧所发生的审美变迁。无论是叙事模式，还是对角色的刻画，电视剧都变得越来越复杂，并且在跨文本层面和次文本层面呈现出多样性。

> 从某种程度而言，这些审美层面可以与新的接受实践联系起来，私藏电影、网络讨论列表、网络编程指导使之成为可能。这些新的技术提供了信息的基础架构，让电视获得了越来越丰富的内容，同时也是对粉丝群体日益提升的能力的奖赏。（Jenkins 2006c：145）

没有粉丝在网络中的积极参与，那些高质量电视剧是无法存在的。如果将詹金斯的观点继续引申，那么我们也可以将电脑游戏文化纳入视野之中。

乐维和詹金斯对此非常乐观，因为它是一种"自下而上的文化"，需要参与、合作和共同设计，在数字化世界中，这对集体智慧的形成非常重要。但是，这样的乐观态度让他们忽略了在全球化的后现代体系中，除了商品经济的物化过程之外，还有具体的权力关系和统治关系。这让我们想起了麦克卢汉的诊断，如果媒体理论缺失了社会分析的基石，那么它也许只能表现某些方面，而我们对它所得出的结论必须采取怀疑的态度。最后，我们再次强调了在文化研究的背景中，以社会理论和政治为导向的粉丝研究的重要性。

8.4 当今的文化反抗和赋权

第一阶段的粉丝研究，比如费斯克（1992，2001）和格罗斯伯格（1988，1992）的成果，充满了批判精神，并且以政治为导向，因为这些研究接近文化研究的伯明翰模式（参见Winter 2001）。具有创造性和生产性的粉丝通过他们"偏离"且"反抗"的阅读方式和相关实践，质疑主流的意义模型，埋葬——至少是暂时埋葬——霸权秩序。恐怖电影在主流文化中属于被轻视、被贬低的类型，对恐怖电影的接受是对主流观点、价值和品位判断的补充（Winter 1995）。艾柯（1985）是符号游击战的粉丝，他以自己的方式充满计谋地接受了文化工业所给定的产品（De Certeau 1988）。这一文化反抗的过程发生在特定的空间和时间背景之中，为粉丝带来情感上的赋权。从亚文化研究开始（Hebdige 1979），文化研究就已经在看似无关紧要的个人或文化表达的特征中找到了颠覆阶级制度或性别等级制度的元素。尤其是那些充满创造性和生产性的粉丝，正如加缪笔下的"反抗者"，他们的生存姿态无法真正挑战甚至终结统治关系。

　　将消费者或粉丝视为实践存在主义者，可以说是一种（有意的）误解，这种观点误认为文化研究的目的在于通过微观政治的改变最终带来宏观政治的变迁。这种观点甚至认为，每一个媒体消费的行为都是一种颠覆的行为。同时，随着文化研究项目在美国大学的逐步学院化，它失去了原有的批判性和政治性特点，导致了去政治化的出现。在新保守主义和新自由主义的转折期，社会理论和批判思想被排挤，即使粉丝研究也不例外。

　　希尔斯在他的元理论研究《粉丝文化》（2002）中分析了费斯克所提倡的自我民族志。在对该理论表示认可之后，他提出了批评，认为费斯克在研究工作中没有对自身的政治和社会批判立场展开反思，因而近乎带着自恋："他的政治态度依旧在自我反思的框架之外，依旧没有被质疑、被挑战"（Hills 2002：74）。费斯克为何要放弃自己的社会批判态度呢？与希尔斯不同，他显然对文化研究有使命感。我们难道要他与学者希尔斯一样去接受粉丝的角色吗？批判理论的特点就在于要清晰地表明自己的立场（Kellner 1995；Winter/Zima 2007）。当然，你也无法去解构它，因为只要你一解构，它就失去了自身的基础。由此可见，第三阶段的粉丝研究往往是民粹主义的，与早前的文化研究相比，它明显更加具有去政治化的特征。

在我看来，我们应该从历史背景出发，去看待费斯克等人（1989）较为乐观的解读方式，他们继承了德·塞托（1988）的观点，将多义性和民众文化的创造性放在核心位置。在某种程度上，这也是一种对后现代鼎盛时期的表达，尽管我们已经不再生活于其中。但是，正如美国文化理论家和媒体教育家凯尔纳所说，越是在媒体炫目的时代，我们就越需要媒体教育，[1]越需要反思和批判的思想（Kellner 2003；Winter 2005）。粉丝们具有良好地使用互联网的能力，可以起到榜样作用。狄尔泰（1907）早就说过，找到对自己而言重要的价值正是人生体验的必经过程。在21世纪，粉丝文化和民众文化一样必然会不断地获得更高的价值。它们与跨越国界的文化工业有着密不可分的互动关系，并从根本上质疑了全球化的后现代时期的权力关系。尽管如此，民众文化代表了一种自我

305

---

1 关于媒体教育的概念，参见乔里森和马罗茨基（Jörissen/Marotzki 2009）的启发性研究。

发展、自我区别的互动领域，它是一种意义的协商，这也就注定了它的意义必将摇摆不定。同时，关于粉丝的例子也再度表明，这是一股在21世纪绝对不可被低估的力量。

参考文献

ADORNO, TH. W.: Über den Fetischcharakter in der Musik und die Regression des Hörens. In: *Zeitschrift für Sozialforschung* Jg. 7, 1938, S. 321-356 (Reprint 1980, München: dtv)

ADORNO, TH. W.: *Ästhetische Theorie*. Frankfurt/M. [Suhrkamp] 1970

ADORNO, TH. W.: *Kulturkritik und Gesellschaft I*. Gesammelte Schriften Bd. 10. Frankfurt/M. [Suhrkamp] 1977

ADORNO, TH. W.: Résumé über Kulturindustrie. In: ADORNO, TH. W.: *Kulturkritik und Gesellschaft I*. Frankfurt/M. [Suhrkamp] 1977a, S. 337-345

ADORNO, TH. W.: Filmtransparente. In: ADORNO, TH. W.: *Kulturkritik und Gesellschaft I*. Gesammelte Schriften Bd. 10. Frankfurt/M. [Suhrkamp] 1977b, S. 353-361

ALEWYN, R.: Die Lust an der Angst. In: ALEWYN, R.: *Probleme und Gestalten*. Frankfurt/M. [Suhrkamp] 1978, S. 307-330

ALLOR, M.: Relocating the Site of the Audience: Reconstructive Theory and the Social Subject. In: *Critical Studies in Mass Communication*, 5, 1988, S. 217-233

ALTHEIDE, D.: *Media Power*. Beverly Hills/London/New Delhi [Sage] 1985

ALTHUSSER, L.: *Für Marx*. Frankfurt/M. [Suhrkamp] 1968

ALTHUSSER, L.: *Freud und Lacan*. Berlin [Merve] 1976

ALTHUSSER, L.: *Ideologie und ideologische Staatsapparate*. Hamburg/Westberlin [VSA] 1977

ANDERS, G.: *Die Antiquiertheit des Menschen*. 2 Bde. München [Beck] 1956

ANG, IEN: *Das Gefühl Dallas. Zur Produktion des Trivialen*. Bielefeld [Dädalus] 1986

ANG, I.: Wanted: Audiences. On the politics of empirical audience studies.
In: SEITER, E.; H. BORCHERS; G. KREUTZNER; E. M.WARTH (Hrsg.): *Remote
Control. Television, Audiences and Cultural Power.* London/New York [Rout-
ledge] 1989, S. 96-115

ANG, I.: Culture and Communication: Towards an Ethnographic Critique of
Media Consumption in the Transnational Media System. In: *European
Journal of Communication*, Jg. 5/Heft 2, 3, 1990, S. 239-260

ANG, I.: *Desperately Seeking the Audience.* London/New York [Routledge] 1991

ARGENTO, D.: Gespräch mit Frank Kermode. In: *Sight and Sound*, Jg. 3/Heft 6,
1993, S. 11

ATTON, CHRIS: *An Alternative Internet. Radical Media, Politics and Creativity.*
Edinburgh [Edinburgh University Press] 2004

AUSTER, A.: *Actresses and Suffragists: Women in the American Theatres, 1890-1920.*
New York [Praeger] 1989

AUSTIN, B. A.: Portrait of a Cult Film Audience: The Rocky Horror Picture
Show. In: *Journal of Communications*, 31 (1981), S. 450-465

AUSTIN-BROOS, J.: Clifford Geertz: culture, sociology and historicism. In:
AUSTIN-BROOS, J. (Hrsg.): *Creating Culture. Profiles in the Study of Culture.*
Sidney/London/Boston [Allen & Unwin] 1987, S. 141-162

BAACKE, D.: Medienkulturen – Jugendkulturen. In: RADDE, M.; U. SANDER; R.
VOLLBRECHT (Hrsg.): *Jugendzeit – Medienzeit.* Weinheim/München [Juven-
ta] 1988, S. 15-42

BAACKE, D.: Massenmedien. In: FLICK, U. et al. (Hrsg.): *Handbuch Qualitative
Sozialforschung.* München [PVU] 1991a, S. 339-342

BAACKE, D.: Horror zwischen Last und Lust. In: GMK – *Rundbrief,* Nr. 28, 1/91,
1991b, S. 13-19

BAACKE, D.; H.-D. KÜBLER (Hrsg.): *Qualitative Medienforschung. Konzepte und
Erprobungen.* Tübingen [Niemeyer] 1989

BACHMAIR, B.: Entwirren – kulturhistorische Skizzen zur Funktion
phantastischer und realistischer Darstellungselemente in grauenhaften
und gewalttätigen Geschichten. In: RADDE, M. et al. (Hrsg.): *Jugendzeit –
Medienzeit.* Weinheim/München [Juventa] 1988, S. 190-213

BACHMAIR, B.: Alltag als Gegenstand von Fernsehforschung. In: BACHMAIR,
B.; M. CHARLTON (Hrsg.): *Medienkommunikation im Alltag. Interpretative Stu-
dien zum Medienhandeln von Kindern und Jugendlichen.* München/New York/
London/Paris [K. G. Saur] 1990, S. 57-75

BACHMAIR, B.: TV – *Kids.* Ravensburg [Otto Mayer Verlag] 1993

BACHMAIR, B.; M. CHARLTON (Hrsg.): *Medienkommunikation im Alltag. Interpre-*

tative Studien zum Medienhandeln von Kindern und Jugendlichen. München/
New York/London/Paris [K. G. Saur] 1990

BACHMANN, G.; A. WITTEL: Medienethnographie. In: AYASS, R.; J. BERG-
MANN (Hrsg.): *Qualitative Methoden der Medienforschung.* Reinbek b.
Hamburg [Rowohlt] 2006, S. 183-219

BACHTIN, M.: *Literatur und Karneval. Zur Romantheorie und Lachkultur.* Mün-
chen [Hanser] 1969

BACHTIN, M.: *Rabelais und seine Welt. Volkskultur als Gegenkultur.* Frankfurt/M.
[Suhrkamp] 1987

BACON-SMITH, C.: *Enterprising Women. Television Fandom and the Creation of
Popular Myth.* Philadelphia [University of Pennsylvania Press] 1992

BARTELS, K.: Kybernetik als Metapher. Der Beitrag des französischen ›Struk-
turalismus‹ zu einer Philosophie der Information und der Massenmedi-
en. In: BRACKERT, H.; F. WEFELMEYER (Hrsg.): *Kultur. Bestimmungen im
20. Jahrhundert.* Frankfurt/M. [Suhrkamp] 1990, S. 441-474

BARTHES, R.: *Mythen des Alltags.* Frankfurt/M. [Suhrkamp] 1964

BARTHES, R.: *Die Lust am Text.* Frankfurt/M. [Suhrkamp] 1974

BARTHES, R.: From Work to Text. In: BARTHES, R.: *Image – Music – Text.* Lon-
don [Fontana] 1977, S. 155-164

BARTHES, R.: *Elemente der Semiologie.* Frankfurt/M. [Suhrkamp] 1979 (Original
1964)

BARTHES, R.: Sur la lecture. In: BARTHES, R.: *Le bruissement de la langue.* Paris
1984, S. 37-47

BARTHES, R.: *Die helle Kammer. Bemerkungen zur Photographie.* Frankfurt/M.
[Suhrkamp] 1985

BARTHES, R.: *S/Z.* Frankfurt/M. [Suhrkamp] 1987

BAUDRILLARD, J.: *Le système des objets.* Paris [Gallimard] 1968 (dt. Neuausgabe:
Das System der Dinge. über unser Verhältnis zu den alltäglichen Gegenständen.
Frankfurt/M./New York [Campus] 1991)

BAUDRILLARD, J.: *La société de consommation.* Paris [Gallimard] 1970

BAUDRILLARD, J.: *Pour une critique de l'économie politique du signe.* Paris [Galli-
mard] 1972

BAUDRILLARD, J.: *Le miroir de la production: ou, l'illusion critique du matérialisme
historique.* Tournail [Casterman] 1973

BAUDRILLARD, J.: *Kool Killer oder der Aufstand der Zeichen.* Berlin [Merve] 1978a

BAUDRILLARD, J.: *Agonie des Realen.* Berlin [Merve] 1978b

BAUDRILLARD, J.: *Oublier Foucault.* München [Gesellschaft für sozialwissen-
schaftliche und ökologische Forschung] 1978c

BAUDRILLARD, J.: *De la séduction*. Paris [éditions galilé] 1979a

BAUDRILLARD, J.: *Im Schatten der schweigenden Mehrheiten*. Freibeuter 1 (S. 17-33), 2 (S. 37-56), 1979b

BAUDRILLARD, J.: *Der symbolische Tausch und der Tod*. München [Matthes & Seitz] 1982 (Original 1976)

BAUDRILLARD, J.: *Simulations*. New York [Semiotext] 1983

BAUDRILLARD, J.: *Die göttliche Linke*. München [Matthes & Seitz] 1986

BAUDRILLARD, J.: *Das Andere selbst*. Wien [Passagen] 1987

BAUDRILLARD, J.: *Das Jahr 2000 findet nicht statt*. Berlin [Merve] 1990

BAUDRILLARD, J.: *Von der Verführung*. München [Matthes & Seitz] 1992

BAUMAN, Z.: *Moderne und Ambivalenz. Das Ende der Eindeutigkeit*. Hamburg [Junius] 1992a

BAUMAN, Z.: *Intimations of Postmodernity*. London [Routledge] 1992b

BAUMAN, Z.: *In Search of a Centre that Holds*. Paper presented at the Theory, Culture & Society, 10th Anniversary Conference in Seven Springs, Pennsylvania, 16.-19. August 1992c

BAUMANN, H. D.: *Horror. Die Lust am Grauen*. Weinheim [Beltz] 1989

BAYM, NANY K.: *Tune In, Log On: Soaps, Fandom and Online Community*. London u.a. [Sage] 2000

BAZIN, A.: *Was ist Kino? Bausteine zur Theorie des Films*. Köln [Dumont] 1975

BAZIN, A.: *Orson Welles*. Wetzlar [Büchse der Pandora] 1980

BECK, U.: *Die Risikogesellschaft*. Frankfurt/M. [Suhrkamp] 1986

BECKER, H.: Art Worlds and Social Types. In: *American Behavioral Scientist*, 19, 1976, S. 703-719

BECKER, H.: *Art Worlds*. Berkeley/Los Angeles [University of California Press] 1982

BELL, D.: *Die Zukunft der westlichen Welt. Kultur und Technologie im Widerstreit*. Frankfurt/M. [Fischer Taschenbuch] 1979

BENJAMIN, W.: Das Kunstwerk im Zeitalter seiner technischen Reproduzierbarkeit (1938). In: BENJAMIN, W.: *Gesammelte Schriften*. Bd. I-2. Frankfurt/M. [Suhrkamp] 1980, S. 471-508

BENNETT, T.; J. WOOLLACOAT: *Bond and Beyond: the Political Career of a Political Hero*. London [Macmillan] 1987

BENIGER, J.: *The Control Revolution*. Cambridge, MA [Harvard University Press] 1986

BENIGER, J.: Information and Communication: the New Convergence. In: *Communication Research*, 15/2, 1988, S. 198-218

BERG, E.; M. FUCHS: Phänomenologie der Differenz. Reflexionsstufen ›ethnographischer‹ Repräsentation. In: BERG, E.; M. FUCHS (Hrsg.): *Kultur,*

soziale Praxis, Text. Die Krise der ethnographischen Repräsentation.
Frankfurt/M. [Suhrkamp] 1993, S. 11-108

BERGER, P. L.; T. LUCKMANN: *Die gesellschaftliche Konstruktion der Wirklichkeit.*
Frankfurt/M. [Fischer] 1969

BERGMANN, J.: *Klatsch. Zur Sozialform der diskreten Indiskretion.* Berlin [de
Gruyter] 1987

BERMAN, M.: *All That is Solid Melts into Air.* New York [Simon & Schuster] 1982

BERNSTEIN, B.: *Class, Codes and Control.* St. Albans [Paladin] 1971

BISHOP, R. (Hrsg.): *Baudrillard Now. Current Perspectives in Baudrillard Studies.*
Cambridge [Polity Press] 2009

BISKY, L.; D. WIEDEMANN: *Der Spielfilm. Rezeption und Wirkung.* Berlin [Hen-
schel Verlag] 1985

BLUMER, H.: Der methodologische Standort des Symbolischen Interaktio-
nismus. In: AG BIELEFELDER SOZIOLOGEN (Hrsg.): *Alltagswissen, Interaktion
und gesellschaftliche Wirklichkeit.* Bd. 1. Reinbek b. Hamburg [Rowohlt]
1973, S. 80-146

BOCHNER, ARTHUR; CAROLYN ELLIS (Hrsg.): *Ethnographically Speaking. Auto-
ethnography, Literature and Aesthetics.* Lanham [Altamira Press] 2002

BÖHM, W.; J. WEHNER: Der symbolische Gehalt einer Technologie. Zur sozio-
kulturellen Rahmung des Computers. In: RAMMERT, W. (Hrsg.): *Compu-
terwelten - Alltagswelten.* Opladen [Westdeutscher Verlag] 1990, S. 105-129

BÖHME, G.; H. BÖHME: *Das Andere der Vernunft. Zur Entwicklung von ›Rationali-
tätsstrukturen‹ am Beispiel Kants.* Frankfurt/M. [Suhrkamp] 1983

BOLZ, N.: *Theorie der neuen Medien.* München [Raben Verlag] 1990

BOLZ, N.: *Die Welt als Chaos und Simulation.* München [Fink] 1992

BONNER, F.: »*You should Be on That*«: *The Ordinary, the Extraordinary and the
Game Show.* Paper presented at the Fourth International Television Con-
ference, London 24.-26. July 1991

BONSS, W.; A. HONNETH (Hrsg.): *Sozialforschung als Kritik. Zum sozialwissen-
schaftlichen Potential der Kritischen Theorie.* Frankfurt/M. [Suhrkamp] 1982

BOON, J.: *The Anthropological Romance of Bali, 1597-1972: Dynamic Perspectives in
Marriage and Caste, Politics and Religion.* Cambridge [Cambridge University
Press] 1977

BORCHERS, H.: Text and Genre. In: SEITER, E.; H. BORCHERS; G. KREUTZNER;
E.-M. WARTH: »Dont't treat us like we're stupid and naive«: Towards an
Ethnography of Soap Opera Viewers. In: SEITER, E.; H. BORCHERS; G.
KREUTZNER; E.-M. WARTH (Hrsg.): *Remote Control. Television, Audiences and
Cultural Power.* London/New York [Routledge] 1989, S. 232-237

BOURDIEU, P.: Die gesellschaftliche Definition der Photographie. In: BOUR-
DIEU, P. (Hrsg.): *Eine illegitime Kunst. Die sozialen Gebrauchsweisen der Photo-
graphie.* Frankfurt/M. [EVA] 1981, S. 85-109

BOURDIEU, PIERRE (Hrsg.): *Eine illegitime Kunst. Die sozialen Gebrauchsweisen
der Photographie.* Frankfurt [EVA] 1981

BOURDIEU, P.: *Die feinen Unterschiede. Kritik der gesellschaftlichen Urteilskraft.*
Frankfurt/M. [Suhrkamp] 1982

BOURDIEU, P.: *Sozialer Sinn. Kritik der theoretischen Vernunft.* Frankfurt/M.
[Suhrkamp] 1987

BOURDIEU, P.; J. C. PASSERON: *La reproduction. Eléments pour une théorie du
système d'enseignement.* Paris [Minuit] 1970

BRITTON, A. et al. (Hrsg.): *American Nightmare: Essays on the Horror Film.* Toron-
to [Festival of Festivals Publisher] 1979

BROWN, MARY ELLEN: *Soap Opera and Women's Talk. The Pleasure of Resistance.*
London u.a. [Sage] 1994

BROWN, R.: *A Poetic for Sociology.* Cambridge [Cambridge University Press] 1977

BRUDER, K.-J.: *Psychologie ohne Bewußtsein. Die Geburt der behavioristischen Sozial-
technologie.* Frankfurt/M. [Suhrkamp] 1982

BRUNSDON, C.; D. MORLEY: *Everyday Television: Nationwide.* London [BFI] 1978

BUCHMANN, M.: Subkulturen und gesellschaftliche Individualisierungspro-
zesse. In: HALLER, M.; H.-J. HOFFMANN-NOWOTNY; W. ZAPF (Hrsg.): *Kultur
und Gesellschaft.* Verhandlungen des 24. Deutschen Soziologentages, des
11. österreichischen Soziologentags und des 8. Kongresses der Schweize-
rischen Gesellschaft für Soziologie in Zürich 1988. Frankfurt/M./New
York [Campus] 1989, S. 627-638

BUCK-MORSS: *Dialektik des Sehens.* Frankfurt/M. [Suhrkamp] 1993

BURKE, E.: *A Philosophical Enquiry into the Origin of our Ideas of the Sublime and the
Beautiful.* Edited with an introduction by J. T. Boulton. London [Rout-
ledge and Kegan Paul] (1757) 1958

BURKE, P.: *Helden, Schurken und Narren. Europäische Volkskultur in der frühen Neu-
zeit.* München [dtv] 1985

CAMPBELL, C.: *The Romantic Ethic and the Spirit of Modern Consumerism.* Oxford
[Basil Blackwell] 1987

CAMPBELL, R.: Im Gespräch mit Frank Kermode. In: *Sight and Sound,* 6/1993,
S. 10-11

CAREY, J. W.: *Communication as Culture. Essays on Media and Society.* Boston
[Unwin Hyman] 1989

CARROLL, N.: *The Philosophy of Horror or Paradoxes of the Heart*. London/New York [Routledge] 1990

CASSIRER, E.: *Versuch über den Menschen. Einführung in eine Philosophie der Kultur*. Frankfurt/M. [Fischer] 1990 (Original: 1944)

CHAMBERS, I.: *Popular Culture: the Metropolitan Experience*. London [Methuen] 1986

CHARLTON, M.; K. NEUMANN: *Medienrezeption und Identitätsbildung. Kulturpsychologische und kultursoziologische Befunde zum Gebrauch von Massenmedien im Vorschulalter*. Tübingen [Narr] 1990

CHARLTON, M.; K. NEUMANN-BRAUN: *Medienkindheit – Medienjugend. Eine Einführung in die aktuelle kommunikationswissenschaftliche Forschung*. München [Quintessenz] 1992

CHARTIER, R.: *Lectures et lecteurs dans la France d'Ancien Régime*. Paris [Fayard] 1987a

CHARTIER, R.: *Les usages de l'imprimé*. Paris [Fayard] 1987b

CHARTIER, R.: *Die unvollendete Vergangenheit. Geschichte und die Macht der Weltauslegung*. Berlin [Wagenbach] 1989

CLARKE, J.: Stil. In: CLARKE, J. et al.: *Jugendkultur als Widerstand. Milieus, Rituale, Provokationen*. Frankfurt/M. [Syndikat] 1979, S. 133-157

CLARKE, J. et al.: *Jugendkultur als Widerstand. Milieus, Rituale, Provokationen*. Frankfurt/M. [Syndikat] 1979

CLIFFORD, J.; G. MARCUS (Hrsg.): *Writing Culture: The Poetics and Politics of Ethnography*. Berkeley [University of California Press] 1986

CLOVER, C. J.: *Men, Women and Chainsaws. Gender in the Modern Horror Film*. London [BFI] 1992

COHEN, S.; L. TAYLOR: *Ausbruchsversuche. Identität und Widerstand in der ›modernen‹ Lebenswelt*. Frankfurt/M. [Suhrkamp] 1977

COLLINS, J.: *Uncommon Cultures: Popular Culture and Postmodernism*. London/New York [Routledge] 1989

COLLINS, J.: *The Modernist Renaissance and Postmodern Education*. Paper presented at the »Theory, Culture & Society« 10th Anniversary Conference in Seven Springs, Pennsylvania, 16.-19. August 1992

CORRIGAN, T.: Film and the Culture of Cult. In: TELOTTE, J. P. (Hrsg.): *The Cult Film Experience. Beyond All Reason*. Austin [University of Texas Press] 1991, S. 26-38

CRARY, J.: The Eclipse of the Spectacle. In: WALLIS, B. (Hrsg.): *Art after Modernism*. New York [New Museum Press] 1984

CRESSEY, P.: *The Taxi-Dance Hall*. Chicago [University of Chicago Press] 1932

CROOK, S.; J. PAKULSKI; M. WATERS: *Postmodernization. Change in Advanced Society*. London/Newbury Park/New Delhi [Sage] 1992

DAHLGREN, P.: What's the meaning of this? Viewers' plural sense-making of TV news. In: *Media, Culture & Society*, Vol. 10/1988, S. 285-301

DANTE, J.: Terror Master. Ein Gespräch mit Frank Kermode. In: *Sight and Sound*, 3/6, 1993, S. 6-9

DANTO, A. C.: *Die Verklärung des Gewöhnlichen. Eine Philosophie der Kunst.* Frankfurt/M. [Suhrkamp] 1984

DARNTON, R.: *Das große Katzenmassaker. Streifzüge durch die französische Kultur vor der Revolution.* München [Hanser] 1989

DAVIS, M.: Urban Renaissance and the Spirit of Postmodernism. In: *New Left Review*, 151 (Mai/Juni), 1985, S. 106-124

DE'ANGELIS, M.: *Gay Fandom and Crossover Stardom. James Dean, Mel Gibson and Keanu Reeves.* Durham [Duke University Press] 2001

DE CERTEAU, M.: *Kunst des Handelns.* Berlin [Merve] 1988

DE CERTEAU, M.: *L'invention du quotidien.* 1. Arts de faire. Paris [Gallimard, nouvelle édition] 1990 (Erstausgabe 1980; dt. Ausgabe: *Kunst des Handelns.* Berlin [Merve] 1988).

DE LAURETIS, T.: *Alice Doesn't. Feminism, Semiotics, Cinema.* Bloomington/Indianapolis [Indiana University Press] 1984

DEBORD, G.: *Die Gesellschaft des Spektakels.* Hamburg [Edition Nautilus] 1978

DEFLEUR, M. L.: *Theories of Mass Communication.* 2. Auflage. New York [McKay] 1970 (1. Auflage 1966)

DELEUZE, G.: *La logique de la sensation: Francis Bacon.* Paris [Seuil] 1981

DELEUZE, G.: *Das Bewegungs-Bild. Kino 1.* Frankfurt/M. [Suhrkamp] 1989

DELUMEAU, J.: *Angst im Abendland. Die Geschichte kollektiver Ängste im Europa des 14. bis 18. Jahrhunderts.* Reinbek b. Hamburg [Rowohlt] 1985

DENZIN, N. K.: *The Research Act: a Theoretical Introduction to Sociological Methods.* Chicago [Aldine] 1970a

DENZIN, N. K.: *Sociological Methods: a Sourcebook.* Chicago [Aldine] 1970b

DENZIN, N. K.: ›Blue Velvet‹: Postmodern Contradictions. In: *Theory, Culture and Society*, 5/1988, S. 461-473

DENZIN, N. K.: *Interpretive Interactionism.* London/Newbury Park/New Delhi [Sage] 1989

DENZIN, NORMAN K.: *Interpretive Biography.* London u.a. [Sage] 1989

DENZIN, N. K.: *Images of Postmodern Society. Social Theory and Contemporary Cinema.* London/Newbury Park/New Delhi [Sage] 1991a

DENZIN, N. K.: ›Paris. Texas‹ and Baudrillard on America. In: *Theory, Culture and Society*, 8/1991b, S. 121-134

DENZIN, N. K.: *Symbolic Interactionism and Cultural Studies. The Politics of Interpretation.* Oxford/Cambridge [Basil Blackwell] 1992

DENZIN, NORMAN K.: *The Cinematic Society. The Voyeur's Gaze.* London u.a. [Sage] 1995

DENZIN, N. K.: *Interpretive Ethnography. Ethnographic Practices for the 21st Century.* London u.a. [Sage] 1997

DENZIN, N. K.: *Performance Ethnography. Critical Pedagogy and the Politics of Culture.* London u.a. [Sage] 2003

DENZIN, N. K.; Y. S. LINCOLN (Hrsg.): *Handbook of Qualitative Research.* 3. veränderte und erweiterte Auflage. London u.a. [Sage] 2005

DEREN, M.: *Poetik des Films. Wege im Medium bewegter Bilder.* Berlin [Merve] 1984

DERRIDA, J.: *Die Schrift und die Differenz.* Frankfurt/M. [Suhrkamp] 1972

DERRIDA, J.: *Die Stimme und das Phänomen. Ein Essay über das Problem des Zeichens in der Philosophie Husserls.* Frankfurt/M. [Suhrkamp] 1979

DERRIDA, J.: *Die Postkarte. von Sokrates bis an Freud und jenseits.* 1. Lieferung. Berlin [Brinkmann & Bose] 1982

DERRY, C.: *Dark Dreams. A Psychological History of the Modern Horror Film.* London [Thomas Yoseloff] 1977

DEVEREUX, G.: *Angst und Methode in den Verhaltenswissenschaften.* München [Hanser] 1980

DFG DEUTSCHE FORSCHUNGSGEMEINSCHAFT: *Medienwirkungsforschung in der Bundesrepublik Deutschland.* Enquete der Senatskommission für Medienwirkungsforschung unter dem Vorsitz von Winfried Schulz und der Mitarbeit von Jo Groebel. 2 Teile. Weinheim [VCH] 1986

DILTHEY, W.: Das Wesen der Philosophie. In: DILTHEY, W.: *Gesammelte Schriften Band V.* (7. Auflage). Stuttgart/Göttingen [Vandenhoeck & Ruprecht] 1982, S. 339-416

DILTHEY, W.: *Texte zur Kritik der historischen Vernunft* (Hg.: H.-V. Lessing). Göttingen 1983

DOELKER, C.: *Kulturtechnik Fernsehen. Analyse eines Mediums.* Stuttgart [Klett-Cotta] 1989

DONOUGHO, M.: Postmodern Jameson. In: KELLNER, D. (Hrsg.): *Postmodernism/Jameson/Critique.* Washington [Maisonneuve Press] 1989b, S. 75-95

DOUGLAS, M.: *Reinheit und Gefährdung. Eine Studie zu Vorstellungen von Verunreinigung und Tabu.* Frankfurt/M. [Suhrkamp] 1988

DREYFUSS, H.; P. RABINOW: *Michel Foucault. Jenseits von Strukturalismus und Hermeneutik.* Frankfurt/M. [Syndikat] 1987

DUBIEL, H.: Die Aufhebung des Überbaus. Zur Interpretation der Kultur in der Kritischen Theorie. In: BONSS, W.; A. HONNETH (Hrsg.): *Sozialforschung als Kritik. Zum sozialwissenschaftlichen Potential der Kritischen Theorie.* Frankfurt/M. [Suhrkamp] 1982, S. 456-481

DUNCOMBE, S.: *Notes from Underground: Zines and the Politics of Alternative Culture.* London/New York [Verso] 1997

DYER, R.: *Stars.* London [BFI] 1979

DYER, R.: *Heavenly Bodies: Film Stars and Society.* London [BFI] 1986

ECKERT, R.: *Kultur, Zivilisation und Gesellschaft. Die Geschichtstheorie Alfred Webers, eine Studie zur Geschichte der deutschen Soziologie.* Tübingen [Mohr] 1970

ECKERT, R.: Idealistische Abweichung. Die Soziologie vor dem Problem politischer Jugendbewegungen. In: WEHLING, H. G. (Hrsg.): *Jugend zwischen ›Auflehnung‹ und Anpassung.* Stuttgart/Berlin/Köln/Mainz [Kohlhammer] 1973, S. 9-33

ECKERT, R.: Markt und Selbstbehauptung – Eine Skizze der gegenwärtigen Jugendkultur. In: PIES, E. (Hrsg.): *Der lautlose Auszug.* Freiburg/Basel/ Wien [Herder] 1983

ECKERT, R.: *Die Entstehung besonderer Lebenswelten und ihre Folgen für die Demokratie.* Manuskript 1990

ECKERT, R.: Technologie des sentiments: la vidéoerotique et autres écrans. In: GRAS, A.; B. JOERGES; V. SCARDIGLI (Hrsg.): *Sociologie des techniques de la vie quotidienne.* Paris [Editions L'Harmattan] 1992, S. 171-182 (dt. 1991)

ECKERT, R.; R. WINTER: Kommunikationstechnologien und ihre Auswirkungen auf die persönlichen Beziehungen. In: LUTZ, B. (Hrsg.): *Technik und sozialer Wandel.* Verhandlungen des 23. Deutschen Soziologentages in Hamburg. Frankfurt/M./New York [Campus] 1987, S. 245-266

ECKERT, R.; R. WINTER: Automaten- und Computerspiele: Die Faszination des Rahmens. In: BAERENREITER, H.; R. KIRCHNER (Hrsg.): *Der Zauber im Alltag? Zur Veralltäglichung technischer Geräte.* Studienbrief Sommersemester 90, Fernuniversität Hagen 1989, S. 54-65

ECKERT, R.; T. DRIESEBERG; H. WILLEMS: *Sinnwelt Freizeit. Jugendliche zwischen Märkten und Verbänden.* Opladen [Leske & Budrich] 1990

ECKERT, R.; W. VOGELGESANG; T. A. WETZSTEIN; R. WINTER: *Grauen und Lust. Die Inszenierung der Affekte.* Pfaffenweiler [Centaurus] 1991a

ECKERT, R.; W. VOGELGESANG; T. A. WETZSTEIN; R. WINTER: *Auf digitalen Pfaden. Die Kulturen von Hackern, Programmierern, Crackern und Spielern.* Opladen [Westdeutscher Verlag] 1991b

ECO, U.: Towards a Semiotic Inquiry into the TV Message. In: *Working Papers in Cultural Studies*, 3/1972, S. 103-126

ECO, U.: Articulations of the Cinematic Code. In: NICHOLS, B. (Hrsg.): *Movies and Methods: An Anthology*. Berkeley/Los Angeles/London [University of California Press] 1976, S. 582-589

ECO, U.: *Apokalyptiker und Integrierte. Zur kritischen Kritik der Massenkultur*. Frankfurt/M. [S. Fischer] 1984

ECO, U.: Für eine semiologische Guerrilla (1967). In: ECO, U.: *Über Gott und die Welt*. München [Hanser] 1985, S. 146-156

ECO, U.: Casablanca oder die Wiedergeburt der Götter. In: ECO, U.: *Über Gott und die Welt*. München [Hanser] 1985, S. 208-213

ECO, U.: *Streit der Interpretationen*. Konstanz [Universitätsverlag] 1987

ECO, U.: *Lector in fabula. Die Mitarbeit der Interpretation in erzählenden Texten*. München [dtv] 1990

ECO, U.: *Die Grenzen der Interpretation*. München [Hanser] 1992

EINRAUCH, V.; L. KURZAWA: Baudrillard und die Medien. In: *Spuren*, 1. Jg., 2/1983, S. 31-34

ELIAS, N.: *Über den Prozeß der Zivilisation*. 2 Bde. Frankfurt/M. [Suhrkamp] 1976

ELLIS, J.: *Visible Fictions*. London [Routlegde] 1982

ENGLISCH, F.: Bildanalyse in strukturalhermeneutischer Einstellung. Methodische Überlegungen und Analysebeispiele. In: GARZ, D.; K. KRAIMER (Hrsg.): *Qualitativ-empirische Sozialforschung. Konzepte, Methoden, Analysen*. Opladen [Westdeutscher Verlag] 1991, S. 133-176

ERD, R.: Kulturgesellschaft oder Kulturindustrie? Anmerkungen zu einer falsch formulierten Alternative. In: ERD, R.; D. HOSS; O. JACOBI, O.; P. NOLLER (Hrsg.): *Kritische Theorie und Kultur*. Frankfurt/M. [Suhrkamp] 1989, S. 216-235

ERD, R.; D. HOSS; O. JACOBI, O.; P. NOLLER (Hrsg.): *Kritische Theorie und Kultur*. Frankfurt/M. [Suhrkamp] 1989

FAULSTICH, W.: Der Spielfilm als Traum. George A. Romeros ›Zombie‹. In: *medien und erziehung*, 4/1985, S. 195-209

FEATHERSTONE, M.: Postmodernism, Cultural Change and Social Practice. In: KELLNER, D. (Hrsg.): *Postmodernism/Jameson/Critique*. Washington [Maisonneuve Press] 1989b, S. 117-138

FEATHERSTONE, M.: Auf dem Weg zu einer Soziologie der postmodernen Kultur. In: HAFERKAMP, H. (Hrsg.): *Sozialstruktur und Kultur*. Frankfurt/M. [Suhrkamp] 1990a, S. 209-248

FEATHERSTONE, M.: Global Culture: An Introduction. In: *Theory, Culture & Society*, Jg. 7/Nr. 2-3, 1990b, S. 1-14

FEATHERSTONE, M.: *Consumer Culture and Postmodernism*. London/Newbury Park/New Delhi [Sage] 1991

FIEDLER, L. A.: Überquert die Grenze, schließt den Graben! Über die ›Postmoderne‹. In: WELSCH, W. (Hrsg.): *Wege aus der Moderne. Schlüsseltexte der Postmoderne-Diskussion*. Weinheim [Acta humaniora] 1988, S. 57-74

FISH, H.: *Is There a Text in This Class? The Authority of Interpretive Communities*. Cambridge, MA [Harvard University Press] 1980

FISKE, J.: Television: Polysemy and Popularity. In: *Critical Studies in Mass Communication* 3/1986, S. 391-408

FISKE, J.: *Television Culture*. London/New York [Routledge] 1987

FISKE, J.: Critical Response: Meaningful Moments. In: *Critical Studies in Mass Communication*, 5/3, 1988, S. 246-251

FISKE, J.: *Understanding Popular Culture*. Boston [Unwin Hyman] 1989a

FISKE, J.: *Reading the Popular*. Boston [Unwin Hyman] 1989b

FISKE, J.: Ethnosemiotics: Some Personal and Theoretical Reflections. In: *Cultural Studies*, Bd.4, 1990, S. 85-99

FISKE, J.: Popular Discrimination. In: NAREMORE, J.; P. BRANTLINGER (Hrsg.): *Modernity and Mass Culture*. Bloomington [Indiana University Press] 1991, S. 103-116

FISKE, J.: British Cultural Studies. In: ALLEN, R. (Hrsg.): *Channels of Discourse, Reassembled: Television and Contemporary Critism*. Chapel Hill [University of North Carolina Press] 1992a, S. 284-326

FISKE, J.: Cultural Studies and the Culture of Everyday Life. In: GROSSBERG, L.; C. NELSON; P. TREICHLER (Hrsg.): *Cultural Studies*. New York/London [Routledge] 1992b, S. 154-165

FISKE, J.: The Cultural Economy of Fandom. In: LEWIS, L. A. (Hrsg.): *The Adoring Audience. Fan Culture and Popular Media*. London/New York [Routledge] 1992c, S. 30-49

FISKE, JOHN: The Cultural Economy of Fandom. In: LEWIS, L. A. (Hrsg.): *The Adoring Audience. Fan Culture and Popular Media*. London/New York [Routledge] 1992, S. 30-49

FISKE, J.: Elvis: Body of Knowledge. Offizielle und populäre Formen des Wissens um Elvis Presley. In: *montage/av*, 2/1, 1993, S. 19-51

FISKE, J.: Die britischen Cultural Studies und das Fernsehen. In: WINTER, R.; L. MIKOS (Hrsg.): *Die Fabrikation des Populären. Der John Fiske Reader*. Bielefeld [transcript] 2001, S. 17-68

FISKE, J.; J. HARTLEY: *Reading Television*. London [Methuen] 1978

FISKE, J.; R. DAWSON: Audiencing Violence. In: GROSSBERG, L.; E. WARTELLA

(Hrsg.): *Toward a Comprehensive Theory of the Audience*. Champaign [University of Illinois Press] 1994

FLICK, U.: Triangulation. In: FLICK, U. et al. (Hrsg.): FLICK, U.; E. VON KARDORFF; H. KEUPP; L. VON ROSENSTIEL; S. WOLFF: (Hrsg.): *Handbuch Qualitative Sozialforschung. Grundlagen, Konzepte, Methoden und Anwendungen*. München [PVU] 1991, S. 432-434

FLICK, U.; E. VON KARDORFF; H. KEUPP; L. VON ROSENSTIEL; S. WOLFF: (Hrsg.): *Handbuch Qualitative Sozialforschung. Grundlagen, Konzepte, Methoden und Anwendungen*. München [PVU] 1991

FOUCAULT, M.: *Die Ordnung der Dinge. Eine Archäologie der Humanwissenschaften*. Frankfurt/M. [Suhrkamp] 1971

FOUCAULT, M.: *Überwachen und Strafen. Die Geburt des Gefängnisses*. Frankfurt/M. [Suhrkamp] 1976

FOUCAULT, M.: *Der Wille zum Wissen. Sexualität und Wahrheit 1*. Frankfurt/M. [Suhrkamp] 1977

FOUCAULT, M.: Was ist ein Autor? In: FOUCAULT, M.: *Schriften zur Literatur*. Frankfurt/M./Berlin/Wien [Ullstein] 1979, S. 7-31

FOUCAULT, M.: *Power/Knowledge*. Brighton [Harvester Press] 1980

FOUCAULT, M.: *Der Gebrauch der Lüste. Sexualität und Wahrheit Bd. 2*. Frankfurt/M. [Suhrkamp] 1986

FRANKE, E.: Fußballfans – eine Herausforderung an das sozialwissenschaftliche Arbeiten. In: GARZ, D.; K. KRAIMER (Hrsg.): *Qualitativ-empirische Sozialforschung. Konzepte, Methoden, Analysen*. Opladen [Westdeutscher Verlag] 1991, S. 177-212

FRAYLING, C.: *Spaghetti Westerns*. London [Routledge] 1981

FREUD, S.: *Die Traumdeutung*. Freud Studienausgabe Bd. II. Frankfurt/M. [S. Fischer] 1900/1972

GANE, M.: *Baudrillard. Critical and Fatal Theory*. London [Routledge] 1991

GANS, H.: *Urban Villagers*. New York [Free Press] 1962

GARFINKEL, H.: *Studies in Ethnomethodology*. Englewood Cliffs, NJ [Prentice-Hall] 1967

GARZ, D.; K. KRAIMER (Hrsg.): *Qualitativ-empirische Sozialforschung. Konzepte, Methoden, Analysen*. Opladen [Westdeutscher Verlag] 1991

GASCHLER, T.; E. VOLLMER (Hrsg.): *Dark Stars. 10 Regisseure im Gespräch*. München [belleville] 1992

GEERTZ, C.: *The Interpretation of Cultures*. London [Hutchinson] 1973

GEERTZ, C.: *Dichte Beschreibung. Beiträge zum Verstehen kultureller Systeme*. Frankfurt/M. [Suhrkamp] 1983

GEERTZ, C.: *Die künstlichen Wilden. Der Anthropologe als Schriftsteller.* München [Hanser] 1990

GERBNER, G. et al.: *Violence in TV Drama: A Study of Trends and Symbolic Functions.* Annenberg School [University of Pennsylvania] 1970

GERGEN, K.: *An Invitation to Social Construction.* London u.a. [Sage] 1999

GERHARDT, U.: *Patientenkarrieren.* Frankfurt/M. [Suhrkamp] 1986

GIARD, L.; M. DE CERTEAU: *L'ordinaire de la communication.* Paris [Dalloz] 1983

GIDDENS, A.: *Die Konstitution der Gesellschaft.* Frankfurt/M./New York [Campus] 1988

GIESEN, R.: *Sagenhafte Welten. Der phantastische Film.* München [Heyne] 1990

GIRTLER, R.: *Methoden der qualitativen Sozialforschung.* Wien [Böhlau] 1984

GINZBURG, C.: *Der Käse und die Würmer. Die Welt eines Müllers um 1600.* Frankfurt/M. [Syndikat] 1979

GLANVILLE, R.: *Objekte.* Berlin [Merve] 1988

GLASER, B.; A. STRAUSS: Die Entdeckung gegenstandsbezogener Theorie: Eine Grundstrategie qualitativer Sozialforschung. In: HOPF, C.; R. WEINGARTEN (Hrsg.): *Qualitative Sozialfoschung.* Stuttgart [Klett] 1979, S. 91-111

GLATZER, W. (Hrsg.): *25. Deutscher Soziologentag Frankfurt »Die Modernisierung moderner Gesellschaften«.* Sektionen-Arbeits- und ad Hoc-Gruppen. Opladen [Westdeutscher Verlag] 1991

GOFFMAN, E.: *Communication Conduct in an Island Community* (unveröffentlichte Ph. D. thesis, Universität Chicago) 1953

GOFFMAN, E.: *Behavior in Public Places: Notes on the Social Organization of Gatherings.* New York [The Free Press] 1963

GOFFMAN, E.: *Stigma. Über Techniken der Bewältigung beschädigter Identität.* Frankfurt/M. [Suhrkamp] 1967

GOFFMAN, E.: *Wir alle spielen Theater. Die Selbstdarstellung im Alltag.* München [Piper] 1969

GOFFMAN, E.: *Rahmen-Analyse. Ein Versuch über die Organisation von ›Alltagserfahrungen‹.* Frankfurt/M. [Suhrkamp] 1977

GRATHOFF, R.: *Milieu und Lebenswelt.* Frankfurt/M. [Suhrkamp] 1989

GRAY, J.; C. SANDVOSS; C. L. HARRINGTON (Hrsg.): *Fandom. Identities and Communities in a Mediated World.* New York [New York University Press] 2007

GREEN, S.; C. JENKINS; H. JENKINS: Normal Female Interest in Men Bonking: Selections from The Terra Nostra Underground and Strange Bedfellows. In: HARRIS, C.; A. ALEXANDER (Hrsg.): *Theorizing Fandom. Fans, Subculture and Identity.* Cresskill, New Jersey [Hampton Press] 1998, S. 9-40

GREENFIELD, P. M.: *Kinder und neue Medien. Die Wirkungen von Fernsehen, Videospielen und Computern.* (hrsg. von H. Jürgen Kagelmann) München-Weinheim [PVU] 1987

GRIKSCH, M.: Der Horrorfilm. In: *Cinema* 5/1993

GROB, N.; K. PRÜMM (Hrsg.): *Die Macht der Filmkritik. Positionen und Kontroversen.* München [edition text und kritik] 1990

GROEBEL, J.; M. GLEICH: *Gewaltprofil des deutschen Fernsehprogramms.* Opladen [Leske & Budrich] 1993

GROSSBERG, L.: Reply to the Critics. In: *Critical Studies in Mass Communication* 3, 1986, S. 86-95

GROSSBERG, L.: *We Gotta Get Out Of This Place. Popular Conservatism and Postmodern Culture.* London/New York [Routledge] 1992

GROSSBERG, L.: Is There a Fan in the House? The Affective Sensibility of Fandom. In: LEWIS, L. A. (Hrsg.): *The Adoring Audience. Fan Culture and Popular Media.* New York/London [Routledge] 1992, S. 50-68

GROSSBERG, L.; C. NELSON; P. TREICHLER (Hrsg.): *Cultural Studies.* New York/London [Routledge] 1992

GROSSBERG, L.: It's a Sin: Politics, Postmodernity and the Popular. In: GROSSBERG, L.: *Dancing in Spite of Myself.* Durham [Duke University Press] 1997, S. 191-153

GUBRIUM, JABER F.; JAMES A. HOLSTEIN: *Analyzing Narrative Reality.* London u.a. [Sage] 2009

GUGGENBERGER, B.: *Sein oder Design. Zur Dialektik der Abklärung.* Berlin [Rotbuch] 1987

GUREVITCH, M.; T. BENNETT; J. CURRAN; J. WOOLLACOTT (Hrsg.): *Culture, Society and the Media.* London [Methuen] 1982

GURWITSCH, A.: *Das Bewußtseinsfeld.* Berlin [de Gruyter] 1976

HABERMAS, J.: *Theorie des kommunikativen Handelns.* 2 Bde. Frankfurt/M. [Suhrkamp] 1981

HABERMAS, J.: *Die neue Unübersichtlichkeit.* Frankfurt/M. [Suhrkamp] 1985

HAHN, A.: *Religion und Verlust der Sinngebung.* Frankfurt/M./New York [Campus] 1974

HAHN, A.: Zur Soziologie der Beichte und anderer Formen institutionalisierter Bekenntnisse: Selbstthematisierung und Zivilisationsprozeß. In: *Kölner Zeitschrift für Soziologie und Sozialpsychologie,* 34, Heft 3, 1982, S. 407-434

HAHN, A.: Theorien zur Entstehung der europäischen Moderne. In: *Philosophische Rundschau,* 3/4, 1984a, S. 178-202

HAHN, A.: Beichte und Biographie. In: HORSTMANN, J. (Hrsg.): *Beichte und*

Buße. Schwerte [Katholische Akademie Schwerte] 1984b, S. 11-28

HAHN, A.: Differenzierung, Zivilisationsprozeß, Religion. Aspekte einer Theorie der Moderne. In: NEIDHARDT, F. et al. (Hrsg.): *Kultur und Gesellschaft. Sonderheft 27 der Kölner Zeitschrift für Soziologie und Sozialpsychologie.* Opladen [Westdeutscher Verlag] 1986a, S. 214-231

HAHN, A.: Soziologische Relevanzen des Stilbegriffes. In: GUMBRECHT, H.-U.; K. L. PFEIFFER (Hrsg.): *Stil. Geschichten und Funktionen eines kulturwissenschaftlichen Diskurselements.* Frankfurt/M. [Suhrkamp] 1986b, S. 603-611

HAHN, A.: Kultur und technischer Fortschritt. In: *Aphorisma,* 5/1987a, S. 2-5

HAHN, A.: Kanonisierungsstile. In: ASSMANN, A.; J. ASSMANN (Hrsg.): *Kanon und Zensur. Archäologie der literarischen Kommunikation,* II. München [Fink] 1987b, S. 28-37

HAHN, A.: Identität und Selbstthematisierung. In: HAHN, A.; V. KAPP (Hrsg.): *Selbstthematisierung und Selbstzeugnis: Bekenntnis und Geständnis.* Frankfurt/M. [Suhrkamp] 1987c, S. 9-24

HAHN, A.: Kann der Körper ehrlich sein? In: GUMBRECHT, H. U.; K. L. PFEIFFER (Hrsg.): *Materialität der Kommunikation.* Frankfurt/M. [Suhrkamp] 1988, S. 666-679

HAHN, A.: Das andere Ich. Selbstthematisierung bei Proust. In: KAPP, V. (Hrsg.): *Marcel Proust: Geschmack und Neigung.* Tübingen [Stauffenburg] 1989a, S. 127-142

HAHN, A.: Verständigung als Strategie. In: HALLER, M.; H.-J. HOFFMANN-NOWOTNY; W. ZAPF (Hrsg.): *Kultur und Gesellschaft. Verhandlungen des 24. Deutschen Soziologentages, des 11. österreichischen Soziologentags und des 8. Kongresses der Schweizerischen Gesellschaft für Soziologie in Zürich 1988.* Frankfurt/M./New York [Campus] 1989b, S. 346-359

HAHN, A.: Religiöse Dimensionen der Leiblichkeit. In: KAPP, V. (Hrsg.): *Die Sprache der Bilder und Zeichen. Rhetorik und nonverbale Kommunikation in der frühen Neuzeit.* Marburg [Verlag] 1990, S. 130-141

HAHN, A.: Soziologie des Sammelns. In: *Sociologia Internationalis.* Bd. 29, Heft 1, 1991a, S. 57-73

HAHN, A.: Rede- und Schweigeverbote. In: *Kölner Zeitschrift für Soziologie und Sozialpsychologie,* Jg. 43, Heft 1, 1991b, S. 86-105

HAHN, A.: Soziologie des Fremden. In: RUPRECHT-KARLS-UNIVERSITÄT HEIDELBERG (Hrsg.): *Erfahrungen des Fremden.* Heidelberg [Heidelberger Verlagsanstalt] 1992, S. 23-34

HAHN, A.; H. WILLEMS; R. WINTER: Beichte und Therapie als Formen der Sinngebung. In: JÜTTEMANN, G.; M. SONNTAG; C. WULF (Hrsg.): *Die Seele. Ihre Geschichte im Abendland.* Weinheim [PVU] 1991, S. 493-511

HAHN, R.; V. JANSEN: *Das große Heyne-Lexikon des Science-fiction Films.* München [Heyne] 1993

HAINING, P. (Hrsg.): *Gothic Tales of Terror: Classic Horror Stories from Great Britain, Europe and the United States.* Harmondsworth [Penguin Book] 1973

HALL, S.: The television discourse: encoding and decoding. Centre for Contemporary Cultural Studies, Birmingham, Occasional Papers, No. 7 (1973)

HALL, S.: Culture, the Media and the ›Ideological Effect‹. In: CURRAN, J.; M. GUREVITCH; J. WOOLLACOTT (Hrsg.): *Mass Communication and Society.* London [E. Arnold] 1977, S. 315-348

HALL, S.: Encoding/Decoding. In: HALL, S.; D. HOBSON; A. LOWE; P. WILLIS (Hrsg.): *Culture, Media, Language.* London [Hutchinson] 1980, S. 128-139

HALL, S.: Introduction. In: MORLEY, D.: *Family Television. Cultural Power and Domestic Leisure.* London [Comedia] 1986, S. 8-10

HALL, S.; D. HOBSON; A. LOWE; P. WILLIS (Hrsg.): *Culture, Media, Language.* London [Hutchinson] 1980

HALL, S.; I. CONNELL; L. CURTI: The Unity of Current Affairs Television. In: BENNETT, T.; S. BOYD-BOWMAN; C. MERCER; J. WOOLLACOTT (Hrsg.): *Popular Television and Film.* London [BFI] 1981, S. 88-117

HAMMERSLEY, M.; P. ATKINSON: *Ethnography. Principles and Practice.* London [Tavistock] 1983

HARAWAY, D.: *Modest_Witness@Second_Millenium. FemaleMale© _Meets_Onco-Mouse™. Feminism and Technoscience.* London/New York [Routledge] 1997

HARRINGTON, C. L.; D. D. BIELBY: *Soap Fans. Pursuing Pleasure and Making Meaning in Everyday Life.* Philadelphia [Temple University Press] 1995

HARTLEY, J.: Television and the Power of Dirt. In: *Australian Journal of Cultural Studies* 1/1983, S. 62-82

HARTLEY, J.: *Tele-Ology. Studies in Television.* London/New York [Routledge] 1992

HARTWIG, H.: *Die Grausamkeit der Bilder. Horror und Faszination in alten und neuen Medien.* Weinheim [Quadriga] 1986

HASTRUP, K.: Ethnologie und Kultur. Ein Überblick über neuere Forschungen. In: RAULFF, U. (Hrsg.): *Vom Umschreiben der Geschichte.* Berlin [Wagenbach] 1986, S. 54-67

HAUG, W.: *Kritik der Warenästhetik.* Frankfurt/M. [Suhrkamp] 1971

HEATH, S.: *Questions of Cinema.* London [Macmillan] 1981

HEBDIGE, D.: *Subculture. The Meaning of Style.* London [Methuen] 1979 (dt. 1983: Subculture – die Bedeutung von Stil. In: DIEDERICHSEN, D. (Hrsg.): *Schocker – Stile und Moden der Subkultur.* Reinbek b. Hamburg [Rowohlt] 1979, S. 8-123)

HEBDIGE, D.: *Hiding in the Light*. London [Comedia] 1988

HEBDIGE, D.: »After the Masses«. In: *Marxism Today*, Januar, 1989

HEIDEGGER, M.: *Holzwege*. Frankfurt/M. [Vittorio Klostermann] 1950

HICKETHIER, K.: Der synthetische Fan. In: LINDNER, R. (Hrsg.): *Ansichten vom Zuschauer*. Frankfurt/M. [Syndikat] 1980, S. 87-104

HICKETHIER, K.: Hermetik der Medien. In: *Ästhetik und Kommunikation*, Jg. 21/Heft 79, 1992, S. 58-64

HILLS, M.: *Fan Cultures*. London/New York [Routledge] 2002

HINE, C.: *Virtual Ethnography*. London u.a. [Sage] 2000

HIPPEL, K.: Parasoziale Interaktion. Bericht und Bibliographie. In: *montage/av*, 1/1, 1992, S. 135-150

HIRSCH, E. D.: *Validity in Interpretation*. New Haven 1967

HITZLER, R.: *Sinnwelten*. Opladen [Westdeutscher Verlag] 1988

HITZLER, R.: Der Goffmensch. In: *Soziale Welt*, 4/1991, S. 449-461

HITZLER, R.; A. HONER: Qualitative Verfahren zur Lebensweltanalyse. In: FLICK, U. et al. (Hrsg.): *Handbuch Qualitative Sozialforschung*. München [PVU] 1991, S. 382-384

HOBERMAN, J.; J. ROSENBAUM: *Midnight Movies*. New York [Da Capo Press] 1983 (Neuauflage: 1991)

HOBSBAWM, E.; T. RANGER (Hrsg.): *The Invention of Tradition*. Cambridge [Cambridge University Press] 1983

HOBSON, D.: *Crossroads. The Drama of a Soap Opera*. London [Methuen] 1982

HODGE, R.; D. TRIPP: *Children and Television*. Cambridge [Polity Press] 1986

HOERNING, K. H.: Technik im Alltag und die Widersprüche des Alltäglichen. In: JOERGES, B. (Hrsg.): *Technik im Alltag*. Frankfurt/M. [Suhrkamp] 1988, S. 51-94

HOERNING, K. H.: Vom Umgang mit den Dingen – eine techniksoziologische Zuspitzung. In: WEINGART, P. (Hrsg.): *Technik als sozialer Prozeß*. Frankfurt/M. [Suhrkamp] 1989, S. 90-127

HOLLY, W.: Medien und Sprachdidaktik. In: *Zeitschrift für germanistische Linguistik*, Bd. 19, Heft 3/1991, S. 322-338

HOLLY, W.: *Zur Offenheit des Fernsehtextes*. Manuskript. 1992

HOLLY, W.: Second Orality in the Electronic Media. In: QUASTHOFF, U. (Hrsg.): *Aspects of Oral Communication*. Berlin [deGruyter] 1994, S. 340-363

HOLLY, W.; U. PÜSCHEL (Hrsg.): *Medienrezeption als Aneignung*. Opladen [Westdeutscher Verlag] 1993

HOLLY, W.; P. KÜHN; U. PÜSCHEL: *Politische Fernsehdiskussionen*. Tübingen [Niemeyer] 1986

HOLLY, W.; U. PÜSCHEL; J. BERGMANN (Hrsg.): *Der sprechende Zuschauer. Wie wir uns Fernsehen kommunikativ aneignen.* Opladen [Westdeutscher Verlag] 2001

HONER, A.: *Lebensweltliche Ethnographie.* Wiesbaden [DUV] 1993a

HONER, A.: Das Perspektivenproblem in der Sozialforschung. In: JUNG, T.; S. MÜLLER-DOOHM: (Hrsg.): »*Wirklichkeit*« *im Deutungsprozeß. Verstehen und Methoden in den Kultur- und Sozialwissenschaften.* Frankfurt/M. [Suhrkamp] 1993b, S. 241-257

HONNETH, A.: *Kritik der Macht. Reflexionsstufen einer kritischen Gesellschaftstheorie.* Frankfurt/M. [Suhrkamp] 1985

HORKHEIMER, M.: Traditionelle und kritische Theorie. In: *Zeitschrift für Sozialforschung,* Jg. 6/1937, S. 245-294 (Reprint 1980, München: dtv)

HORKHEIMER, M.: Art and Mass Culture. In: *Zeitschrift für Sozialforschung,* Jg. 9/1941, S. 290-304 (Reprint 1980, München: dtv)

HORKHEIMER, M.: *Gesellschaft im Übergang.* Frankfurt/M. [Athenäum] 1972

HORKHEIMER, M.; T. W. ADORNO: *Dialektik der Aufklärung.* Frankfurt/M. [S. Fischer] 1969 (Erstausgabe 1947)

HORTON, D.; R. R. WOHL: Mass Communication and Para-Social Interaction: Observations on Intimacy at a Distance. In: *Psychiatry,* 19/3, 1956, S. 215-229

HUYSSEN, A.: The Search for Tradition: Avant-garde and Postmodernism in the 1970s. In: *New German Critique,* 22/1981, S. 23-40

HUYSSEN, A.: *After the Great Divide: Modernism, Mass Culture, Postmodernism.* Bloomington [Indiana University Press] 1986

ISER, W.: *Der Akt des Lesens.* München [Fink] 1976

JAMES, P.: Theory without Practice. In: *Arena,* 78, 1987, S. 90-105

JAMESON, F.: Verdinglichung und Utopie in der Massenkultur. In: BÜRGER, C.; P. BÜRGER; J. SCHULTE-SASSE (Hrsg.): *Zur Dichotomisierung von hoher und niederer Literatur.* Frankfurt/M. [Suhrkamp] 1982, S. 108-141

JAMESON, F.: Postmoderne – zur Logik der Kultur im Spätkapitalismus. In: HUYSSEN. A.; K. R. SCHERPE (Hrsg.): *Postmoderne – Zeichen eines kulturellen Wandels.* Reinbek b. Hamburg [Rowohlt] 1986, S. 45-102

JAMESON, F.: *Signatures of the Visible.* London/New York [Routledge] 1991a

JAMESON, F.: *Postmodernism, or The Cultural Logic of Late Capitalism.* London & New York [Verso] 1991b

JAMESON, F.: *The Geopolitical Aesthetic. Cinema and Space in the World System.* London [BFI] 1992

JENCKS, C.: *Die Sprache der postmodernen Architektur. Die Entstehung einer alternativen Tradition.* Stuttgart [DVA] 1980

JENKINS, H.: *Textual Poachers. Television Culture and Participatory Culture.* London/New York [Routledge] 1992

JENKINS, H.: Excerpts from »Matt Hills interviews Henry Jenkins«. In: JENKINS, H.: *Fans, Bloggers and Gamers. Exploring Participatory Culture.* New York [New York University Press] 2006a, S. 9-36

JENKINS, H.: *Convergence Culture. Where Old and New Media Collide.* New York [New York University Press] 2006b

JENKINS, H.: Interactive Audiences? The »Collective Intelligence« of Media Fans. In: JENKINS, H.: *Fans, Bloggers and Gamers. Exploiting Participatory Culture.* New York [New York University Press] 2006c, S. 134-151

JENSEN, J.: *Redeeming Modernity. Contradictions in Media Criticism.* London/ Newbury Park/New Delhi [Sage] 1990

JENSEN, J.: Fandom as Pathology: The Consequences of Characterization. In: LEWIS, L. A. (Hrsg.): *The Adoring Audience. Fan Culture and Popular Media.* New York/London [Routledge] 1992, S. 9-29

JÖRISSEN, B.; W. MAROTZKI: *Medienbildung – Eine Einführung.* Bad Heilbrunn [Julius Klinkhardt/UTB] 2009

JOUSSEN, W.: *Massen und Kommunikation. Zur soziologischen Kritik der Wirkungsforschung.* Weinheim [Acta humaniora] 1990

JUNG, T.; S. MÜLLER-DOOHM: (Hrsg.): *»Wirklichkeit« im Deutungsprozeß. Verstehen und Methoden in den Kultur- und Sozialwissenschaften.* Frankfurt/M. [Suhrkamp] 1993

JURGA, M.: *Die Offenheit von Fernsehtexten am Beispiel Lindenstraße.* Magisterarbeit FB II, Universität Trier – Germanistische Linguistik 1991

KAISER, G.: Der Fan. In: *Frankfurter Allgemeine Zeitung,* 17.5.1993, S. 28

KAMPER, D.; C. WULF: Tendenzen der Kulturgesellschaft. Ein Tagungsbericht. In: *Ästhetik und Kommunikation,* Heft 67/68: Kulturgesellschaft, 1987, S. 31-32

KAMPER, D.; C. WULF (Hrsg.): *Rückblick auf das Ende der Welt.* Augsburg [Klaus Boer Verlag] 1990

KANT, I.: *Kritik der Urteilskraft.* Werkausgabe Bd. 10. Frankfurt/M. [Suhrkamp] 1790/1968

KAPLAN, E. A.: *Rocking around the Clock. Music Television, Postmodernism, and Consumer Culture.* London [Methuen] 1987

KAPLAN, E. A. (Hrsg.): *Postmodernism and its Discontents.* London/New York [Verso] 1988

KATZ, E.; P. LAZARSFELD: *Personal Influence. The Part Played by People in the Flow of Mass Communication.* Glencoe, IL [The Free Press] 1955

KATZ, E.; D. FOULKES: On the Use of the Mass Media as »Escape«: Clarification of a Concept. In: *Public Opinion Quarterly*, 26, 1962, S. 377-388

KATZ, E.; J. G. BLUMLER; M. GUREVITCH: Utilization of Mass Communication by the Individual. In: BLUMLER, J. G.; E. KATZ (Hrsg.): *The Uses of Mass Communications: Current Perspectives on Gratifications Research*. Beverly Hills/London [Sage] 1974, S. 19-34

KAUSCH, M.: *Kulturindustrie und Populärkultur. Kritische Theorie der Massenmedien*. Frankfurt/M. [Fischer] 1988

KAWIN, B.: After Midnight. In: TELOTTE, J. P. (Hrsg.): *The Cult Film Experience. Beyond All Reason*. Austin [University of Texas Press] 1991, S. 18-25

KELLNER, D.: Kulturindustrie und Massenkommunikation. Die Kritische Theorie und ihre Folgen. In: BONSS, W.; A. HONNETH (Hrsg.): *Sozialforschung als Kritik*. Frankfurt/M. [Suhrkamp] 1982, S. 482-515

KELLNER, D.: *Jean Baudrillard. From Marxism to Postmodernism and Beyond*. Cambridge [Polity Press] 1989a

KELLNER, D. (Hrsg.): *Postmodernism/Jameson/Critique*. Washington [Maisonneuve Press] 1989b

KELLNER, D.: *Media Culture*. London/New York [Routledge] 1995

KELLNER, D.: *Media Spectacle*. London/New York [Routledge] 2003

KELLNER, D.; S. HOMER (Hrsg.): *Frederic Jameson. A Critical Reader*. New York [Palgrave Macmillan] 2004

KEPPLER, A.: *Präsentation und Information. Zur politischen Berichterstattung im Fernsehen*. Tübingen [Gunter Narr Verlag] 1985

KEPPLINGER, H. M.: Die Grenzen des Wirkungsbegriffes. In: *Publizistik*, 27, 1982, S. 99-113

KEPPLINGER, H. M.: Gewaltdarstellung im Fernseh- und Videobereich – Statement –. In: KREILE, R. (Hrsg.): *Medientage München. Dokumentation*. Unterföhring [Rieß Druck und Verlag] 1992, S. 239-244

KERNBERG, O. F.: *Borderline-Störungen und pathologischer Narzißmus*. Frankfurt/M. [Suhrkamp] 1978

KIWITZ, P.: *Lebenswelt und Lebenskunst. Perspektiven einer kritischen Theorie des sozialen Lebens*. München [Fink] 1986

KLAPPER, J. T.: *The Effects of Mass Communication*. New York [Free Press] 1960

KLIER, P.; J.-L. EVARD (Hrsg.): *Mediendämmerung. Zur Archäologie der Medien*. Berlin [Edition Tiamat] 1989

KLUGE, A. (Hrsg.): *Bestandsaufnahme: Utopie Film*. Frankfurt/M. [Verlag 2001] 1983

KLUGE, N.: Die Funktion des Zerrwinkels in zertrümmender Absicht. Ein Gespräch mit Gertrud Koch. In: ERD, R. et al. (Hrsg.): *Kritische Theorie und Kultur*. Frankfurt/M. [Suhrkamp] 1989, S. 106-124

KNOBLAUCH, H.: *Die Welt der Wünschelrutengänger und Pendler. Erkundung einer verborgenen Welt*. Frankfurt/New York [Campus] 1991

KNORR-CETINA, K.: Kulturanalyse-Ein Programm. In: KNORR-CETINA, K.; R. GRATHOFF: Was ist und was soll kultursoziologische Forschung? In: SOEFFNER, H.-G. (Hrsg.): *Kultur und Alltag*. Soziale Welt Sonderband 6. Göttingen [Otto Schwartz] 1988, S. 21-36

KOCH, G.: »*Was ich erbeute sind Bilder*«. *Zum Diskurs der Geschlechter im Film*. Frankfurt/M. [Stroemfeld/Roter Stern] 1989

KOCH, G.: *Die Einstellung ist die Einstellung. Visuelle Konstruktionen des Judentums*. Frankfurt/M. [Suhrkamp] 1992

KOHUT, H.: *Narzißmus*. Frankfurt/M. [Suhrkamp] 1973

KRACAUER, S.: *Theorie des Films. Die Errettung der äußeren Wirklichkeit*. Frankfurt/M. [Suhrkamp] 1985 (Original 1960; dt. Erstausgabe 1964)

KREBS, D.: Gewalt und Pornographie im Fernsehen – Verführung oder Therapie?. In: MERTEN, K.; J. SCHMIDT; S. WEISCHENBERG: (Hrsg.): *Die Wirklichkeit der Medien. Eine Einführung in die Kommunikationswissenschaft*. Opladen [Westdeutscher Verlag] 1994, S. 352-376

KRIPPENDORF, K.: Der verschwundene Bote. Metaphern und Modelle der Kommunikation. In: *Medien und Kommunikation. Konstruktionen von Wirklichkeit*, Studienbrief 3, 1990, S. 11-50 (Funkkolleg)

KRISTEVA, J.: *Die Revolution der poetischen Sprache*. Frankfurt/M. [Suhrkamp] 1978

KROKER, A.: Baudrillard's Marx. In: *Theory, Culture and Society*, Jg. 2, Heft 3, 1985

KROKER, A.; D. COOK (Hrsg.): *The Postmodern Scene: Excremental Culture and Hyper-aesthetics*. London [Macmillan] 1986

KROKER, A.; M. KROKER; D. COOK: *Panic Encyclopaedia*. London [Macmillan] 1989

KÜBLER, H.-D.: Medienforschung zwischen Stagnation und Innovation. Eine Skizze des Diskussionsstandes aus der Sicht qualitativer Forschung. In: BAACKE, D.; H. D. KÜBLER (Hrsg.): Qualitative Medienforschung. Konzepte und Erprobungen. Tübingen [Niemeyer] 1989, S. 7-71

KÜBLER, H.-D.: 4.000 Tote pro Woche. Zu Jo Groebels Gutachten über Fernsehgewalt. In: *medien praktisch*, 1/93, 1993, S. 6

KUHN, A.: *Cinema. Censorship and Sexuality, 1909-1925*. London/New York [Routledge] 1988

KUHN, A. (Hrsg.): *Alien Zone. Cultural Theory and Contemporary Science Fiction Cinema.* London/New York [Verso] 1990

KUNCZIK, M.: *Gewalt und Medien.* Köln [Böhlau] 1987

KURZAWA, L.: Bilder der Dritten Art zu ›Rette sich wer kann (Das Leben)‹. In: GODARD, J.-L.: *Liebe Arbeit Kino.* Berlin [Merve] 1981, S. 105-133

LANGER: K.: *Philosophie auf neuem Wege. Das Symbol im Denken, im Ritus und in der Kunst.* Frankfurt/M. [Fischer Taschenbuch] 1984 (Original: 1942)

LAPSLEY, R.; M. WESTLAKE: *Film Theory: An Introduction.* Manchester [Manchester University Press] 1988

LASCH, C.: *Das Zeitalter des Narzißmus.* München [Steinhausen] 1980

LASH, S.: Discourse or Figure? Postmodernism as a ›Regime of Signification‹. In: *Theory, Culture and Society,* 5/1988, S. 311-336

LASH, S.: *Sociology of Postmodernism.* London/New York [Routledge] 1990a

LASH, S.: Postmodernism as Humanism? Urban Space and Social Theory. In: TURNER, B. S. (Hrsg.): *Theories of Modernity and Postmodernity.* London/ Newbury Park/New Delhi [Sage] 1990, S. 62-74

LAU, C.: *Die heiligen Narren.* Berlin [de Gruyter] 1992

LAZARSFELD, P. F.; B. BERELSON; H. GAUDET: *Wahlen und Wähler. Soziologie des Wahlverhaltens.* Neuwied/Berlin [Luchterhand] 1969

LEAL, O. F.; R. G. OLIVEN: Class Interpretations of a Soap Opera Narrative. In: *Theory, Culture and Society,* Jg. 5, Heft 1, 1988, S. 81-94

LEFÉBVRE, H.: *Kritik des Alltagslebens.* Frankfurt/M. [Athenäum] 1977

LEHMANN, H.-T.: Die Raumfabrik. Mythos im Kino und Kinomythos. In: BOHRER, K. H. (Hrsg.): *Mythos und Moderne.* Frankfurt/M. [Suhrkamp] 1983, S. 572-609

LEIRIS, M.: *Phantom Afrika.* Bd. 1. Frankfurt/M. [Syndikat] 1980

LEITES, E.: *Puritanisches Gewissen und moderne Sexualität.* Frankfurt/M. [Suhrkamp] 1988

LEITHÄUSER, T.; G. SALJE; U. VOLMERG; B. WUTKA: *Entwurf zu einer Empirie des Alltagsbewußtseins.* Frankfurt a.M. [Suhrkamp] 1981

LENK, E.: *Der springende Narziß. André Bretons poetischer Materialismus.* München [Rogner & Bernhard] 1971

LEPENIES, W.: *Die drei Kulturen. Soziologie zwischen Literatur und Wissenschaft.* München [Hanser] 1985

LEVINE, L.: *Highbrow/Lowbrow.* Cambridge, MA [Harvard University Press] 1988

LEWIS, L. A. (Hrsg.): *The Adoring Audience. Fan Culture and Popular Media.* London/New York [Routledge] 1992

LÉVY, P.: *Collective Intelligence. Mankind's Emerging World in Cyberspace.* Cambridge, Mass. [Perseus Books] 1997

LEWIS, L. A. (Hrsg.): *The Adoring Audience. Fan Culture and Popular Media.* London/New York [Routledge] 1992

LIEBES, T.; E. KATZ: *The Export of Meaning.* Oxford [Oxford University Press] 1990

LINDNER, B.: »Das Kulturindustrie-Kapitel der ›Dialektik der Aufklärung‹ ist noch nicht abgeschlossen. In: GLATZER, W. (Hrsg.): *25. Deutscher Soziologentag Frankfurt »Die Modernisierung moderner Gesellschaften«.* Sektionen-Arbeits- und ad Hoc-Gruppen. Opladen [Westdeutscher Verlag] 1991, S. 888-890

LÖVENICH, F.: MassenKulturIndustrie. In: *Ästhetik und Kommunikation,* Jg. 21/ Heft 79, 1992, S. 67-74

LORENZER, A.: *Die Wahrheit der psychoanalytischen Erkenntnis. Ein historisch-materialistischer Entwurf.* Frankfurt/M. [Suhrkamp] 1974

LOVECRAFT, H. P.: *Unheimlicher Horror. Das übernatürliche Grauen in der Literatur.* Frankfurt/M./Berlin [Ullstein] 1987 (Original: 1927/1973)

LOWRY, S.: Film – Wahrnehmung – Subjekt. Theorien des Filmzuschauers. In: *montage/av,* 1/1, 1992, S. 113-128

LUCKMANN, B.: The Small Life Worlds of Modern Man. In: *Social Research,* 37/1970, S. 580-596

LÜDKE, W. M.: *Anmerkungen zu einer »Logik des Zerfalls«: Adorno-Beckett.* Frankfurt/M. [Suhrkamp] 1981

LUHMANN, N.: Die Unwahrscheinlichkeit der Kommunikation. In: LUHMANN, N.: *Soziologische Aufklärung.* 3. Opladen [Westdeutscher Verlag], S. 25-34

LUHMANN, N.: *Die Wissenschaft der Gesellschaft.* Frankfurt/M. [Suhrkamp] 1990

LUHMANN, N.: *Beobachtungen der Moderne.* Opladen [Westdeutscher Verlag] 1992

LUHMANN, N.; P. FUCHS: *Reden und Schweigen.* Frankfurt/M. [Suhrkamp] 1989

LUKOW, G.; S. Z. RICCI: The »Audience« Goes »Public«: Inter-Textuality, Genre and the Responsibilities of Film Literacy. In: *On Film,* 12/1984, S. 26-37

LULL, J.: *Inside Family Viewing: Ethnographic Research on Television's Audience.* London [Routledge] 1990

LULL, J.: *Media, Communication, Culture. A Global Approach.* Cambridge [Polity Press] 1995

LYOTARD, J.-F.: *Discours, figure.* Paris [Klincksieck] 1971

LYOTARD, J.-F.: *Des dispositifs pulsionnels.* Paris [Christian Bourgois] 1973

LYOTARD, J.-F.: *Grabmal des Intellektuellen.* Graz/Wien [Böhlau] 1985

LYOTARD, J.-F.: *Das postmoderne Wissen*. Graz/Wien [Böhlau] 1986

LYOTARD, J.-F.: *Das Inhumane. Plaudereien über die Zeit*. Wien [Edition Passagen] 1989

MACCABE, C.: *Godard: Images, Sounds, Politics*. London [BFI] 1980

MACCANNELL, D.: *The Tourist*. New York [Schocken] 1976

MAFFESOLI, M.: *Le Temps des Tribus. Le déclin de l'individualisme dans les sociétés de masse*. Paris [Meridiens Klincksieck] 1988

MAFFESOLI, M.: *Au creux des apparences. Pour une éthique de l'esthétique*. Paris [Plon] 1990

MAFFESOLI, M.: *La transfiguration du politique. La tribalisation du monde*. Paris [Grasset] 1992

MALETZKE, G.: *Kulturverfall durch Fernsehen?* Berlin [Spiess] 1988

MALINOWSKI, B.: Culture. In: *Encyclopaedia of the Social Sciences*, Vol. 4. London [Macmillan] 1931, S. 621-623

MANDEL, E.: *Der Spätkapitalismus*. Frankfurt/M. [Suhrkamp] 1972

MARCUS, G. E.; M. M. FISHER: *Anthropology as Cultural Critique*. Chicago [University of Chicago Press] 1986

MARCUSE, H.: Über den affirmativen Charakter der Kultur. In: MARCUSE, H.: *Kultur und Gesellschaft I*. Frankfurt/M. [Suhrkamp] 1965, S. 56-101

MARCUSE, H.: *Der eindimensionale Mensch. Studien zur Ideologie der fortgeschrittenen Industriegesellschaften*. Berlin/Neuwied [Luchterhand] 1967

MARX, K.; F. ENGELS: Die deutsche Ideologie. In: MARX, K.; F. ENGELS: *Werke* Bd. 3. Berlin [Dietz Verlag] 1846/1978

MATTHESIUS, B.: *Anti-Sozial-Front. Vom Fußballfan zum Hooligan*. Opladen [Leske & Budrich] 1992

MAUSS, M.: Die Gabe. Form und Funktion des Austauschs in archaischen Gesellschaften. In: MAUSS, M.: *Soziologie und Anthropologie Band II*. Frankfurt/M./Berlin/Wien [Ullstein] 1978, S. 11-144

MCCALL, G.; J. L. SIMMONS: *Identities and Interactions*. New York [Free Press] 1978

MCCARTY, J.: *Splatter Movies. Breaking the Last Taboo of the Screen*. Bromley [Columbus Books] 1984

MCCARTY, J.: *Psychos: Eighty Years of Mad Movies, Maniacs and Murderous Deeds*. New York [St. Martin's] 1986

MCLUHAN, M.: *Understanding Media: The Extensions of Man*. New York [Mc Graw und Hill] 1964 (dt. Übersetzung: *Die magischen Kanäle*. Düsseldorf [Econ] 1968)

MCROBBIE, A.: Dance and Social Fantasy. In: MCROBBIE, A.; M. NAVA (Hrsg.): *Gender and Generation*. London [Macmillan] 1984, S. 130-161

MERTEN, K.: Wirkungen der Massenkommunikation. Ein theoretisch-methodischer Problemaufriß. In: *Publizistik*, 27, 1982, S. 26-48

MERTEN, K.: Artefakte der Medienwirkungsforschung: Kritik klassischer Annahmen. In: *Publizistik*, 1, 1991, S. 36-55

MERTEN, K.; S. J. SCHMIDT; S. WEISCHENBERG (Hrsg.): *Die Wirklichkeit der Medien. Eine Einführung in die Kommunikationswissenschaft.* Opladen [Westdeutscher Verlag] 1994

METZ, C.: *Le Signifiant Imaginaire – Psychoanalyse et Cinéma.* Paris [Union générale d'Editions] 1977

MEYROWITZ, J.: *No Sense of Place. The Impact of Electronic Media on Social Behavior.* New York [Oxford University Press] 1985 (dt. Ausgabe : *Die Fernsehgesellschaft.* Weinheim [Beltz] 1987)

MICHAELS, E.: *Aboriginal Content.* Paper presented at the meeting of the Australian Screen Studies association, Sidney 1986

MIKOS, L.: Fernsehen im Kontext von Alltag, Lebenswelt und Kultur. In: *Rundfunk und Fernsehen,* 40. Jg./Heft 4, 1992, S. 528-543

MIKOS, L.: Gewalt, Action oder was? Plädoyer für eine differenzierte Sicht des Gewalt-Themas. In: *medien praktisch,* 1/93, 1993a, S. 21

MIKOS, L.: Liebe und Sexualität in Pretty Woman. Intertextuelle Bezüge und Erfahrungsmuster in einem Text der Populärkultur. In: *montage/av,* 2/1, 1993b, S. 67-86

MIKOS, L.: *Fernsehen im Erleben der Zuschauer. Vom lustvollen Umgang mit einem populären Medium.* München [Quintessenz] 1994a

MIKOS, L.: *Es wird dein Leben! Familienserien im Fernsehen und im Alltag der Zuschauer.* Münster [MAkS] 1994b

MIKOS, L.: Film und Fankulturen. In: MAI, M.; R. WINTER (Hrsg.): *Das Kino der Gesellschaft – die Gesellschaft des Kinos. Interdisziplinäre Positionen, Analysen und Zugänge.* Köln [Herbert von Halem] 2005, S. 95-116

MITSCHERLICH, A.: *Auf dem Weg zur vaterlosen Gesellschaft.* München [Piper] 1963

MODLESKI, T.: The Terror of Pleasure: the Contemporary Horror Film and Postmodern Theory. In: MODLESKI, T. (Hrsg.): *Studies in Entertainment. Critical Approaches to Mass Culture.* Bloomington/Indianapolis [Indiana University Press] 1986, S. 155-165

MOORES, S.: Texts, Readers and Contexts of Reading. In: SCANNELL, P.; P. SCHLESINGER; C. SPARKS (Hrsg.): *Culture and Power.* London/Newbury Park/New Delhi [Sage] 1992, S. 137-157

MORLEY, D.: *The Nationwide Audience: Structure and Decoding.* London [BFI] 1980

MORLEY, D.: *Family Television. Cultural Power and Domestic Leisure.* London [Comedia] 1986

MORLEY, D.: Changing Paradigms in Audience Studies. In: SEITER, E.; H. BORCHERS; G. KREUTZNER; E. M. WARTH (Hrsg.): *Remote Control. Television, Audiences and Cultural Power.* London/New York [Routledge] 1989, S. 16-43

MORLEY, D.: Where the Global Meets the Local: Notes From the Sitting Room. In: *Screen,* 32/1, 1991, S. 1-15

MORLEY, D.; R. SILVERSTONE: Communication and Context: Ethnographic Perspectives on the Media Audience. In: JENSEN, K. B.; N. W. JANKOWSKI (Hrsg.): *Qualitative Methodologies for Mass Communication Research.* London/New York [Routledge] 1991, S. 149-162

MÜLLER, E.: »Pleasure and Resistance«. John Fiskes Beitrag zur Populärkulturtheorie. In: *montage/av,* 2/1, 1993, S. 52-66

MÜLLER-DOOHM, S.: Medienforschung als Symbolanalyse. In: CHARLTON, M.; B. BACHMAIR (Hrsg.): *Medienkommunikation im Alltag.* München/New York/London/Paris [K. G. Saur] 1990, S. 76-102

MÜLLER-DOOHM, S.; K. NEUMANN-BRAUN (Hrsg.): *Öffentlichkeit, Kultur, ›Massenkommunikation‹.* Oldenburg [bis] 1991

MULLIN, B.; L. TAYLOR: *Uninvited Guests.* London [Random House] 1986

MULVEY, L.: Visuelle Lust und narratives Kino. In: GORSEN, P. et al. (Hrsg.): *Frauen in der Kunst.* Bd. 1. Frankfurt/M. [Suhrkamp] 1980, S. 30-46

MURDOCK, G.; R. MCCRON: Klassenbewußtsein und Generationenbewußtsein. In: CLARKE, J. et al.: *Jugendkultur als Widerstand. Milieus, Rituale, Provokationen.* Frankfurt/M. [Syndikat] 1979, S. 15-38

NEALE, S.: Questions of Genre. In: *Screen,* 31/1990, S. 45-66

NEUMANN, K.; M. CHARLTON: Massenkommunikation als Dialog. In: *Communications,* 14/3, 1988, S. 7-37

NEWMAN, K.: *Nightmare Movies. The New Edition.* London [Bloomsbury] 1988

NEWMAN, K.: In: *Sight and Sound* 11/1992

NEWMAN, K.: Review: Army Of Darkness. In: *Sight and Sound,* 3/6, 1993, S. 46-47

NICHOLLS, P.: *Fantastic Cinema.* London [Verlag] 1984

NIETZSCHE, F.: Götzen-Dämmerung. In: COLLI, G.; M. MONTINARI (Hrsg.): *Friedrich Nietzsche. Sämtliche Werke. Kritische Studienausgabe,* Bd. 6, München [de Gruyter/dtv] 1980, S. 55-161

OEVERMANN, U. et al.: Beobachtungen zur Struktur der sozialisatorischen Interaktion. Theoretische und methodologische Fragen der Sozialisationsforschung. In: AUWÄRTER, M.; E. KIRSCH, E.; K. SCHRÖTER (Hrsg.): *Seminar: Kommunikation, Interaktion, Identität.* Frankfurt/M. [Suhrkamp], S. 371-403

OEVERMANN, U.: Zur Sache. Die Bedeutung von Adornos methodologischem Selbstverständnis für die Begründung einer materialen soziologischen Strukturanalyse. In: VON FRIEDEBURG, L.; J. HABERMAS (Hrsg.): *Adorno-Konferenz 1983.* Frankfurt/M. [Suhrkamp] 1983, S. 234-283

OEVERMANN, U.; J. TYKWER: Selbstinszenierung als reales Modell der Struktur von Fernsehkommunikation. In: MÜLLER-DOOHM, S.; K. NEUMANN-BRAUN (Hrsg.): *Öffentlichkeit, Kultur, Massenkommunikation.* Oldenburg [bis] 1991, S. 267-316

ONG, W.: *Oralität und Literalität. Die Technologisierung des Wortes.* Opladen [Westdeutscher Verlag] 1987

ORLIN, S.: o.T. In: *Cinema,* 5/1993

O'SULLIVAN, T.; J. HARTLEY; D. SAUNDERS; J. FISKE: *Key Concepts in Communication.* London [Methuen] 1983

PARKIN, F.: *Class Inequality and Political Order.* St. Albans [Paladin] 1972

PENLEY, C.: *Nasa/Trek: Popular Science and Sex in America.* London/New York [Verso] 1997

PICARD, M.: *Die Welt des Schweigens.* Zürich [Erlenbach] 1950

POLAN, D.: Postmodernism and Cultural Analysis Today. In: KAPLAN, E. A. (Hrsg.): *Postmodernism and Its Discontents.* London/New York [Verso] 1988, S. 45-58

POSTER, M.: The Question of Agency: Michel de Certeau and the History of Consumerism. In: *Diacritics Summer,* 1992, S. 94-107

POSTMAN, N.: *Das Verschwinden der Kindheit.* Frankfurt/M. [Fischer] 1983

POSTMAN, N.: *Wir amüsieren uns zu Tode. Urteilsbildung im Zeitalter der Unterhaltungsindustrie.* Frankfurt [Fischer] 1985

PRESS, A.; S. LIVINGSTONE: Taking Audience Research into the Age of New Media: Old Problems and New Challenges. In: WHITE, M.; J. SCHWOCH (Hrsg.): *Questions of Method in Cultural Studies.* Oxford [Blackwell] 2006, S. 175-200

PÜSCHEL, U.: »du mußt gucken, nicht so viel reden«. Verbale Aktivitäten bei der Fernsehrezeption. In: HOLLY, W.; U. PÜSCHEL (Hrsg.): *Medienrezeption als Aneignung.* Opladen [Westdeutscher Verlag] 1993, S. 115-136

RADDE, M.; U. SANDER; R. VOLLBRECHT (Hrsg.): *Jugendzeit – Medienzeit.* Weinheim/München [Juventa] 1988

RADWAY, J. A.: *Reading the Romance. Woman, Patriarchy, and popular Literature.* London [Verso] 1984

RAMMERT, W.: *Technik aus soziologischer Perspektive.* Opladen [Westdeutscher Verlag] 1993

REAL, M.: *Super Media. A Cultural Studies Approach.* London/Newbury Park/New Delhi [Sage] 1989

REICHERTZ, J.: *Aufklärungsarbeit. Kriminalpolizisten und Feldforscher bei der Arbeit.* Stuttgart [Enke] 1991

RENCKSTORF, K.: Alternative Ansätze der Massenkommunikationsforschung: Wirkungs- vs. Nutzenansatz. In: *Rundfunk und Fernsehen,* 21, 1973, S. 183-197

RICHARDSON, K.; J. CORNER: Reading Reception: Mediation and Transparency in Viewer's Reception of a TV Programme. In: *Media, Culture & Society,* Vol. 8/1986, S. 485-508

RICHARDSON, L.: Writing. A Method of Inquiry. In: DENZIN, N. K.; Y. S. LINCOLN (Hrsg.): *Handbook of Qualitative Research.* 2. Auflage. London u.a. [Sage] 2000, S. 923-948

RICOEUR, P.: *Die Interpretation. Ein Versuch über Freud.* Frankfurt/M. [Suhrkamp] 1969

RICOEUR, P.: The Model of the Text: Meaningful Action Considered as a Text. In: *Social Research,* 38, 1971, S. 529-562

RIESMAN D.: *Die einsame Masse.* Reinbek b. Hamburg [Rowohlt] 1958

ROBERTSON, R.: Mapping the Global Condition: Globalization as the Central Concept. In: *Theory, Culture & Society,* Jg. 7/Nr. 2-3, 1990, S. 15-30

RODLEY, C. (Hrsg.): *Cronenberg on Cronenberg.* London/Boston Faber and Faber] 1992

RÖSING, H.: Heavy Metal, Hardrock, Punk: Geheime Botschaften an das Unbewußte? In: RÖSING, H. (Hrsg.): *Musik als Droge?* Mainz [Parlando. Schriften aus der Villa Musica 1] 1991, S. 73-88

ROGGE, J. U.: *Heidi, PacMan und die Video-Zombies. Die Medienfreunde der Kinder und das Unbehagen der Eltern.* Reinbek b. Hamburg [Rowohlt] 1985a

ROGGE, J. U.: Lesewut, Schundphantasien, Fernsehsüchte und Videotie. In: ROGGE, J. U.: *Heidi, PacMan und die Video-Zombies. Die Medienfreunde der Kinder und das Unbehagen der Eltern.* Reinbek b. Hamburg [Rowohlt] 1985a, S. 128-141

ROGGE, J.-U.: *Kinder können fernsehen.* Reinbek b. Hamburg [Rowohlt] 1990

ROHDIE, S.: *Antonioni.* London [BFI] 1991

ROJEK, C.: Baudrillard and Leisure. In: *Leisure Studies,* 9, 1990, S. 7-20

RORTY, R.: *Kontingenz, Ironie und Solidarität.* Frankfurt/M. [Suhrkamp] 1989

RORTY, R.: The Pragmatist's Progress. In: COLLINI, S. (Hrsg.): *Interpretation and Overinterpretation.* Cambridge [University Press], S. 89-108

RUTSCHKY, M.: *Erfahrungshunger. Ein Essay über die siebziger Jahre.* Köln [Kiepenheuer & Witsch] 1980

RYAN, M.; D. KELLNER: *Camera Politica*. Bloomington [Indiana University Press] 1988

SABEAN, D.: Die Produktion von Sinn beim Konsum der Dinge. In: RUPPERT, W. (Hrsg.): *Fahrrad, Auto, Fernsehschrank. Zur Kulturgeschichte der Alltagsdinge.* Frankfurt/M. [Fischer] 1993, S. 37-51

SAID, E. W.: *Orientalismus*. Frankfurt/M./Berlin/Wien [Ullstein] 1981

SARTRE, J.-P.: *Der Mensch und die Dinge*. Reinbek b. Hamburg [Rowohlt] 1978

SAUKKO, P.: *Doing Research in Cultural Studies*. London u.a. [Sage] 2003

SCHATZ, T.: *Hollywood Genres: Formulas, Filmmaking and the Studio System.* New York [Random House] 1981

SCHEFFER, M.: *Interpretation und Lebensroman. Zu einer konstruktivistischen ›Literaturtheorie‹.* Frankfurt/M. [Suhrkamp] 1992

SCHENK, M.: *Medienwirkungsforschung*. Tübingen [Mohr] 1987

SCHMIDT, J.: Konstruktivismus in der Medienforschung: Konzepte, Kritiken, Konsequenzen. In: MERTEN, K.; S. J. SCHMIDT; S. WEISCHENBERG: (Hrsg.): *Die Wirklichkeit der Medien. Eine Einführung in die Kommunikationswissenschaft.* Opladen [Westdeutscher Verlag] 1994, S. 592-623

SCHÜTZ, A.: *Gesammelte Aufsätze* Bd. 1. Den Haag [Springer] 1971

SCHÜTZ, A.: Der Fremde. In: SCHÜTZ, A.: *Gesammelte Aufsätze* Bd. 2. Den Haag [Springer] (1944) 1972, S. 53-69

SCHÜTZ, A.; T. LUCKMANN: *Strukturen der Lebenswelt* Bd. 1. Frankfurt/M. [Suhrkamp] 1979

SCHULZ, W.: Wirkungsmodelle der Medienwirkungsforschung. In: DFG: *Medienwirkungsforschung in der BRD*. Weinheim [VCH] Teil 1, 1986, S. 83-100

SCHULZE, G.: *Die Erlebnisgesellschaft. Kultursoziologie der Gegenwart.* Frankfurt/M./New York [Campus] 1992

SCOTT, R.: Wege zum Ruhm. In: *Süddeutsche Zeitung Magazin*, Nr. 251, 30.10.1992, S. 22-24

SHANNON, C. E.; W. WEAVER: *The Mathematical Theory of Communication.* Champaign [University of Illinois Press] 1949

SEESSLEN, G.: *Klassiker der Filmkomik. Grundlagen des populären Films,* Bd. 10. Reinbek b. Hamburg [Rowohlt] 1982

SEITER, E.; H. BORCHERS; G. KREUTZNER; E.-M. WARTH: »Don't Treat Us Like We're Stupid and Naive«: Towards an Ethnography of Soap Opera Viewers. In: SEITER, E.; H. BORCHERS; G. KREUTZNER; E. M. WARTH (Hrsg.): *Remote Control. Television, Audiences and Cultural Power.* London/New York [Routledge] 1989, S. 223-247

SEITER, E.; H. BORCHERS; G. KREUTZNER; E. M. WARTH (Hrsg.): *Remote Control. Television, Audiences and Cultural Power.* London/New York [Routledge] 1989

SHIBUTANI, T.: Reference Groups as Perspective. In: *American Journal of Sociology*, 60/1955: 562-568.

SHUSTERMAN, R.: *Pragmatist Aesthetics.* Oxford [Basil Blackwell] 1992

SILK, M.: The Hot History Department: Princeton's Influential Faculty. In: *New York Times Magazine*, 19.4.1987, S. 42

SILVERMAN, E. K.: Clifford Geertz: Towards a More ›Thick‹ Understanding. In: TILLEY, C. (Hrsg.): *Reading Material Culture. Structuralism, Hermeneutics and Post-Structuralism.* Oxford [Basil Blackwell] 1990, S. 121-159

SILVERSTONE, R.: Let Us Then Return to the Murmuring of Everyday Practices. In: *Theory, Culture & Society*, Jg. 6, Heft 1, 1989, S. 77-94

SIMMEL, G.: *Philosophie des Geldes.* Frankfurt/M. [Suhrkamp] 1989 (Erstausgabe 1901).

SIMMEL, G.: *Soziologie. Untersuchungen über die Formen der Vergesellschaftung.* Frankfurt/M. [Suhrkamp] 1992 (Erstausgabe 1908)

SOEFFNER, H.-G.: Kulturmythos und kulturelle Realität(en). In: SOEFFNER, H.-G. (Hrsg.): *Kultur und Alltag. Soziale Welt.* Sonderband 6. Göttingen [Otto Schwartz] 1988, S. 3-20

SOEFFNER, H.-G.: *Auslegung des Alltags – Der Alltag der Auslegung.* Frankfurt/M. [Suhrkamp] 1989

SOEFFNER, H.-G. (Hrsg.): *Kultur und Alltag. Soziale Welt.* Sonderband 6. Göttingen [Otto Schwartz] 1988

SONTAG, S.: *Kunst und Antikunst.* München [Hanser] (Original 1964, *Against Interpretation.* New York [Farrar, Straus & Giroux]) 1980

SONTAG, S.: Die Einheit der Kultur und die neue Erlebnisweise. In: SONTAG, S.: *Kunst und Antikunst.* München [Hanser] 1980a, S. 285-295

SONTAG, S.: Gegen Interpretation. In: SONTAG, S.: *Kunst und Antikunst.* München [Hanser] 1980b, S. 9-18

SONTAG, S.: Anmerkungen zu »Camp«. In: SONTAG, S.: *Kunst und Antikunst.* München [Hanser] 1980c, S. 269-284

SONTAG, S.: Happenings. Die Kunst des radikalen Nebeneinanders. In: SONTAG, S.: *Kunst und Antikunst.* München [Hanser] 1980d, S. 258-268

SPACKS, P. M.: *Gossip.* New York [Alfred Knopf] 1983

STAM, R.: Mikhail Bakhtin and Left Cultural Critique. In: KAPLAN, E. A. (Hrsg.) (1988), S. 116-145

STAUTH, G.; B. S. TURNER: Nostalgia, Postmodernism and the Critique of Mass Culture. In: *Theory, Culture and Society*, 5/1988, S. 509-526

STRAUSS, A.: A Social World Perspective. In: *Studies in Symbolic Interaction*, 1978, S. 119-128

STOUT, J.: ›What is the Meaning of a Text?‹. In: *New Literary History*, 14/1982, S. 1-12

STRESAU, N.: *Der Horror-Film*. München [Heyne] 1987

TEICHERT, W.: Fernsehen als soziales Handeln: Zur Situation der Rezipientenforschung, Ansätze und Kritik. In: *Rundfunk und Fernsehen*, 20, 1972, S. 421-439

TEICHERT, W.: Fernsehen als soziales Handeln (II): Entwürfe und Modelle zur dialogischen Kommunikation zwischen Publikum und Massenmedien. In: *Rundfunk und Fernsehen*, 21, 1973, S. 356-382

TELOTTE, J. P. (Hrsg.): *The Cult Film Experience. Beyond All Reason*. Austin [University of Texas Press] 1991

TENBRUCK, F. H.: *Die kulturellen Grundlagen der Gesellschaft*. Opladen [Westdeutscher Verlag] 1989

THEUNERT, H.; R. PESCHER; P. BEST; B. SCHORB: *Zwischen Vergnügen und Angst – Fernsehen im Alltag von Kindern*. Hamburg [Vistas] 1992

THOMPSON, J. B.: *Ideology and Modern Culture. Critical Social Theory in the Era of Mass Communication*. Cambridge [Polity Press] 1990

TREBBIN, F.: *Die Angst sitzt neben Dir. Psychothriller, Horror- und SF – Filme seit 1960* (5 Bde.). Berlin [Selbstverlag] 1990-1995

TUDOR, A.: *Monsters and Mad Scientists. A Cultural History of the Horror Movie*. Oxford [Basil Blackwell] 1989

TULLOCH, J.; M. ALVARADO: *Doctor Who: The Unfolding Text*. London [Macmillan] 1983

TULLOCH, J.; H. JENKINS: *Science Fiction Audiences. Watching Doctor Who and Star Trek*. London/New York [Routledge] 1995

TURNER, G.: *Film as Social Practice*. London/New York [Routledge] 1988

TURNER, G.: *British Cultural Studies*. Boston [Unwin Hyman] 1990

TURNER, V.: *Das Ritual. Struktur und Anti-Struktur*. Frankfurt/M./New York [Campus] 1989

TYLER: A.: *Das Unaussprechliche. Ethnographie, Diskurs und Rhetorik in der postmodernen Welt*. München [Trickster] 1992

TYLOR, E. B.: *Primitive Culture: Researches into the Development of Mythology, Philosophy, Religion, Language, Art, and Custom*, Vol. 1. London [John Murray] 1903

UNRUH, D.: *Invisible Lives. Social Worlds of the Aged*. Beverly Hills/London/New Delhi [Sage] 1983

VATTIMO, G.: *La société transparente. Paris: Desclée de Brouwer* (dt. Ausgabe: *Die transparente Gesellschaft*. Wien [Edition Passagen] 1992)

VEBLEN, T.: *Theorie der feinen Leute*. Köln [Kiepenheuer & Witsch] 1958

VOGELGESANG, W.: *Jugendliche Videocliquen. Action- und Horrorvideos als Kristallisationspunkte einer neuen Fankultur*. Opladen [Westdeutscher Verlag] 1991

VOGELGESANG, W.; R. WINTER: Die Lust am Grauen – Zur Sozialwelt der erwachsenen und jugendlichen Horrorfans. In: *Psychosozial*, 13, 1990, S. 42-49

VOLOSINOV, V. N.: *Marxismus und Sprachphilosophie*. Frankfurt/M./Berlin/Wien [Ullstein] 1975

VOSS-FERTMANN, T.: »Wechselspiel« und »Synthesisfunktion« medialer Erfahrungen Jugendlicher. Ein Fallbeispiel. In: BAACKE, D.; H.-D. KÜBLER (Hrsg.): *Qualitative Medienforschung. Konzepte und Erprobungen*. Tübingen [Niemeyer] 1989, S. 305-323

WALDENFELS, B.: *Der Spielraum des Verhaltens*. Frankfurt/M. [Suhrkamp] 1980

WALDENFELS, B.: *In den Netzen der Lebenswelt*. Frankfurt/M. [Suhrkamp] 1985

WALTJE, J.: *Flights and Pursuits. Persecution in the Gothic Novel* (Thesis, University of Colorado, Department of Comparative Literature) 1991

WEBER, M.: *Wirtschaft und Gesellschaft. Grundriß der verstehenden Soziologie*. Tübingen [Mohr] 1972 (Original: 1922)

WELLMER, A.: *Kritische Gesellschaftstheorie und Positivismus*. Frankfurt/M. [Suhrkamp] 1969

WELSCH, W.: *Unsere postmoderne Moderne*. Weinheim [Acta humanoira] 1987

WELSCH, W.: *Ästhetisches Denken*. Stuttgart [Reclam] 1990

WETZSTEIN, T. A.; L. STEINMETZ; C. REISS; R. ECKERT: *Sadomasochismus. Szenen und Rituale*. Reinbek b. Hamburg [Rowohlt] 1993

WETZSTEIN, T. A.; H. DAHM; L. STEINMETZ; R. ECKERT: *Kultur und elektronische Kommunikation*. Forschungsbericht Trier 1994

WHYTE, W. F.: *Streetcorner Society*. Chicago [University of Chicago Press] 1955

WILLEMSEN, R.: Gewalt als Unterhaltung. In: *Merkur*, 2/85 (1985), S. 91-105

WILLIAMS, B.: *Upscaling Downtown: Stalled Gentrification in Washington D. C.* Ithaca [Cornell U. Press] 1988

WILLIS, P.: *Jugend-Stile. Zur ästhetik der gemeinsamen Kultur*. Berlin [Argument] 1991

WINTER, F.; R. WINTER: Karnevalisierung der Pornographie. Parodistische Aspekte des pornographischen Zeichentrickfilms. In: KAGELMANN, K. J. (Hrsg.): *Comics Anno. Jahrbuch der Forschung zu populär-visuellen Medien*, Vol. 1/1991. München [Profil] 1991, S. 159-168

WINTER, R.: *Rahmen-Analyse der Therapeut/Klient-Interaktion. Erving Goffmans*

Beitrag zur Analyse der therapeutischen Beziehung. [FB 1-Psychologie, Trier] 1986 (unveröffentlichte Diplomarbeit).

WINTER, R.: Vom Radio zum Walkman. Die Auswirkungen von Medien auf die Identität von Jugendlichen. In: MITTELSTRASS, J. (Hrsg.): *Wohin geht die Sprache?* Köln [MA Akademie Verlag] 1989a, S. 278-286

WINTER, R.: *Zwischen Transzendenz und Entzauberung. Zur gesellschaftlichen Konstitution okkulter Gruppen.* Trier 1989b (Unveröffentlichtes Vortragsmanuskript)

WINTER, R.: Das Spannungsfeld zwischen Individuum und Familie: Selbstthematisierung in der Familie und familiale Selbstthematisierung. In: *System Familie,* 3/1990, S. 251-263

WINTER, R.: Zwischen Kreativität und Vergnügen. Der Gebrauch des ›postmodernen‹ Horrorfilms. In: MÜLLER-DOOHM, S.; K. NEUMANN-BRAUN (Hrsg.): *Öffentlichkeit, Kultur, Massenkommunikation.* Oldenburg [bis] 1991, S. 213-229

WINTER, R.: *Filmsoziologie. Eine Einführung in das Verhältnis von Film, Kultur und Gesellschaft.* München [Quintessenz] 1992a

WINTER, R.: Baudrillard, Blade Runner und das Verschwinden der »Masse«. Ein Beitrag zur Soziologie der postmodernen Kultur. In: GUGGENBERGER, B.; D. JANSON; J. LESER (Hrsg.): *Postmoderne oder Das Ende des Suchens?* Eggingen [Edition Isele] 1992b, S. 14-28

WINTER, R.: Die Attraktivität von Gameshows. In: HÜGEL, H. O.; E. MÜLLER (Hrsg.): *Fernsehshows. Form- und Rezeptionsanalyse.* Hildesheim [Universität Hildesheim] 1993a, S. 135-137

WINTER, R.: Die Produktivität der Aneignung. Zur Soziologie medialer Fankulturen. In: HOLLY, W.; U. PÜSCHEL (Hrsg.): *Medienrezeption als Aneignung.* Opladen [Westdeutscher Verlag] 1993b, S. 67-80

WINTER, R.: *Der produktive Zuschauer. Medienaneignung als kultureller und ästhetischer Prozess.* Köln [Herbert von Halem Verlag] 1995

WINTER, R.: The Search for Lost Fear: The Social World of the Horror Fan in Terms of Symbolic Interactionism and Cultural Studies. In: DENZIN, NORMAN K. (Hrsg.): *Cultural Studies. A Research Volume,* Bd. 4, 1999, S. 275-294

WINTER, R.: *Die Kunst des Eigensinns. Cultural Studies als Kritik der Macht.* Weilerswist [Velbrück Wissenschaft] 2001

WINTER, R. (Hrsg.): *Medienkultur, Kritik und Demokratie. Der Douglas Kellner Reader.* Köln [Herbert von Halem] 2005

WINTER, R.: Interpretative Methoden der Cultural Studies. In: KIMMINICH, E.; M. RAPPE; H. GEUEN; S. PFÄNDER (Hrsg.): *Express Yourself!*

Europas kulturelle Kreativität zwischen Markt und Untergrund. Bielefeld [transcript] 2007, S. 21-32

WINTER, R.: Cultural Studies. In: KNEER, G.; M. SCHROER (Hrsg.): *Handbuch Soziologische Theorien*. Wiesbaden [vs Verlag] 2009, S. 67-86

WINTER, R.; R. ECKERT: *Mediengeschichte und kulturelle Differenzierung. Zur Entstehung und Funktion von Wahlnachbarschaften*. Opladen [Leske u. Budrich] 1990

WINTER, R.; W. HOLLY: Die kommunikative Aneignung von Fernsehen in alltäglichen Kontexten. In: MEULEMANN, H. (Hrsg.): *26. Deutscher Soziologentag. Beiträge der Sektions- und Ad hoc-Gruppen*. Opladen [Westdeutscher Verlag] 1993, S. 218-221

WINTER, R.; H. J. KAGELMANN: Videoclip. In: BRUHN, H.; R. OERTER; H. RÖSING (Hrsg.): *Musikpsychologie. Ein Handbuch in Schlüsselbegriffen*. Reinbek b. Hamburg [Rowohlt] 1993, S. 208-220

WINTER, R.; P. V. ZIMA (Hrsg.): *Kritische Theorie heute*. Bielefeld [transcript] 2007

WINTER, R.; E. NIEDERER (Hrsg.): *Ethnographie, Kino und Interpretation. Die performative Wende der Sozialwissenschaften. Der Norman K. Denzin Reader*. Bielefeld [transcript] 2008

WOLLEN, P.: *Readings and Writings*. London [Verso] 1981

WOLLEN, P.: Films: Why Do Some Survive and Others Disappear? In: *Sight and Sound*, Vol. 3/ Issue 5, 1993, S. 26-29

WOOD, R.: Introduction. In: BRITTON, J. et al. (Hrsg.): *American Nightmare. Essays on the Horror Film*, Toronto, 1979, S. 7-27

WOUTERS, C.: Formalization and Informalization: Changing Tension Balances in Civilizing Processes. In: *Theory, Culture & Society*, Jg. 3, Heft 2, 1986

WRIGHT, W.: *Six Guns and Society: a Structural Study of the Western*. Berkeley/Los Angeles [University of California Press] 1975

WULFF, H. J.: *Die Erzählung der Gewalt. Untersuchungen zu den Konventionen der Darstellung gewalttätiger Interaktion*. Münster [MAkS] 1985

WULFF, H. J.: Phatische Gemeinschaft / Phatische Funktion. Leitkonzepte einer pragmatischen Theorie des Fernsehens. In: *montage/av*, 2/1/1993, S. 142-163

WULFF, H. J.: *Psychiatrie im Film*. Münster [MAkS Publikationen] 1995

ZELLE, C.: *Angenehmes Grauen. Literaturhistorische Beiträge zur Ästhetik des Schrecklichen im 18. Jahrhundert*. Hamburg 1987

ZIEHE, T.: *Pubertät und Narzißmus*. Frankfurt/M. [EVA] 1975

ZIELINSKI, S.: Der Videorekorder als Durchlauferhitzer. In: *Medium*, 6, 1984, S. 9-13

ŽIŽEK, SLAVOJ: *Liebe Dein Symptom wie Dich selbst! Jacques Lacans Psychoanalyse und die Medien.* Berlin [Merve] 1991

ZUCKERMAN, M.; R. N. BONE: »What is the Sensation-seeker?«. In: *Journal of Consulting and Clinical Psychology,* 2/1972, S. 308-321

索 引

生产性观众
媒体接受作为文化与审美过程

图书在版编目（CIP）数据

生产性观众：媒体接受作为文化与审美过程 / （奥）
赖纳·温特（Rainer Winter）著；徐蕾译. --重庆：
重庆大学出版社，2022.4
（拜德雅·视觉文化丛书）
ISBN 978-7-5689-3152-6

Ⅰ.①生… Ⅱ.①赖…②徐… Ⅲ.①传播媒介—研
究 Ⅳ.①G206.2

中国版本图书馆CIP数据核字（2022）第050377号

拜德雅·视觉文化丛书

生产性观众：媒体接受作为文化与审美过程
SHENGCHANXING GUANZHONG: MEITI JIESHOU ZUOWEI WENHUA YU SHENMEI GUOCHENG
[奥]赖纳·温特 著
徐 蕾 译

策划编辑：贾 曼
特约策划：邹 荣 任绪军
特约编辑：邹 荣
责任编辑：贾 曼
责任校对：谢 芳
责任印制：张 策
书籍设计：张 晗

重庆大学出版社出版发行
出版人：饶帮华
社址：（401331）重庆市沙坪坝区大学城西路21号
网址：http://www.cqup.com.cn
重庆市正前方彩色印刷有限公司印刷

开本：890mm×1168mm 1/32 印张：12.75 字数：296千 插页：32开1页
2022年7月第1版 2022年7月第1次印刷
ISBN 978-7-5689-3152-6 定价：72.00元